À memória de Maria Julia, minha mãe.

Minha saudade.

Eduardo França

Nasci em 1974, na capital paulista. Sou graduado em informática e trabalho em uma companhia de seguros.

Pertenço a uma família de formação católica praticante. Lembro que, quando criança, tínhamos uma vizinha espírita. Ainda me recordo de minha mãe conversando com ela sobre o assunto, e talvez seja essa a minha primeira impressão sobre o tema. No entanto, mais tarde, com o falecimento de minha mãe, em um momento de desnorteio, de sensação de vazio e de poucas explicações, ocorreu minha aproximação com os preceitos espíritas. Na faculdade, tive a oportunidade de conviver com amigos que me indicavam livros. Foi assim que comecei a admirar, respeitar e compreender os ensinamentos sobre a vida espiritual. A possibilidade apresentada, de continuidade da vida, foi reconfortante e me trouxe paz.

Além disso, como sou apaixonado por livros desde criança, não demorou muito até que eu começasse a esboçar algumas tramas em folha de papel rascunho. Em posse da máquina de escrever, e antes mesmo de iniciar o curso, já desenvolvia algumas histórias.

Tenho o intuito de difundir, por meio do romance, o que observo e aprendo com outras pessoas, sempre ressaltando o auxílio dos livros espíritas que leio e que têm sido fonte de aprendizagem. No mundo, infelizmente, existem o ódio, a prepotência, o egoísmo e vários outros sentimentos ruins, mas há também o amor, a generosidade, a gratidão e a amizade verdadeira, assim como os valores espirituais, que podem ser reconhecidos e desenvolvidos, tornando-nos cada vez maiores e melhores. Com esta história, pretendo divulgar que algo muito maior existe ao nosso redor e pode nortear nossas vidas para o bem.

Uma ótima leitura para você!

© 2011 por Eduardo França

Capa e Projeto Gráfico: Regiane Stella Guzzon
Diagramação: Cristiane Alfano
Preparação: Mônica Gomes d'Almeida
Revisão e texto final: Melina Marin e Juliana Rochetto Costa

1ª edição – 5ª impressão
3.000 exemplares – junho 2015
Tiragem total: 21.000 exemplares

Dados Internacionais de Catalogação na Publicação (CIP)
(Câmara Brasileira do Livro, SP, Brasil)

França, Eduardo
A escolha / Eduardo França. -- São Paulo :
Centro de Estudos Vida & Consciência Editora, 2011.

ISBN 978-85-7722-172-1

1. Ficção espírita 2. Espiritismo I. Título.

11-06027	CDD-133.9

Índices para catálogo sistemático:
1. Ficção : Espiritismo 133.9

Este livro adota as regras do novo acordo ortográfico (2009).

Editora Vida & Consciência
Rua Agostinho Gomes, 2.312 – São Paulo – SP – Brasil
CEP 04206-001
editora@vidaeconsciencia.com.br
www.vidaeconsciencia.com.br

A escolha

Eduardo França

VIDA &
CONSCIÊNCIA
EDITORA

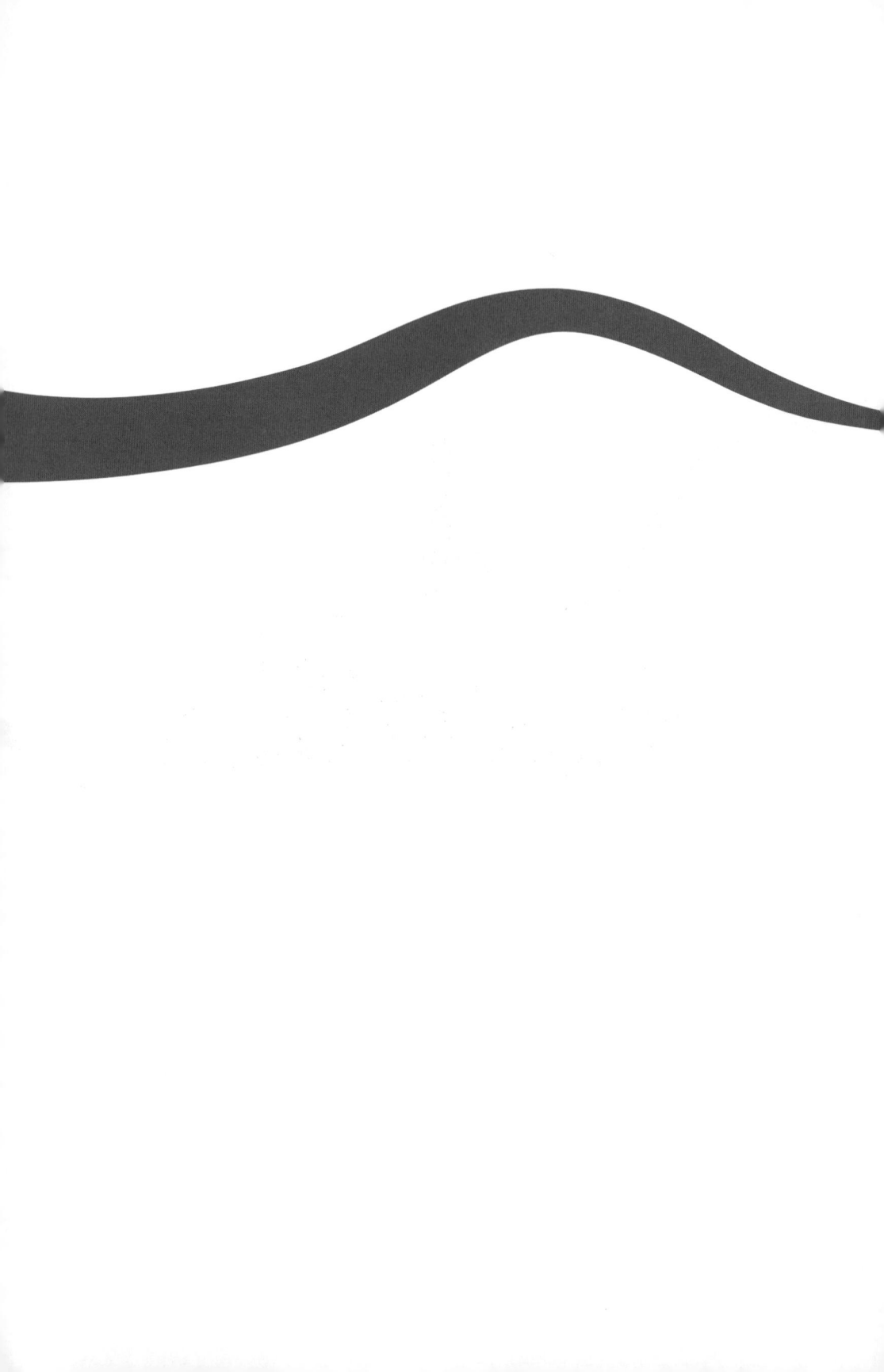

Prólogo

1987. Ainda naquela época, depois de tantos anos, vítima da ação do tempo, maltratado pelo vento e pelas águas da chuva, o leão de cimento que enfeitava a frente da mansão ainda era visto como um símbolo imponente. É verdade que não tinha a mesma vivacidade de quando fora instalado no centro do jardim, entre as diversas plantas, porém era robusto. A cor escura lhe dava um ar sombrio, e havia ainda partes quebradas; por certo precisava de uma boa restauração, isso se a intenção fosse preservá-lo.

O leão era referência da bela casa situada numa rua tranquila, num bairro de classe média alta de São Paulo. Durante muitos anos, a casa fora alvo dos curiosos e dos sonhadores, mas, na ocasião, depois de ter adquirido um aspecto abandonado, era vista por outro ângulo, rodeada de várias histórias com as mais diversas versões.

Em seu interior, o velho Afonso saboreava o café na companhia de um jornal. Impaciente com o frio, embora houvesse na sala um fio de sol, o velho gritou pela mulher. Não só uma vez, mas muitas, sem intervalo, em tom de intimação.

— Fale, Afonso. O que há? — perguntou Nora, que, ao contrário do marido, era paciente. Sua voz era calma e seu corpo de bailarina, delicado. Os cabelos escuros estavam penteados e presos num coque.

— Sente o frio que está aqui?

— Frio? — deixou escapar um sorriso, algo que não era comum em seu rosto magro, que sempre parecia contorcido, como se ela estivesse sentindo dor.

— Por que está rindo? Está frio aqui! — exclamou, bravo. — Feche essas janelas. Traga o meu cobertor. Aquele azul — fez uma pausa e ficou olhando para a mulher estática à sua frente, sem reação. — O que há? Não ouviu o que eu disse?

— Afonso, está quente, muito quente. Estamos no verão. Esse frio que você sente vem de dentro.

— Deixa de bobagem, mulher. Agora vou ter que dar ouvidos às suas teorias sabe lá de onde...

Nesse momento, Afonso foi interrompido por um estrondo que vinha de fora. Olhou à sua volta, localizou a bengala, amiga que o acompanhava havia mais de quinze anos, desde um acidente de trânsito que ele sofrera, mas não conseguiu alcançá-la. Nora apanhou o objeto e o colocou na sua frente. Mesmo com o auxílio da sua amiga fina e fria, já torta pelo peso do seu corpo, Afonso se sustentou com dificuldade. Um pouco trêmulo, embora os pés parecessem estar amarrados, tentou andar rápido até a janela.

Nora, solícita ao marido como sempre fora por toda a vida, acompanhou-o com um passo de diferença, vindo logo na sequência, mão sobre o peito, receosa. Quando o velho conseguiu finalmente chegar até a janela e puxar a cortina, seu rosto foi tomado de perplexidade.

— O que estão fazendo? — virou-se para Nora com lágrimas nos olhos e começou a gritar para fora: — Parem já com isso! Quem autorizou vocês a...

Dois tratores estavam trabalhando no terreno. Aos poucos, engoliam toda a altivez e beleza da mansão. Os dentes afiados da grande máquina, tomados pela ferrugem, manipulados por homens uniformizados, colocavam os muros no chão, fazendo com que a terra vermelha desabasse pela calçada, atingindo lentamente o asfalto, como ondas do mar se apoderando da areia. Não demorou muito e atingiu parte do jardim. O monte de ferro barulhento arrancou violentamente as folhagens, os arbustos e as rosas, que insistiam em colorir a velha casa.

— O que eles estão fazendo? — sussurrou Afonso, vendo que seu desespero não surtia efeitos. — E você, Nora? Não diz nada? O que está havendo? Vou ligar para a Elvira e para a Margarida. Já que você não faz nada, vou recorrer às minhas filhas.

Virou-se bruscamente, o que o fez desequilibrar-se. Afonso só não caiu porque a esposa, sempre paciente e em silêncio, apoiou-o nos braços.

— Já sei! — disparou ele de repente, num ar jovial.

— O que foi, meu marido? — perguntou Nora, tomada pela felicidade de ver o ânimo do companheiro, como se naquele momento resgatasse o auge de sua juventude, como quando se casaram.

— Vou chamar a polícia. É isso! Vou chamar a polícia.

Afonso voltou, ainda com dificuldade, para a janela onde viu um casal e comentou num tom baixo, depois de um breve silêncio:

— Aquele casal. Você está vendo, mulher? Aquele rapaz... parece que o conheço, mas não sei de onde. Algum conhecido, parente de algum vizinho? A memória está me traindo, Nora — lamentou o velho, numa voz baixa e cansada.

A mulher, tida como um pilar para o marido, o que parecia ser o seu papel ou sua missão, permaneceu calada. Apenas riu e deixou o brilho das lágrimas que se formavam em seus olhos pequenos se evidenciar.

Do outro lado da rua, em frente à casa, Regina era carinhosamente abraçada por Danilo. O jovem, bonito e bem vestido, falava alto, ditava seus planos, traçava suas intenções e incluía em suas conquistas, a sua futura esposa.

— Olha ali, meu amor — apontando para a casa que estava sendo invadida pelos tratores. — Veja só, esse terreno tem mais de mil metros quadrados. Vamos construir nossa casa nesse belo espaço.

— Nossa casa? — perguntou a moça sorrindo, tentando conter a emoção que sentia em estar nos braços do jovem e de fazer parte dos sonhos dele.

— É. Nossa casa — fez uma pausa, desfez o abraço e, sem tirar os olhos dos de Regina, o jovem pegou do bolso uma caixinha e de lá tirou um par de alianças. Sério, contrastando com o sorriso da moça, propôs: — Você aceita se casar comigo?

— Vamos ficar noivos?! Aqui, assim? — ela replicou, contendo a emoção da surpresa.

— Venho pensando nisso desde que você contou que está esperando nosso filho. Ele já está chegando — apontou para a barriga dela e fez uma pausa: — Bem, eu pensei em adiantar o pedido.

A princípio, Regina mostrou-se desconcertada, mas disfarçou, entregou-se àquela nova vida que vinha chegando. Entendeu aquela fase como uma nova chance de ser perdoada e feliz. Danilo estava muito contente para se atentar a alguns detalhes que ocorriam ao seu redor.

Regina abraçou o noivo em lágrimas. O silêncio daquele momento era quebrado somente pelos risos e pela emoção. Depois de trocarem as alianças, Danilo desabafou:

— Não poderia escolher lugar melhor. Como você já está cansada de saber, esse lugar é muito importante para mim. É a casa onde eu nasci. Foi a casa de meus avós, Afonso e Nora. De certa forma é como se eles estivessem aqui, bem perto, assistindo a esse momento. Parece até que vejo o velho Afonso reclamando que estou destruindo a casa dele para trazer a modernidade — fez uma pausa, não conseguiu conter as lágrimas e prosseguiu: — E a minha avó. Que pessoa terna, de uma docilidade ímpar ao falar, ao agir.

— Acho tão bonito esse seu carinho por eles. O tom de sua voz muda quando fala deles. Há um respeito, uma admiração.

— Foram muito especiais na minha vida. O doutor Afonso Cardim, médico, dedicou mais de cinquenta anos de sua vida a ajudar o próximo. Mesmo depois de ter se aposentado do hospital, não deixou de prestar sua solidariedade. Minha avó estava sempre por perto, orgulhosa, pronta para auxiliá-lo. Fui criado por eles. Meus pais morreram num acidente quando eu tinha um ano de idade. Tive também o carinho da minha tia Elvira, que já era casada e me levou para morar com ela. Por isso, hoje retribuo a ela toda essa dedicação. Mesmo depois de os meus primos terem nascido, não fui rejeitado; ela nos criou como irmãos. Suzana e eu temos exatamente a mesma idade, e o Beto veio um ano depois. Meus avós tiveram que ser fortes quando perderam a filha, e provaram isso quando resolveram se dedicar aos três netos.

Regina, mais uma vez, sentiu-se incomodada com o nome do primo de Danilo, mas procurou concentrar-se nos relatos do noivo.

— Pode perceber isso em minha relação com o Beto... Somos irmãos, mesmo, de verdade!

Regina abraçou Danilo com força, tanto que o fez parar de falar. O nome do primo dele a deixava arrepiada, temerosa. Tal fato não foi percebido pelo jovem, que, depois de aconchegá-la em seus braços, continuou:

— A Suzana é um doce de menina. Casou-se há um ano. Você a viu poucas vezes, mas precisamos estreitar essa relação, viu, meu amor? Seremos vizinhos — Danilo desfez o abraço e andou apressado até o carro. Esticou os braços e tirou pela janela aberta um papel em que estava rascunhado o projeto das futuras casas.

— Aqui está a planta. Nossa casa já está projetada.

Ele não continha a alegria diante de tudo que a vida vinha lhe apresentando. Ao lado da mulher amada, prestes a se casar, à espera de um filho, a casa nova sendo construída num lugar onde fora tão feliz...

Danilo estava de braços cruzados, sorrindo em direção à obra, quando Regina aproximou-se depois de acomodar os óculos escuros. Abraçou o jovem por trás e disse quase ao pé do ouvido:

— Seremos muito felizes aqui.

— Seremos muito felizes, meu amor — repetiu Danilo, virando-se para a moça. Depois de levantar os óculos da jovem, ele completou: — Tomara que o Beto também encontre alguém especial, assim como você tem sido para mim.

Ao se abraçarem, Danilo fechou os olhos, sentindo-se o homem mais feliz do mundo, enquanto Regina, séria, correu os olhos perdidos pela terra vermelha amontoada, arrancada com violência do terreno que um dia fora a moradia do médico Afonso e sua família. Em alguns meses, aquele seria o local de sua nova casa, sua nova vida, repleta de felicidade. Mas até quando?

Capítulo 1

Alguns meses antes, em uma cidade do interior do estado de São Paulo, Regina embarcou em um ônibus com destino à capital. A moça estava linda, no frescor da juventude, vários sonhos na cabeça.

Esse momento foi registrado por Ivo, primo de sua mãe, muito próximo da família. Ele tinha pouco mais de setenta anos, mas a voz firme e o rosto conservado pareciam pertencer a alguém bem mais jovem. Era um homem simples, sempre disposto a ajudar todo mundo. Prova disso fora ele ter dado de presente a passagem para São Paulo a Regina.

Depois da viuvez, mudou-se para perto da casa da prima. Não tivera filhos e, por esse motivo e por gosto, adotou Regina como filha. Depois de aposentado, por dois anos Ivo complementou o seu orçamento trabalhando na rodoviária. Havia deixado o trabalho por conta da fragilidade da sua saúde. Adorava Regina. Tinha por ela um carinho especial, era zeloso e protetor. Dizia para a prima:

— Menininha — era assim que a mãe de Regina era chamada —, a quem ela saiu assim? Doce, conformada...

— Vive sonhando pelos cantos da casa — respondeu Menininha, com certa amargura na voz. Depois, como se estivesse arrependida, completou: — Não posso reclamar dela, pois me ajudou muito e ainda ajuda. Lembro quando eu acordava cedo e fazia café para vender na rodoviária; ela, vendo meu desgaste e minha saúde debilitada, tomou a frente da cozinha. Preparava tudo de maneira perfeita. Fervia a água, destampava as garrafas térmicas, escaldava e depois, quase ao mesmo tempo, despejava o café fervendo na garrafa. Quando eu chegava em casa, estava tudo pronto, inclusive a casa arrumada, as louças lavadas, as roupas limpas e passadas. Regina sempre fez tudo sem reclamar.

Quando Regina estava prestes a embarcar na rodoviária, Ivo lhe aconselhou:

— Vai, moça, vai escrever a sua história. Você tem razão, esta cidade é muito pequena para os seus sonhos — forçou um riso meio emocionado e tentou descontrair: — Loira e com um par de olhos verdes, você vai conquistar os paulistanos, menina!

Regina abraçou Ivo tremendamente emocionada. Ela o tinha como um verdadeiro amigo. Era o seu confidente, sempre com os ouvidos prontos para escutá-la. Os dois eram como irmãos, embora ele tivesse idade para ser o seu avô. Riam e também choravam juntos.

Do ônibus, sentada à janela, Regina acenou. Com passos lentos, Ivo tentou alcançar o ônibus que saía da rodoviária, até que o veículo tomou distância e se perdeu no asfalto quente daquela tarde de verão.

No interior do ônibus, com a cabeça encostada na janela, Regina lembrou-se do dia em que, decidida, confidenciou à sua mãe que iria embora para São Paulo. A decisão não foi assim, de uma hora para outra; é verdade que pensou muito. Era uma ideia que vinha amadurecendo fazia alguns meses, mas fervia em sua cabeça. Ela sorriu ao se lembrar do diálogo que travou com a mãe, surpresa com a notícia:

— Para São Paulo? Fazer o quê? — perguntou Menininha, enquanto preparava o almoço.

— Já pensei em tudo. Vou para a casa da tia Caetana.

— Caetana? — perguntou Ivo, sentando numa cadeira perto da porta e fumando um cigarro de palha.

— Você enlouqueceu? — tornou a mãe de Regina. — Você não conhece minha irmã. Não sabe do que ela é capaz. E depois, não sei se ela gostaria de ter você na casa dela.

— Ela mesma fez o convite quando esteve aqui, mamãe. Afirmou com todas as letras que eu um dia poderia ir para lá, para a casa dela. Lembro bem.

— Isso há quanto tempo, minha querida? — Menininha parou o que estava fazendo para encarar a filha: — Vai lá, que ela não tem nem lembrança desse convite — virou-se para o primo e pediu auxílio: — Você não acha, Ivo?

— Caetana não dá ponto sem nó. Interesseira aquela lá. Faz tanto tempo que esteve aqui — ele tentou puxar pela memória, mas não conseguiu, por isso perguntou para a prima: — Quando foi, hein, Menininha?

— Foi quando o pai da Regina morreu — disparou num tom ressentido, já que o marido havia trocado ela e a filha por outra mulher.

— Isso faz muito tempo! Põe anos nisso — afirmou Ivo.

— O senhor disse que ela ainda liga na sua casa — comentou Regina, não perdendo o interesse por seus planos.

— Liga, liga sim — adiantou Menininha, amarga. — Para saber das terras enroladas lá da serra. Ela pensa que aquelas terras secas, tomadas de pó, valem algum dinheiro. É por isso que ela se lembra da gente; para ter certeza de que não teve invasão e saber se apareceu algum interessado em comprar aquilo. O Ivo já comprou aquelas terras e deu a parte dela, mas ela esquece.

Ivo, em seu canto, apenas sorriu. Sabia que a prima tinha razão. Conhecia muito bem Caetana e os seus interesses também.

Regina ficou vendo a mãe sair ao quintal, para recolher as roupas, e pensou que não desistiria daquela ideia. De uma hora para outra resolveria a situação. E sentia que não demoraria.

Dois dias depois, Menininha sentiu-se mal e caiu perto do poço. O coração não resistiu ao calor, e Deus resolveu atender os seus constantes pedidos de partida. Morreu assim, de repente. O enterro foi no dia seguinte, numa cerimônia rápida apenas para alguns vizinhos e amigos, e Regina estava inconsolável, sempre amparada por Ivo.

Alguns dias após a morte de Menininha, logo depois de um jantar, Ivo se manifestou:

— Regina, estive pensando... Eu gosto muito de você para prendê-la nesta cidade pequena, sem perspectivas. Há menos de um mês você pediu para ir ao encontro da sua tia Caetana. Acho que está na hora de seguir os seus passos. Não há nada nesta terra que seja válido para o seu futuro. Para que permanecer aqui?

— Tenho você, Ivo — respondeu ela sinceramente.

— Sou um velho que, de uma hora para outra, Deus virá recolher — replicou sorrindo. — Você é jovem, não pode afundar sua vida pajeando um velho sem futuro. E digo mais: que já viveu.

— Não fale assim. Você é muito importante para mim. Sempre esteve ao meu lado e de minha mãe. Não vou deixá-lo aqui, esperando pela morte.

— Eu vivi a minha vida. Estou satisfeito. Vou lhe dizer uma coisa, menina, eu sei que, aonde você for, estarei no seu coração. Sei do seu carinho por mim. Pode ser que Caetana não seja a chave da sua felicidade, mas será a porta para a sua nova vida.

— Acho que a mamãe tinha razão. Ela nem veio ao enterro. Não gosta da gente, só pensa nas terras.

— Não pense assim. Caetana ligou, estava preocupada com você.

— Ela perguntou para você se a casa estava à venda. Você não contou que a casa é sua e que vivemos aqui de favor?

— Não. Porque não é dessa forma que eu vejo você nem que eu via minha prima. Eu tinha a Menininha como uma irmã. Não é de favor. Depois, deixa a Caetana pensar o que quiser. Faça isso, arrume suas coisas. Vou deixá-la na rodoviária — tirou do bolso um papel amassado e entregou para a menina. — Aqui está o endereço de sua tia Caetana e uma quantia em dinheiro para você se virar até arrumar alguma coisa. Aceite, por favor — insistiu Ivo, diante do gesto de rejeição da moça. — Vou embarcá-la no ônibus das duas da tarde. Você vai chegar amanhã bem cedinho à casa dela. Pode deixar que vou ligar para avisá-la da sua chegada.

Ivo fez um sinal com os dedos e não deixou que ela falasse; correu a abraçá-la e pediu que não desistisse de seus sonhos. Nesse momento sentiu um aperto no peito, uma angústia nunca vivida antes. No entanto, permaneceu calado.

— Tenho um aperto no coração em deixar você aqui, sozinho.

— Minha dor será maior se eu morrer e deixar você aqui nesta cidade, praticamente sozinha — finalizou Ivo sorrindo, tentando conter as lágrimas e a dor que ardia no peito.

Regina fez uma viagem tranquila. O ônibus percorreu rapidamente todo o itinerário proposto. Fez três paradas de alguns minutos, o que aumentou muito a ansiedade da moça em chegar à casa de sua tia Caetana.

O ônibus estacionou na plataforma duas horas antes do previsto. Ainda estava escuro quando apanhou sua mala no bagageiro do veículo. Acomodou a mochila nas costas e saiu arrastando a mala pelo chão. Sentia um misto de liberdade e medo, embora não fosse a primeira vez que pisava na cidade. Estivera em São Paulo em uma ocasião não muito feliz. Passara por aquelas ruas como um relâmpago, dentro de uma ambulância, quando seu pai adoecera. Voltara ainda mais rápido, com o pai gemendo de dor. O propósito era realizar alguns exames, o que foi feito em poucas horas.

A visão de Regina foi breve pela janela minúscula. Pôde ver os arranha-céus cada vez mais próximos das nuvens, o que lhe deu uma sensação de poder. Viu, ainda, as pessoas agitadas, andando apressadas, quase correndo. Ficou muito curiosa, imaginando muitas perguntas, porém teve que se concentrar na maca onde seu pai sofria de dor.

Mas aquele momento era outro, e pensar naquilo a fez sorrir. Consultou o relógio e achou muito cedo para chegar à casa de Caetana. Resolveu aguardar mais uma hora no interior da rodoviária, fazer um lanche; entendeu que dessa forma não atrapalharia a tia.

Quando chegou à lanchonete, estava exausta, com dor nas costas, pedindo intimamente uma cama para acomodar o corpo. Espreguiçou-se na cadeira dura próxima ao balcão. O papel com o endereço da tia caiu no chão e ela, distraída e ansiosa pelo pedido que havia feito ao atendente, nem percebeu. Minutos depois, quando já estava saboreando o lanche, sentiu uma mão pousar sobre seu ombro e assustou-se.

— Desculpe-me, não queria assustá-la — disse o rapaz simpático, numa voz rouca.

— Não, imagina — tornou Regina, puxando a bolsa para mais perto do corpo.

O rapaz, vendo o seu medo, foi direto:

— Este papel é seu?

Ela apanhou o papel dobrado, amassado por ter sido guardado no bolso da calça, olhou-o rapidamente e sorriu ao responder ao jovem, como se estivesse diante de um amigo de muitos anos.

— Meu Deus! Moço, você não tem ideia do quanto esse papel é importante para mim. É o endereço da minha tia. Sem ele eu não saberia como chegar lá.

O rapaz sorriu.

— Bem, logo vi que não era daqui.

— Como assim? — perguntou Regina, assustada. — Lógico que sou daqui. Já estive muitas vezes na cidade — fez uma pausa e, depois, mais atenta, prosseguiu com a mentira: — É que minha tia mudou de casa. Não sei onde ela mora agora.

— Você não me deve satisfação. Bem, boa sorte na cidade. Uma dica: não dê atenção para estranhos. Tenho que ir; o trabalho me espera.

O jovem saiu lentamente por entre o aglomerado de pessoas que se formava no sentido da estação de metrô. Regina, como se estivesse enfeitiçada, permaneceu estática, olhando o rapaz bem vestido, de terno e gravata, distanciar--se. Ele, que se sentiu rastreado pelos olhos verdes da jovem, olhou para trás e não conseguiu conter o sorriso. Parou por um tempo entre o movimento das pessoas, o que deixou Regina sem jeito. Ela bem que tentou desviar o olhar, mas, quando virou novamente o rosto, ele já se aproximava novamente dela.

Quando chegou perto, o rapaz tirou do bolso um cartão em branco, onde escreveu seu nome e telefone. Entregou-o em seguida para Regina. Observando as mãos trêmulas da moça ao aceitar o papel, falou, em um tom simpático:

— Caso precise de mim.

— Você não recomendou que eu não desse atenção a estranhos? — perguntou Regina, sem jeito.

— Mas quem disse que eu sou estranho? — o rapaz sorriu e deu alguns passos para trás, sem tirar os olhos dos de Regina. Antes de virar e entrar na multidão apressada, ele completou: — Não somos mais estranhos. Até breve — finalizou tão convicto que fez Regina rir alto.

A moça baixou a vista para ler o cartão simples de duas linhas. Estava escrito "Danilo" e um número de telefone. Regina leu em voz alta e, ao fazer aquilo, sentiu-se envolvida por uma emoção que não conseguiu descrever.

— Danilo — pronunciou lentamente.

Logo depois, levantou os olhos para procurá-lo na multidão, mas foi em vão; ele já não estava no mesmo lugar de segundos antes. Passada a emoção do momento, Regina foi pagar o lanche, mas, para sua surpresa, já estava pago.

— O rapaz que estava naquela mesa ali — disse o balconista, apontando para a mesa onde estava Danilo. — Ele deixou pago, moça.

Regina sorriu e agradeceu ao deixar a lanchonete. Foi seguindo as diversas setas de sinalização pela rodoviária e parou diante de um táxi, que meia hora depois parava em frente à casa de tia Caetana. É verdade que, durante a viagem, apreciando as paisagens, Regina sonhava com uma recepção calorosa, com direito a balões de ar coloridos, tapete vermelho e fogos de artifício. Podia ver a tia abraçada ao marido, feliz e emocionada por revê-la. E os primos bonitos, bem vestidos, vindo em sua direção de braços abertos.

— Tem certeza de que é aqui, moço?

— O endereço que a senhorita me informou — respondeu rispidamente o taxista.

O homem não estava nem um pouco preocupado com o rosto aflito da moça, e sim apressado para pegar o próximo passageiro. Se bem que naquele fim de mundo era pouco provável voltar para o centro da cidade acompanhado de um passageiro disposto a pagar por um táxi.

Regina desceu, apanhou seus pertences do porta-malas e pagou o taxista. Ficou parada em frente à casa, sentindo a brisa suave da manhã, ainda escura, brincar ao redor do seu rosto. Comparou a casa com a de uma foto que tirou da bolsa, em que estavam a tia com o marido e os dois primos. Nela, havia uma residência bonita, toda pintada e arrumada. Pôde, com certa dificuldade, perceber que era a mesma. A foto, no entanto, era antiga, e a casa, naquele momento, carecia de uma boa reforma.

Era um sobrado construído num terreno pequeno, onde as casas eram geminadas. O portão e as janelas de ferro estavam tomados pela ferrugem, por isso pareciam ter várias cores. As paredes eram escuras e descascadas. Havia ainda um jardim abandonado, com plantas murchas e secas. O quintal, de um piso rústico e coloração indefinível, era revestido de folhas secas e escuras.

Assustada, ela bateu palmas e não obteve resposta. Notou a campainha e apertou duas vezes. Pôde ouvir o som forte e estridente do equipamento soando no interior da casa.

Segundos depois, viu a janela de cima abrir-se um pouco. O barulho era alarmante, tanto que os cachorros começaram a latir. Apareceu um rosto amassado, de poucos amigos, que fez um gesto estranho e não compreendido pela jovem.

— Não quero nada, não. Isso lá é hora de vender coisa na casa dos outros, menina? — falou Caetana, numa voz agressiva que assustou a hóspede.

— Tia Caetana? — indagou finalmente, depois de vencer o medo que sentiu. — Sou eu, Regina.

A mulher, depois de uma pausa, ar sério e uma careta, fechou a janela com força, sem dizer nada. Apareceu, minutos depois, no quintal. Tinha um aspecto horrível. Vestia um pijama dois números maior que o seu corpo, e nos pés era gritante o furo em uma das meias. Os cabelos estavam todos desalinhados, numa mistura de preto, branco e ruivo. O humor também não era dos melhores.

Os olhos de Caetana pareciam fechados quando se aproximou da frente da casa. Pegou o molho de chaves e, parecendo bêbada, conseguiu localizar a que abria o portão principal. Tentou destrancar por dentro, mas não conseguiu. Então, enfiou a chave por fora e, depois de puxar o portão para cima, num tranco, como se fosse quebrá-lo, finalmente o abriu para que a sobrinha entrasse.

— Já falei para o Luís que este portão está precisando de conserto, mas o meu marido só pensa naquele táxi — desabafou Caetana.

Antes do abraço, foi logo resmungando:

— Podia ao menos ter ligado para avisar que estava vindo me visitar. Como chega à casa dos outros assim, no meio da madrugada?

— São sete da manhã, tia — argumentou a menina, afogada no abraço frio de Caetana.

— Para quem acabou de sair de um plantão e encontrou o chuveiro queimado, ainda é madrugada e muito fria. Entra — ordenou num tom seco, sem festa.

Regina não estranhou o comportamento da tia, pois já sabia do seu temperamento, do seu estranho humor. A moça, ainda empolgada pela possibilidade de nova vida, entrou no quintal e, mesmo antes de apreciar cada detalhe, saiu em disparada, arrastando a mala para alcançar Caetana, que saíra na frente batendo os chinelos de dedos de uma forma irritante.

— Não repare a bagunça, mas estou sem tempo. Trabalho muito, minha sobrinha. O Luís sai cedo para o trabalho e, como eu, não tem horário para voltar.

— E a Ana e o Gustavo? Onde estão meus primos? Estou com saudade deles.

— Acordam cedo as crianças. Foram para a escola — tornou a mulher, com pouco interesse.

— Qual a idade deles, tia? — perguntou Regina curiosa, com um sorriso capaz até de iluminar a cozinha escura. — Adoro crianças.

— O Gustavo está com dezoito anos e a Aninha, com quinze — respondeu toda orgulhosa dos filhos. Depois, já séria, completou: — Eles odeiam ser chamados de crianças — olhou para o relógio e tratou de mudar de assunto. — Preciso dormir, se é que vou conseguir, né? Você interrompeu a melhor parte. Estava sonhando que era rica e balançava o sino para chamar os empregados e, quando vi, despertei com o barulho da campainha.

Regina fez sim com a cabeça e começou a olhar a cozinha pequena, abafada e escura, onde, mesmo de dia, era necessário acender a luz. O interior da casa era semelhante ao exterior: tudo desorganizado e feio. Sobre a pia havia louça suja de mais de dois dias. A jovem ficou assustada. Havia toalhas de banho e algumas peças de roupa jogadas sobre os móveis.

Caetana foi até o armário, apanhou uma frigideira, colocou sobre o fogão e riscou um fósforo. Depois de aquecida, afundou com força dois pães amanhecidos. Ferveu uma xícara de água no micro-ondas e jogou duas colheres de café solúvel. Apanhou o açucareiro que estava sobre a geladeira e o depositou, ao lado da xícara, sobre uma mesa cuja cor da toalha era difícil precisar. Estava encardida e cheia de migalhas de pão.

— Deve estar com fome. Toma isso — ofereceu sem tirar do rosto o ar de cansada. — Olha, vou dormir. Tomei uns comprimidos e estou com muito sono. Depois, pode colocar suas coisas no segundo quarto da direita. O da frente é meu. O Gustavo dorme no quarto dos fundos. A Aninha não se acostumou no quarto dela, então fica lá. Até mais — finalizou, subindo as escadas lentamente e batendo os chinelos.

Capítulo 2

Caetana acordou sorridente, mas, em poucos segundos, mudou completamente o humor. Concluiu que o seu estado de irritação tinha nome: Regina. Não suportava a ideia de ter de hospedar a sobrinha em sua casa. Achava que a moça atrapalharia sua privacidade, e mais: era jovem, bonita... enfim, para ela, era sinônimo de muito trabalho.

Levantou-se decidida: colocaria a moça para fora de casa. Despacharia no primeiro ônibus de volta para o interior, lugar de onde nunca deveria ter saído. Não a queria em sua casa. Foi até o quarto de Ana e apanhou suas malas. Saiu arrastando tudo pelo corredor e depois pelas escadas, gritando pela jovem. Entretanto, ao chegar à cozinha, teve uma visão que a deixou aterrada. Caetana abriu e fechou os olhos, para se certificar de que a cena era real. A cozinha estava toda arrumada. As louças lavadas, a mesa em ordem, assim como o chão. As roupas esparramadas haviam sido recolhidas.

— Tia, a senhora estava me chamando? O que faz com minhas malas? — perguntou Regina, sem entender por que Caetana carregava seus pertences.

— Onde você estava, Regina? — perguntou a mulher, baixinho, não se convencendo da faxina pela qual a casa havia passado. Caetana não tinha lembranças da casa tão arrumada, organizada e perfumada.

— Na lavanderia. Estou estendendo as roupas — respondeu sorrindo. — Minhas malas? Oh, tia, eu as coloquei no quarto errado? — indagou ingenuamente.

— Não, não — retorquiu apressada, num tom desconcertado, arrependida. — Pensei melhor, acho que vou colocá-la no quarto do Gustavo. É maior do que o da Aninha.

— Não, tia, não precisa. Posso ficar perfeitamente no que a senhora ofereceu primeiro — Regina falou e apanhou as malas da mão da tia. — Deixe aqui embaixo, vou levá-las depois.

— Posso levar — murmurou Caetana, pasmada com o que via. — Menina, não quero que você fique se matando na minha casa. Não a quero como empregada. Você é minha sobrinha, viu? — considerou, forçando um sorriso. — Eu vou tomar um banho — caminhou em direção à escada. Sem voltar o rosto para trás, ela concluiu: — Regina, minha querida, você pode levar a toalha para mim lá no banheiro?

Luís chegou em casa exausto, e com toda a razão. Recapitulando o seu dia, depois de cinco corridas longas de táxi, costurando o trânsito caótico de São Paulo de norte a sul, do centro à zona leste, o que mais desejava era encontrar paz, se bem que conhecia sua esposa e filhos, e sabia também que a paz sonhada era pouco provável.

A rotina era por ele muito conhecida. Chegava em sua casa com o jornal embaixo do braço, jogava o corpo cansado sobre o sofá pequeno próximo da janela da sala e lá acabava adormecendo. Desenvolvera o poder de não dar crédito às implicâncias da esposa. Quando Caetana entrava na sala e o via praticamente desmaiado e esparramado no sofá, disparava toda irritada:

— Luís, isso são horas? Poderia lembrar que tem uma família. O jantar já foi servido. O seu prato está no micro--ondas. Daqui a pouco vou sair para o hospital — era como uma metralhadora. Disparava numa voz alta, rouca e esganiçada. — Você poderia tomar um banho antes de encostar o corpo suado no sofá, né? Tira esse pé da mesinha, homem! Mancha todo o vidro...

Luís, no auge dos seus quarenta e oito anos, mesma idade da esposa, não retrucava nada. Era calado. Por vezes, escondia o rosto atrás do jornal comprado no início do dia e se perdia entre as notícias. Não era feio nem bonito, um pouco relaxado, porém tinha o seu charme. Do casal, podia-se dizer que a beleza era dele.

Luís, naquele início de noite, quando rodou a chave na fechadura e encostou o olho no vidro da porta, já tinha ideia do que estava à sua espera: por certo a fúria de Caetana.

— Tio Luís! — exclamou Regina assim que o viu entrar na sala. A moça, dona de muita simpatia, correu para abraçá-lo.

O tio da moça foi receptivo. Retribuiu os abraços, afagou seus cabelos, fez várias perguntas. Desculpou-se porque havia recebido o recado de sua chegada, mas confundira-se, memorizando que a vinda dela seria no dia seguinte.

Regina, pela primeira vez desde que chegara, sentiu-se apoiada. Luís sempre fora muito amigo de Menininha e Ivo. Dava atenção, sempre ia atrás de Caetana, desculpando-se ao seu modo tímido e sem jeito, dos desaforos lançados pela mulher. E Regina, que sempre assistira a todas aquelas situações constrangedoras, desenvolveu pelo tio um carinho muito grande, que logo demonstrou preparando uma refeição maravilhosa com o que havia encontrado nos armários. A comida estava fresca, cheirosa e apetitosa.

Enquanto Luís se alimentava, elogiando a mão da sobrinha na cozinha, inteirou a jovem de como andava sua família. Falava com tanto prazer que nem parecia aquele homem cansado e sonolento que preferia dormir a ouvir os desaforos da mulher.

A conversa animada foi interrompida por Caetana, que chegou despejando o seu veneno:

— Que festa é essa? Ninguém ia me chamar? Dá para ouvir lá dos quartos.

— Tia, eu fiz o jantar — falou Regina, tomada por uma simpatia que fez Luís sentir pena. — Não quis incomodar a senhora. Sabia que estava no banho, então preferi não aborrecê-la.

Caetana, muda, sentou-se ao lado do marido com cara fechada. Depois se serviu da comida feita pela sobrinha e emendou:

— É, pode ser que algum dia você cozinhe bem como a Menininha. Só que tem muito a aprender ainda. E cozinhar como a minha mãe, então, pode esquecer; você não leva jeito. Aquela morreu e levou com ela os segredos dos sabores dos pratos.

— Que bobagem, mulher! — repreendeu Luís. — Uma comida boa destas, e você tem a coragem de dizer uma barbaridade...

— O que você entende de comida, hein? Só sabe sentar-se à mesa para comer e depois se jogar no sofá, igual a um porco sonolento — rebateu, com voz forte.

Luís levantou-se da mesa. Não quis retrucar a esposa, pois já conhecia o desenrolar daquelas provocações e considerou sensato deixá-la presa à sua amargura. Antes de subir as escadas e seguir em direção ao quarto, aproximou-se da sobrinha e agradeceu pelo jantar, o que irritou ainda mais Caetana.

— Nunca elogiou a minha comida. Sempre deixou resto no prato. Agora, com você, está bancando o educado. Não se deixe enganar, minha querida sobrinha. São mais de vinte anos de casada, viu? Você não sabe o que é isso — depois, sorridente, como se nada tivesse acontecido, prosseguiu: — Faça um prato para o Gustavo e para a Ana — recomendou, enquanto deixava a cozinha. Voltou segundos depois e completou: — Faça um favor, minha querida, não conte que foi você quem fez o jantar. Diga que fui eu. Sabe o que é, bem... são meus filhos... acontece que são tão enjoados e, se souberem que foi você quem fez, é provável que não queiram comer — Caetana piscou o olho e, finalmente, saiu do cômodo.

Gustavo chegou tarde naquela noite. Ao aproximar-se da porta de casa, o jovem esforçou-se para não fazer barulho. Impossível. O portão, carregado de ferrugem, pareceu ranger ainda mais alto que de costume. Pisou pelo quintal com passos largos, numa tentativa frustrada de leveza. Rodou a chave duas vezes e, lentamente, abriu a porta da cozinha. Planejava entrar na casa em silêncio e seguir direto para o quarto, mesmo tomado pela fome.

De repente, logo em seus primeiros passos pela cozinha, a luz invadiu o cômodo. Era Caetana. Depois que acendeu a luz, vestida num pijama amassado, cigarro entre os dedos, ela se sentou na cadeira em que estava acomodada havia mais de meia hora à espera do filho.

— Senta, precisamos conversar — ordenou num tom baixo.

— Mãe, podemos conversar amanhã? É porque tenho... — Gustavo tentou se justificar, os olhos ainda tentando se adaptar à claridade da cozinha, mas foi inútil. Caetana interrompeu com uma voz forte o bastante para acordar a casa toda.

— Senta. Agora, Gustavo! Não estou pedindo. É uma ordem.

O jovem obedeceu sem dizer uma palavra que contrariasse a ira da mãe. Gustavo era um jovem bonito, tímido também. Não tinha o hábito de retrucar a mãe, mesmo considerando indevidas algumas de suas colocações.

— Então você não passou no exame da autoescola?

— Mãe...

— Não passou, é isso, Gustavo? Já é a segunda vez que gasto dinheiro com você só por gastar. Rapaz, o que pensa da vida? Acha que o meu dinheiro é capim? E, se não ligo na autoescola, não fico nem sabendo. Sou sua mãe, Gustavo. Tenho de ser a primeira a saber do que se passa na sua vida.

— Não queria preocupá-la.

— E então resolveu esconder? Não ficar sabendo foi a forma que encontrou para não me fazer sofrer, não me aborrecer? Vamos, responda — insistiu Caetana, diante do silêncio do filho.

— Estava esperando o melhor momento para dizer — complementou depois de alguns segundos.

— Quando? — a pergunta soou assustadora aos ouvidos do jovem. — Faz duas semanas que você sabe do resultado e esconde de mim. Sempre que pergunto vem desconversando, inventando uma desculpa aqui, outra ali.

— Eu não quero dirigir — finalizou o rapaz.

— Não posso acreditar no que estou ouvindo! Um jovem da sua idade faria de tudo para ter a oportunidade de dirigir, de ter um carro. E agora você me diz...

— Era o que eu mais queria para a minha vida. Só que comecei a ter receio, uns sonhos... ou melhor, pesadelos. Não sei explicar, mas não consigo.

— Lá vem você novamente com essas frescuras. Sonhos são besteiras...

— Mas é o que eu sinto — Gustavo tentava argumentar. — Não sei direito, mas tenho sonhos recorrentes com um acidente, não sei se isso poderá acontecer e...

— Quanto absurdo! Você deveria se envergonhar de dizer tanta besteira. Se envergonhar porque, enquanto procuro proporcionar esse prazer a você, estou naquele hospital horrível, cheirando a éter, vendo o sofrimento alheio, assistindo ao pior momento da vida das pessoas — ela fez uma pausa tentando conter as lágrimas que pareciam querer surgir —, e vem você, um frangote, a quem sempre dei de tudo, dizer que não quer dirigir. É assim que você me agradece? Daqui a pouco vai parar de estudar também, porque vai sonhar com...

— Desculpe — tornou sinceramente o rapaz, procurando finalizar aquela situação. — Você está certa.

Um silêncio terrível se fez naquele instante. Caetana levantou-se da cadeira, caminhou até a pia, onde amassou o cigarro com tamanha força que deixou Gustavo apreensivo.

— Não me faça perder a confiança em você, Gustavo. Não faça. Seu prato está no forno — antes de sair, completou com sorriso nos lábios: — Já marquei na autoescola o seu novo exame. Dessa vez você passa, meu querido. Quero ver você me levando para o hospital. Aquelas invejosas do meu plantão vão se roer...

Caetana saiu rindo, diferente da mulher chateada que conversava com o filho poucos minutos antes.

Regina, assim como todos na casa, pôde ouvir a conversa de Caetana com o filho. A moça esperou que Caetana entrasse em seu quarto e desceu as escadas. Primeiro pensou que não fosse a melhor hora para conversar com o primo, mas a saudade foi maior e a fez correr até ele.

Quando Regina entrou na cozinha, Gustavo estava sentado, cabeça baixa, lágrimas nos olhos. O prato sobre a mesa, ainda estava frio.

— Menino, não vai jantar? — perguntou ela, sorrindo.

O jovem, no primeiro momento, não a reconheceu, mas depois de olhar bem para a moça loira, defrontou-se com a prima do interior, a amiga por quem tinha muito carinho.

Abraçaram-se. Gustavo até sentiu-se mais alegre ao vê-la. Conversaram sobre muitos assuntos, principalmente os da infância, quando ele passava férias na casa de Menininha.

— Você quer conversar, quer desabafar? — perguntou Regina, depois de colocar o prato já aquecido diante do jovem.

— Você quer me ouvir? — rebateu o jovem, rindo. — Minha vida não é muito interessante.

Regina pousou suavemente sua mão sobre a do primo, passando-lhe uma confiança que o fez confidenciar tudo o que se passava em seu coração.

— Estou muito cansado. Essa é a verdade. Todos nesta casa somos fantoches nas mãos de dona Caetana. Tudo tem de sair a seu contento. Sinto-me tão pequeno perto dela.

— Desse tamanho? — ela levantou a mão. — Tão bonito, alto...

— Tão fraco, submisso — completou Gustavo, divertindo-se. — Ei, menina, você está me fazendo dizer coisas que não diria para o meu melhor amigo.

— Admitir algo de que não gostamos em nós mesmos, na maioria das vezes, é o primeiro passo para tentar melhorar e, quem sabe, ainda mudar, reverter.

— É, você tem razão — completou o primo. E, apreciando o rosto angelical de Regina, disse: — Sua presença me traz segurança.

— Você não quer dirigir? Não gosta?

— Gosto, porém, depois de um sonho que tive, fiquei impressionado. Foi como um bloqueio. Não me peça para falar sobre esse sonho. Não sei explicar, é forte, já o tive mais de uma vez, é uma cena triste. E, sempre que estou no carro, as imagens vêm com força, parecem tão reais.

— Já tentou falar isso para a tia Caetana?

— Diversas vezes, mas sem sucesso. Ela só escuta o que é conveniente para ela, o que vai lhe trazer benefícios. Sempre juro não cair mais nas suas chantagens emocionais, mas ela usa as mesmas armas, e eu, ingênuo, caio sempre da mesma forma. Começa a relatar o seu sofrimento no hospital, deixa claro o quanto detesta o trabalho que tem e ressalta ainda mais o que deixa de fazer para dar o melhor aos filhos. Sinto-me com o coração partido, triste e ingrato.

— Se fosse sua mãe, eu me orgulharia de você. É um rapaz justo, sincero, doce...

— Não é o que minha mãe vê com seus olhos injetados de ira, com essa sede de me ver diferente do que sou.

— Por isso acaba cedendo?

— Entrego a minha vida nas mãos dela. E deixo que ela a conduza para onde quiser. Sinceramente — fez uma pausa e sua voz tomou outro tom —, temo o caminho para onde ela está me direcionando.

Regina acordou cansada, mas não deixou que aquilo atrapalhasse o seu dia. Levantou-se cheia de disposição. Ainda não havia se adaptado ao novo lar, porém colocou na cabeça que seria questão de tempo, praticamente acabara de chegar à casa da tia, e nada como um dia após o outro.

Logo cedo, seguiu as instruções de Caetana. Preparou o café e foi buscar pão no mercado, onde também comprou a carne recomendada pela matriarca da família. Quando voltou com as compras, depositou o troco na gaveta, a mesma que guardava dos trocados deixados por Caetana.

A moça aproveitou o silêncio da casa, já que Caetana estava no trabalho e o tio e os primos dormiam, e resolveu tomar um banho longo. Deixou que a água escorresse pelo corpo. Assim, conseguiu relaxar e acabou se esquecendo da hora. O que a despertou foi uma voz alterada e o barulho da porta sendo esmurrada.

— Vai sair hoje? Será possível! O único banheiro que presta nesta casa...

Era Ana. Aquele tipo de comentário era do seu feitio. Sempre com frases curtas e amargas. Quem a via, logo percebia que tinha saído à mãe. Não era verdade, mas não se podia isentar Caetana do comportamento usual de Ana. Alguns anos antes, exatamente no seu aniversário de nove anos, a menina ouviu da mãe diversos comentários desagradáveis, entre eles que era uma gorda medíocre, desajeitada. Aquilo não significou nada para Caetana, todavia, Ana levou consigo aquele estigma, aquela mágoa no coração e na cabeça. Por esse motivo, Ana, para se considerar superior, sempre tinha um comportamento hostil. Agressiva na maioria das vezes, via nisso a possibilidade de mostrar o quanto era importante e superior. E, de certa forma, antes mesmo de ser menosprezada, a adolescente se defendia com agressões.

— Já estou saindo — respondeu Regina, feliz ao identificar a voz da prima que não via há muito tempo.

Logo que abriu a porta, tomada por muita simpatia, Regina correu para abraçá-la. Ana não foi receptiva. Cumprimentou-a sem grandes festejos e depois passou por ela como um furacão para alcançar o interior do banheiro. Como se não bastasse, acrescentou:

— Se você me dá licença, eu gostaria de usar o banheiro. Você já me atrasou o suficiente para uma manhã, não acha?

— Claro, desculpe.

Antes de Regina concluir a frase, a porta foi fechada em sua cara. Até então, não vira a prima com maus olhos. Entendeu que a adolescente estava atrasada, e sentia-se responsável por aquilo. Tentando não pensar no assunto, a hóspede foi para o quarto se arrumar. Colocou uma roupa mais leve, fazia calor. Antes de descer, encostou-se à janela e apreciou o quintal. Abriu um sorriso ao ver um pássaro pousar em uma flor e, depois, sair saltitando com leveza entre as folhas da árvore que enfeitava a calçada. Conseguiu ver a beleza da vida naquele instante. Quando chegou ao corredor próximo à cozinha, pôde ouvir Ana se queixando com Luís. Parou na hora e ficou ouvindo a reclamação da prima, com um rosto sério, ocupado pela tristeza.

— Meu Deus! O banheiro eu tenho de dividir com mais três pessoas, e agora me aparece essa daí não sei de onde. Além disso, se apossou do meu quarto, que já é pequeno e mal acomoda uma cama.

— Sua mãe autorizou.

Luís explicava com paciência, já que a palavra de Caetana naquela casa era lei. Ainda constrangido, pedia à filha que fosse mais compreensiva, falasse baixo, mas de nada adiantou. Ana, mais nervosa, continuava argumentando, irritada:

— E até quando vou dormir no quarto com vocês? Essa sem-teto! Daqui a pouco não vamos ter mais nenhuma privacidade nesta casa. Uma intrusa perambulando por todos os cômodos.

Regina não aguentou mais ouvir tudo aquilo quieta. Entrou na cozinha com o rosto vermelho. Suas mãos estavam trêmulas. Desabafou numa voz sentida:

— Desculpe-me. Eu... eu não queria causar nenhum transtorno para vocês. Não...

— Ainda bem que chegou. E, pelo visto, prova da sua má educação, ouvindo atrás da porta. Que bom, assim não terei o trabalho de repetir.

Ana se manifestou sem nenhum sentimento de compaixão pela prima. Não queria entender os motivos que levaram Regina à casa da tia daquela forma, de favor, como o fato de ter perdido a mãe e se encontrar praticamente sozinha numa cidade grande. A menina pegou a bolsa e intimou Luís com voz rouca:

— Vamos, pai. Estou atrasada.

Regina saiu correndo da cozinha. Luís tentou impedir em vão. O homem sentiu-se impotente, da mesma forma que se sentia quando era ignorado pela esposa. Não conseguia ter reação, ficava calado, tentando contornar a situação e proteger a vítima das agressões gratuitas da filha, que começava a seguir os passos da mãe.

Regina entrou no quarto que era de Ana e passou a chave. No silêncio do minúsculo cômodo, a moça desabou. Encostou as costas na porta e deslizou o corpo até o chão, em lágrimas. Lembrou-se de Menininha, sua mãe. Naquele momento, sentiu saudades até mesmo das implicâncias e das palavras amargas dela, do jeito rude de afagar seus cabelos, momentos que Regina lembrava com carinho.

O choro tornou-se ainda mais forte quando se lembrou de Ivo, seu amigo. Quanta saudade!

"Como será que ele estava?", pensou Regina.

Sentiu-se culpada por ter partido e deixado Ivo sozinho, pois ele poderia estar precisando de ajuda, de apoio. A vida já havia sido tão ingrata deixando-o viúvo e sem filhos...

Pensando nisso, Regina recolheu as roupas penduradas nos cabides emprestados por Caetana e, sem nenhum cuidado com as peças, forçou-as na mala. Enquanto fazia a arrumação, encontrou o cartão de Danilo já amassado entre seus pertences. Parou, leu e releu o pedaço de papel. Apertou-o entre as mãos, o que funcionou como um bálsamo para ela. Fechou os olhos e, por um momento, pôde lembrar-se do sorriso dele, de seus olhos, de quando o viu andando de costas e acenando. De repente, como se fosse um alerta, Regina acomodou o cartão na bolsa. Minutos depois, após fechar a mala, ela teve uma certeza: partiria da casa de Caetana; e mais, partiria de São Paulo.

Capítulo 3

Depois de ver o ônibus se perder nos contornos do asfalto, Ivo sentiu uma lágrima correr pelo rosto. Sabia o quanto sentiria falta de Regina, mas também era conhecedor da vida, e já havia vivido a sua, por isso não poderia impedir que a moça seguisse o seu destino. Era jovem, bonita e inteligente o bastante para desbravar a cidade grande em busca de seus objetivos. O que Ivo mais temia era morrer e deixar a menina sozinha naquela cidade. Considerava que Regina seria infeliz como Menininha fora um dia.

Na época em que se casara, Ivo ainda era apaixonado por Menininha. O parentesco foi o maior obstáculo, decisivo para a separação. É verdade que a esposa de Ivo apareceu de repente, trazida por ninguém menos que... Caetana. A moça, embora fosse mais velha, era amiga e professora de Caetana.

A irmã caçula de Menininha adorava se relacionar com pessoas mais velhas, pois isso fazia ela se sentir adulta, mesmo no auge dos seus onze anos. Caetana fez questão de aproximar os dois. Agora, anos depois, Ivo parecia compreender o prazer de Caetana em ver a irmã sofrendo por ter perdido o amor de sua vida. Ivo não tivera um casamento infeliz; pelo contrário, fora muito amado e, a seu modo, soube ser generoso com a companheira que Deus e Caetana haviam ofertado a ele.

Logo nos primeiros anos de casado, morando longe da cidade, num sítio, Ivo ansiava por um herdeiro. Preocupado pela demora em ter filhos, ele consultou um médico e descobriu que não poderia ser pai. Ficou arrasado, mas nunca revelou à esposa o que havia se passado. Procurou tranquilizá-la, afirmando que o resultado dos exames havia sido favorável e em breve os filhos apareceriam, o que nunca aconteceu até a morte dela, vinte e cinco anos depois.

Quando viúvo, ilhado num sítio próspero, mas solitário, Ivo resolveu partir para o centro da cidade, que ficava a poucos quilômetros de distância. Comprou uma casa ao lado de Menininha. Regina era pequena, mas, quando soube que Ivo seria seu vizinho, exultou. Estava habituada a receber visitas dele e da esposa, todavia, saber que poderia vê-lo com mais frequência encheu o seu pequeno coração de alegria.

Ivo tentou reconciliar-se com Menininha, que, também viúva, nutria imensa solidão, mas ela foi categórica ao declarar:

— Está ficando maluco, homem? A gente não tem mais idade para essas coisas. A gente tem é que rezar a Deus para dar uma boa morte para nós. Isso sim...

Ivo percebeu ter encontrado uma mulher amargurada, muito ressentida com a vida. Menininha sempre falava num tom revoltado, diferente da menina alegre por quem ele se apaixonara, mas ainda assim o seu coração por ela batia, e sabia que era correspondido. No entanto, ele entendeu o recado e permaneceu calado. Amou Menininha em silêncio.

A vida havia sido de grandes emoções, algumas fortes e a maioria tristes — concluiu Ivo ao fazer um balanço da sua vida, quando voltava da rodoviária para casa. Sentia-se tão triste que entrou num bar e pediu uma bebida. Pensava que, com a bebida nas mãos, teria a oportunidade de ver Menininha novamente. Já em casa, horas depois, à noite, não conseguia dormir. Levantou-se e fez um chá.

O espírito de Menininha, que assistia a tudo aquilo quieta, aproximou-se de Ivo e, com um sorriso, estendeu as mãos próximas ao rosto dele; em seguida, soprou levemente seus olhos. Como um remédio, a ação de Menininha o acalmou. Ivo depositou a xícara sobre a mesa, voltou a deitar-se e logo adormeceu.

Ivo acordou bem-disposto no dia seguinte. Procurou pela xícara em que havia tomado o chá e não a encontrou sobre a pia nem sobre a mesa; ela estava dentro do armário. Estranhando o fato, chegou a comentar sozinho:

— Estou ficando maluco. Guardando louça suja no armário — exibiu um sorriso divertido, o primeiro depois da partida de Regina. Abriu a porta do armário, examinou a xícara e, para sua surpresa, ela estava limpa e seca. — Deve ser coisa da velhice mesmo. A gente faz as coisas e não lembra — concluiu o homem.

Depois do café, Ivo pegou uma sacola e foi fazer compras no mercado que ficava duas casas depois da sua. Uma dor no peito apareceu de surpresa, como uma visita indesejada. Automaticamente, ele levou a mão ao peito e massageou a região. Era forte, mas teimoso, e por isso continuou seu caminho para o mercado. Não andava com os passos rápidos como estava habituado. Agora ia mais tranquilo, com dificuldade de arrastar o corpo.

Compras feitas, sacola cheia e pesada para carregar, Ivo insistia em voltar para casa sem ajuda. Já na praça, a poucos passos de sua casa, sentiu a dor apertar o peito ainda mais forte que das últimas vezes. Em questão de segundos, ele largou a sacola e levou a mão ao peito. As frutas, o saco de arroz, o de feijão, enfim, todas as compras foram para o chão e rolaram pela rua de paralelepípedos. Uma escuridão tomou os seus olhos, como uma venda, um pano negro. Sentiu alguém segurando seus braços e depois ouviu algumas vozes:

— É o seu Ivo. Ele está passando mal. Vamos levá-lo para o hospital.

— Ele está frio.

— Rápido, traga ele aqui. Vamos levá-lo para o pronto-socorro...

Multiplicavam-se frases curtas, desesperadas, evidenciando algumas vozes que para Ivo eram familiares, de vizinhos, e outras que jamais ouvira. Foi quando tudo se apagou.

Regina arrastou a mala até perto da porta. Parou em frente ao espelho. Seus olhos estavam vermelhos; os cabelos cacheados, ainda molhados, estavam soltos sobre a camiseta branca. Vestia uma calça jeans e uma camiseta.

Quando rodou a chave e abriu a porta, para sua surpresa, deu de cara com Luís e Ana. Houve um longo silêncio até que Luís o rompeu:

— Já estava batendo na sua porta. Precisamos conversar.

Regina percebeu os olhos do tio e os de Ana percorrerem o quarto e a sua mala.

Luís, tenso pela situação, pois sabia como Caetana reagiria se chegasse em casa e não encontrasse a sobrinha, cutucou a filha, fazendo-a ficar um passo à frente, forçando para que falasse logo de uma vez.

Ana, entendendo o recado, balbuciou, num tom tímido, olhando mais para o chão do que para Regina:

— Desculpe... Eu, eu não queria magoá-la — depois olhou para o pai, procurando apoio, algum sinal de absolvição.

Ana estava constrangida, assustada, já não parecia a mesma garotinha de uma hora antes. Tinha um ar preocupado. Ainda estavam vivas na mente as palavras de Luís que a convenceram a se desculpar com a prima:

"— É isso o que quer, Ana? Já imaginou se a Regina resolve ir embora? Sua mãe, se bem a conheço, pode não estar gostando dessa visita em nossa casa, mas vai culpar você pela partida da garota. Acho melhor a gente não contrariar sua mãe.

— Você tem medo dela — arriscou a jovem, afrontando o pai.

— Não, minha querida — corrigiu-a, paciente. — Acima de tudo, acho que a Regina é ótima garota, incapaz de causar algum mal a alguém. Ela tem um bom coração, como poucos têm. Não julgue um livro pela capa, já ouviu isso?"

Depois de se lembrar dessa conversa, e diante do silêncio de Regina, Ana repetiu o pedido:

— Você me desculpa, Regina? Eu estava nervosa, atrasada...

— O que não justifica o seu comportamento — emendou Luís.

— É verdade. Papai tem razão. Eu fui infantil demais.

Regina aproximou-se da prima e a abraçou com lágrimas nos olhos.

Diante da cena, Luís saiu comovido e aliviado para o trabalho. Não fazia ideia do que seria tudo aquilo com Caetana por perto.

— Agora vamos parar de chorar — aconselhou Ana, olhando para o interior do quarto onde estava a mala. — E vamos desfazer essa mala.

No interior do quarto, vendo Ana animada para abrir a mala, Regina teve um sobressalto.

— Não. Tenho que ir embora.

— Como?! — perguntou Ana, surpresa.

O espírito de Menininha, num vestido claro e luminoso, estava próximo a Regina. Sussurrava baixinho, numa voz doce:

— Minha filha, volte. Ivo precisa de você. Não o abandone nesse momento.

Felipe, amigo e conselheiro de Menininha no mundo espiritual, pegou Menininha pelo braço e, num gesto suave, puxou-a para o outro lado do cômodo. Depois, ainda segurando o braço da amiga, ele a repreendeu:

— Menininha, não faça isso! De nada vai adiantar.

— O Ivo precisa dela. Será que não entende?

— Tudo bem, vamos recapitular: Regina não está aqui à toa. Tudo na vida tem um motivo. Você, mesmo que quisesse, não poderia influenciá-la a tomar uma decisão. Ela não veio contrariada para São Paulo e Ivo tem conhecimento do seu papel nesta vida. A vida toda de Ivo foi construída em uma solidão pela qual o espírito dele sabia que passaria. Não podemos modificar a situação, foi uma escolha.

Menininha, conformada, buscou apoio nas mãos de Felipe e assentiu. Na sequência, partiram num foco de luz.

Diante de Regina, Ana perguntou:

— Você está brincando? Não vou deixar você ir. Ainda está chateada comigo, é isso?

— Não. De forma alguma.

Regina, sorridente, abraçou a prima. Contou rapidamente sobre Ivo, enfatizando a importância dele em sua vida. Afirmou a Ana que o amava como se fosse seu pai.

Ana foi receptiva aos relatos da prima, percebendo como a moça era especial e o quanto podia aprender com ela. Sentiu naquele momento que teria Regina como referência para sua vida.

— Você não tem ideia de como me fez bem conversar com você — desabafou Regina. — Uma hora atrás eu senti uma saudade tão grande de Ivo! Nem sei explicar. Parecia que eu o ouvia me chamando. Senti-me tão triste, tão perdida. Tive uma vontade louca de sair correndo para ir ao encontro dele e abraçá-lo.

— Talvez estivesse sentindo falta de um amigo. Agora tem a mim — completou Ana, divertida. Poucas eram as pessoas que a conheciam daquela forma.

O abraço das duas foi interrompido por Gustavo.

— Reunião das meninas? Meninos não entram? — brincou o jovem.

— Papo de mulheres. Se é que você me entende — disse Ana.

Regina, percebendo a rivalidade e ciúme de Ana, propôs sorrindo:

— O que acham de descermos? Vou preparar algo para comermos.

— Vocês foram ágeis. Mais um pouco e iríamos perdê-lo — informou o médico para meia dúzia de vizinhos curiosos e amigos de Ivo que se amontoaram na recepção do hospital local depois de socorrê-lo.

Duas senhoras muito falantes, que diziam ser vizinhas e amigas de Ivo desde os tempos de juventude, pediram permissão para vê-lo. O médico informou que não era uma hora apropriada, pois estavam preparando Ivo para alguns exames; todavia, a insistência foi tanta, que o médico, contrariado, concordou:

— Tudo bem. Cinco minutos, nada mais. Peço que não façam muitas perguntas. Façam com que ele fique quieto. Quanto menos falarem, melhor.

As duas concordaram, dispostas a cumprirem a solicitação. Depois de seguirem pelo corredor branco e frio, viraram à esquerda na enfermaria, onde Ivo estava deitado em uma das camas.

Ele dormia após ter sido medicado, e a coloração de sua pele não era das melhores. As duas permaneceram no quarto por alguns minutos, o bastante para destilar os diversos comentários a respeito da vida do paciente.

— Pobre Ivo. Vai acabar assim, na cama de um hospital, sozinho.

— É verdade — admitiu a outra. — Nunca teve filhos. Casou-se cedo e ficou viúvo ainda jovem.

— E a Regina... filha da Menininha. Ingrata aquela lá, viu? Esperou a mãe morrer e deixou o velho para trás rumo a São Paulo.

— Tratou o pobre homem como se trata um bagaço de cana-de-açúcar. Depois de tirar o caldo, jogou o resto fora. Vai ver nem se lembra mais dele. E, pelo que sei, o Ivo foi um pai para a garota. Deu de tudo o que daria a um filho. Cadê ela aqui agora para ajudar?

— Partiu para aquela cidade de loucos atrás de homem e dinheiro... — rematava a outra.

Menininha estava na cabeceira da cama de Ivo, e Felipe, o amigo espiritual, ao seu lado, fazendo-lhe companhia.

— Por que fazem isso, Felipe? Por que a criticam? — lamentou.

— Porque não sabem o que se passa dentro de um coração. Desconhecem as alegrias e as tristezas que se alojam nesse pequeno recipiente. As pessoas na Terra ainda estão condicionadas a julgarem umas às outras. Essas senhoras não estão sendo más. Estão acostumadas a se comportar dessa forma. Vamos orar para que a saúde de Ivo possa se restabelecer.

Ivo despertou agitado, como se tivesse passado o efeito da medicação. As duas mulheres se assustaram e gritaram pela enfermeira. Logo, três delas apareceram. Uma delas, irritada, pediu que as duas visitantes saíssem do quarto para realizar alguns procedimentos, e elas saíram correndo de forma engraçada.

— Menininha, agora é melhor a gente sair — disse Felipe.

— Eu quero estar perto dele. Quero estar presente quando...

— Ainda não é a hora. Vamos?

Menininha esticou a mão para Felipe. Uma luz prateada formou-se em volta deles, que então desapareceram.

Caetana chegou em casa muito cansada. Lançou a bolsa no sofá assim que colocou o pé na soleira da porta da sala. De lá também gritou pela sobrinha, que veio apressada atendê-la.

— Minha querida, quem tirou aquele vaso da entrada? Minhas margaridas estão todas do outro lado. Minha orquídea, eu não a encontrei.

— Fui eu — respondeu Regina, prontamente.

Havia um sorriso de boa ação, pensando a jovem ter feito uma grande e boa revolução em alterar a posição de alguns objetos que atrapalhavam a entrada.

— Você?!

— É. Eu achei melhor colocar para o outro lado, porque atrapalha quem entra e o sol pela manhã fará bem às plantas...

— Vá lá e coloque-os onde encontrou — ordenou Caetana, séria. Depois, quase no instante seguinte, a mulher virou-se para a sobrinha e falou, sorrindo: — O que fez de almoço, meu bem?

Antes de saber a resposta, Caetana foi chamada por Luís.

— Luís? O que faz em casa a essa hora?

— Fiz uma corrida aqui perto — comentou. Luís abaixou o tom e sibilou: — Preciso conversar com você. Vamos subir. Acho que no quarto teremos mais privacidade.

— Claro. Vamos — concordou a mulher, curiosa.

Luís passou a manhã pensando na irritação de Ana em relação a Regina. Era, de fato, conhecedor da reconciliação, porém temia como aquela história chegaria aos ouvidos de sua esposa, e mais: como Caetana interpretaria. Tinha certeza de que, se a esposa soubesse por outra fonte, faria um barraco sem igual.

— E você diz isso nessa calma, Luís? — perguntou, depois de ser inteirada dos acontecimentos. — Essa desavença acontecendo na minha casa e nem fico sabendo.

— Como não? Não acabei de lhe contar? E, depois, foi uma briga de nada — tentou tranquilizar. — Já até fizeram as pazes.

— Faz tempo que estou para pegar a Ana de jeito. Vou conversar com ela.

— Calma. Não vai se alterar com a menina. É coisa da idade...

Caetana já estava longe para ouvir o resto do que o marido tinha a dizer. Saiu feito uma louca atrás da caçula. Ficou nitidamente preocupada com aquela história. Esbarrou no filho e não se desculpou. Resoluta, seguiu para atingir o seu objetivo: encontrar Ana.

Depois dos últimos acontecimentos, Regina passou a sentir muita saudade da vida tranquila que tinha e, sobretudo, de Ivo. Sentia um aperto no peito que não conseguia explicar; era algo forte, intenso. Concluiu que sofria pela falta do velho amigo.

Enquanto colocava de volta os vasos nos lugares antigos, pensou em falar com Ivo. No bolso, havia o telefone do orelhão que ficava perto de um bar do bairro em que ele morava; de lá, quem atendesse poderia chamá-lo. Estava resolvida, iria falar com ele.

Logo que entrou na sala, aproveitando a ausência de todos, correu para o telefone que ficava sobre uma mesinha frágil de madeira escura, totalmente discordante dos demais móveis.

Já havia discado o número. Seus lábios abriram um sorriso, seus olhos brilharam. No entanto, ouviu Caetana descendo as escadas, gritando pela filha. Isso a fez descansar o aparelho sobre o móvel antes de ser atendida ou de Caetana adentrar a sala.

— Ana está no quintal. Lá nos fundos — orientou Regina diante do desespero da tia.

— Obrigada — respondeu com uma simpatia que a moça estranhou. — Faz um favor para mim? Coloque a mesa. Daqui a pouco o Gustavo chega, então vamos todos almoçar.

A moça saiu sem fazer nenhum comentário. Obediente, ela seguiu para a cozinha, tirou algo do forno e desligou a boca do fogão em que o conteúdo borbulhava na panela, evidenciando que estava no ponto. Experiente, pegou a toalha florida da segunda gaveta do armário da pia e cobriu a mesa.

Capítulo 4

— Vamos lá, menina. Agora é a sua vez. O que foi que você aprontou?

Essa foi a pergunta de Caetana assim que colocou a filha sentada em sua cama, depois de trancar o quarto e certificar-se de que nem Regina nem ninguém da casa estivesse por perto.

Ana, sentada, nada entendia. Estava no quintal lendo, enquanto tomava o sol da manhã, quando Caetana chegou apressada, puxando-a pelo braço, sem dizer uma palavra. Agora estava ali, trancada no quarto da mãe, sendo questionada não sabia de quê.

— Por que destratou a Regina? Você já está bem crescidinha para esse comportamento infantil. Depois acha ruim quando a chamo de criança. Como posso não chamá-la se age como tal?

— Acordei mal-humorada. Já até pedi desculpas — fez uma pausa, depois, numa voz envergonhada, completou: — Ela reclamou com a senhora?

— Não. A pobre nem tocou no assunto. Mas sei também que ela está louca de saudade daquela terra horrível. E também daquele velho centenário. Parece que quer voltar. Se isso acontecer... — advertiu num tom ameaçador.

— Não será por minha culpa, mãe. Já pedi desculpas para ela, conversamos muito pela manhã. Ela é muito melhor do que eu podia imaginar.

— É muito bom que pense assim. Do contrário, você vai ter de colocar essas mãozinhas na pia, para lavar louça. E eu não vou nem querer ouvir que tem alergia para não lavar o banheiro. Fará tudo sozinha. Esse esmalte nunca mais vai parar em suas unhas. Pense bem, é isso que quer para você? Se a Regina for embora, você pode dar adeus ao banho de sol pela manhã com livro no colo. Terá que se entender com água sanitária, amaciante, sabão, cloro...

— É por isso que ficou nervosa? — questionou incrédula. — Está com medo de perder a empregada? Pensei que gostasse da moça como sobrinha. A única, pelo que sei.

— Gosto muito dela — defendeu-se num tom falso. — Demais. Na verdade eu não quero vê-la voltando para aquele fim de mundo. Enquanto isso, nada mais justo que nos ajude. Eu estou dando cama, um teto de onde não vaza uma gota de água da chuva, sem contar a comida, que ela só não repete porque não quer. Tem que fazer a parte dela, sim. Agora chega desse papo. Espero não me repetir. Não quero saber de cenas de ciúme. Estamos entendidas?

Bem na hora que Ana ia responder, do quarto onde estavam, puderam ouvir Regina chamando para o almoço.

— Não acredito que você faria tão bem quanto sua prima — duvidou Caetana do comprometimento da filha com as tarefas da casa.

O almoço foi tranquilo. Pela primeira vez, Regina pôde ver a família reunida e em paz. No pouco tempo em que estava na casa da tia, só havia presenciado desavenças, na maioria das vezes provocadas por Caetana.

A moça foi a primeira a terminar de almoçar. Levantou-se e, aproveitando o clima de harmonia que pairava no recinto, deu uma corridinha até a sala, enquanto todos ainda permaneciam à mesa. Pegou o telefone e discou o número. Estava ansiosa para ter notícias de Ivo. Queria dizer a ele o quanto estava sentindo a sua falta e, se seu coração percebesse que ele sentia o mesmo, diria que estava com as malas prontas para voltar.

Enquanto estava com esses pensamentos, puxando o fio do telefone, ansiosa em ouvir a voz do amigo, escutou um grito que lhe assustou:

— Não!

Era Caetana, que apareceu do nada, como um furacão. Estava visivelmente brava. Braços erguidos para cima, passos largos. O marido e os filhos vinham logo atrás e assistiram à cena envergonhados. Regina disse surpreendida:

— O que foi, tia?

— Como você pega o telefone assim, sem me avisar? Quem autorizou?

— Desculpe...

— Sabe quanto custa? O quanto eu me sacrifiquei para ter um? E o quanto eu pago? Lógico que não sabe. Vivendo naquele fim de mundo — a mulher falava tomada por uma ira assustadora. Depois, como era o seu hábito, mudou o tom. Percebendo o exagero, tentou amenizar a voz: — Sabe o que é, querida? Eu não permito que os meninos usem o telefone em casa e, se eu deixar você usar... bem, eles vão se sentir injustiçados. Não me leve a mal. Compreenda minha situação. Como mãe tenho que dar exemplos, e educar filhos não é tarefa das mais fáceis.

Fez uma ladainha composta por mais algumas palavras, algumas ideias que ela dizia seguir, mas que os filhos e o marido desconheciam.

Luís recolheu as chaves que estavam sobre a mesa e saiu em silêncio. No fundo, sentia muita pena de Regina. Não sabia até quando ela aguentaria as alterações de humor da tia. Na verdade, pensou que a menina estivesse acomodada naquela casa de malucos por não ter para onde ir.

Caetana, num gesto maternal, passou a mão de leve sobre o rosto de Regina e seguiu em direção à escada.

Subindo os degraus, sem olhar para trás, antes de desaparecer, ela avisou:

— Vou dormir o sono dos justos. Regina, você que é a mais sensata desta casa, não deixe ninguém me incomodar.

Regina ficou estática. Não pôde assimilar a cena da forma apresentada. Ficou completamente constrangida, desnorteada. Já havia feito de tudo para conquistar a tia, mas percebeu que não conseguira tocar o seu coração. Ficou triste. A família era tão pequena e não conseguia cativar os poucos que lhe restavam.

A moça, ainda envergonhada pela chamada, passou pelos primos sem dizer nada. Na cozinha, calmamente, e esforçando-se para que as lágrimas não escapassem dos olhos, ela retirou os pratos, guardou o resto das comidas em vasilhas e acomodou os potes na geladeira. Quando se encostou à pia e abriu a torneira, as lágrimas desceram pelo rosto.

Os primos foram gentis. Abraçaram Regina, que não recusou o carinho. Depois, já mais calma, procurou se descontrair com as brincadeiras de Gustavo e as cenas de implicância de Ana. Regina, em pouco tempo, conseguia compreender a prima, sabia que a mocinha fazia aquilo para chamar a atenção, o que não era necessário, pois era bonita o bastante para atrair os mais diversos olhares.

— Regina — iniciou Gustavo tirando do bolso uma cartela —, são para você. Tem dez fichas telefônicas. Acho que dá para falar com o seu amigo. Não dá para ficar muito tempo, porém o bastante para trocar algumas palavras.

Regina recebeu as fichas como uma criança ao ser presenteada com um doce. Como o dinheiro que tinha era pouco, já estava acabando, ainda mais porque havia comprado algumas coisas para a casa da tia.

— Se quiser vou com você ao orelhão. Tem um perto do ponto de ônibus.

Regina beijou o primo e agradeceu. Guardou as fichas no bolso e pensou em ir logo ouvir a voz de Ivo.

Embora tivesse desejado a própria morte nos últimos anos de vida, Menininha não sentiu conforto logo que se deu conta da nova realidade, de onde estava repousando. Ela caiu no quintal e, de imediato, despertou em um quarto amplo em que tudo era branco: paredes, janelas e até mesmo o lençol que a envolvia. Havia também, próximo da janela, um aparador com um jarro de flores do campo, a maioria amarela, e nada mais sobre o móvel de madeira escura.

Depois de se levantar lentamente, Menininha alcançou a janela, por onde observou um verde a perder de vista, emendando-se com o azul do céu. Sentiu paz e tranquilidade, porém sentiu também a falta de Regina, sua filha, e de Ivo. Começou a se perguntar onde eles estariam e o que ela fazia ali, naquele lugar. Foi então que a porta se abriu.

— Seja bem-vinda. Eu sou o Felipe.

Felipe era um jovem sorridente, e foi assim que se apresentou. Descreveu em poucas palavras que lugar era aquele onde ela estava. Foi paciente em informá-la da sua posição atual, da sua programação dali em diante.

— Não posso acreditar nisso! Cadê minha filha? E o Ivo? — perguntou desesperada; estava agitada, querendo sair do quarto.

— Calma. Tudo tem o seu tempo. Vou direcioná-la para uma colônia, e depois, dependendo do seu equilíbrio emocional, poderemos visitá-los.

— Equilíbrio?

— Sim, minha querida. Para visitar os nossos entes queridos que ainda estão na Terra precisamos de equilíbrio emocional, temos de estar centrados.

Menininha fez sim com a cabeça e ficou radiante. Foi uma aluna resistente, questionadora. Compreendeu com dificuldade a disciplina que teria que adotar dali em diante. Aprendeu sobre vários assuntos, participou de inúmeras palestras que a ajudaram a ter noção sobre o seu desencarne.

Tempos depois, enriquecida pelas aulas e palestras, mais lúcida e acompanhada de Felipe, Menininha voltou à Terra, percorrendo um trajeto em que reviu lugares e pessoas com o propósito de analisar o que aconteceu depois de sua partida. Porém, depois das primeiras visitas, voltou triste.

— Tenho que fazer alguma coisa, Felipe — disse preocupada. — Ivo está doente, precisando de Regina. O pobre a tem como filha. Por que Regina tem que passar por aquele sofrimento nas mãos de Caetana? E por que Ivo está tão sozinho?

E assim seguiu Menininha, cobrindo Felipe de perguntas, enquanto o jovem esbelto e de olhos claros sorria.

— Nada é por acaso. E você logo compreenderá melhor tudo isso. Em breve terá as respostas. Agora é hora de se desprender desses sentimentos ruins que vejo em você. Eles não vão ajudar Regina e Ivo em nada. Podemos fazer uma oração para amenizar o sofrimento e iluminar os caminhos dos nossos amigos, mas, no momento, não podemos interferir.

Regina saiu apressada da casa da tia. Não trocou nem de roupa, foi com a camiseta molhada em razão da louça que havia lavado. Dispensou a companhia do primo até o orelhão, depois de agradecer e insistir para que ele fosse estudar, pois já conhecia Caetana o bastante para saber do seu julgamento; ela a responsabilizaria por tirar Gustavo dos cadernos e livros. Era melhor saber que o primo estava em seu quarto, muito bem acompanhado de seus estudos, e que dali a pouco iria para a aula de direção. Se faltasse, Caetana ficaria possessa.

Regina estava tremendo, ansiosa, quando atravessou a rua para chegar ao telefone público instalado na calçada defronte a uma loja.

Havia duas mulheres na sua frente para usar o telefone. A que estava em ligação era uma grávida que, pela conversa, tentava falar com a família em outro Estado:

— Manda chamar a Rosa. É da casa azul, janela branca — a referência era um verdadeiro arco-íris. — Sou neta da Rosa — identificou-se, quase gritando, enquanto depositava uma ficha atrás da outra para sustentar a ligação.

A conexão com o outro telefone parecia não ser das melhores, por isso ela falava naquele tom. — É, sou filha do Bento, filho da Rosa — finalmente, pareceu ter sido reconhecida. O aparelho, massacrado pelas peripécias de vândalos, recebia mais uma ficha. Depois de um silêncio, a jovem complementou numa voz murcha: — Ah, ela saiu? Não, eu ligo depois. Obrigada — a moça pousou o gancho no aparelho e saiu puxando dois filhos, além da barriga prestes a explodir.

Regina permanecia na fila. Estava nervosa, no entanto, era impossível não ouvir as ligações enquanto esperava. Pôde observar a fila que se formava depois dela. Havia pessoas impacientes, olhando o relógio; outras, tranquilas, puxavam conversa com o mais próximo sobre assuntos variados, falando do tempo, do governo, ou ainda da morte de um morador da vizinhança.

Regina deu um passo adiante depois que a moça que estava na sua frente correu até o orelhão. Colocou uma ficha e, depois de ter sido atendida, empurrou mais três fichas na sequência. Os outros que estavam na fila logo começaram a reclamar, pois já imaginavam a demora.

— Você vai passar em casa, Josi? — perguntava a jovem bonita e demasiadamente maquiada para um início de tarde. Depois de muitos minutos, completou antes de desligar: — Não se esqueça de trazer os meus discos. Você pode trazer aquele que ouvimos na festa? Aquele que você ganhou da sua madrinha. Meu pai trocou a agulha do meu aparelho. A gente pode ouvir até altas horas — frisou, rindo.

Regina, finalmente, depois de ver o aparelho desocupado, fez o mesmo procedimento. Ligou para Ivo. Utilizou o número de um orelhão que havia perto da calçada do velho. Só chamava. Depois de três tentativas, na última alguém atendeu, mas desligou na sequência. Quando tentou ligar novamente, o sinal era de ocupado. Quando estava guardando o papel no bolso, percebeu um cartão caindo no chão. Era o papel que havia recebido de Danilo na rodoviária, assim que chegou a São Paulo. Havia guardado o papel num caderninho, onde reunia todos os telefones. Mesmo percebendo a cara feia dos outros usuários que esperavam para realizar uma ligação,

Regina arriscou em se comunicar com Danilo. Percebeu-se sorrindo, sem a mínima ideia do que falar com o rapaz. Já haviam passado alguns dias. Será que ele ainda se lembraria dela? Foi o que pensou ao discar o número. Depois do segundo toque, uma voz de mulher, que parecia sorrir, atendeu:

— Alô — um instante de silêncio, e a moça insistiu: — Alô...

Danilo estava no segundo piso de um prédio modesto que ocupava numa avenida movimentada. Em sua sala, o jovem fechou o caderno que havia sobre a mesa, depois de realizar as conferências habituais. Levantou-se apressado e foi até um espelho próximo ao lavabo contíguo à sua sala. Depois de arrumar os cabelos, dobrou as mangas da camisa que usava até o cotovelo e conferiu se os sapatos estavam apresentáveis. Sempre que saía, fazia isso, um costume adquirido com Afonso, seu avô.

Logo que abriu a porta, Vera aproximou-se. Ela era uma das funcionárias mais antigas do escritório; seus cabelos eram volumosos e contornavam seu rosto miúdo.

— Danilo, alguns fornecedores ligaram, estão interessados...

— Pode ser depois, Vera? — questionou em tom ameno. — Desculpe-me, mas estou atrasado — fez uma pausa. — Nossa! Esqueci o almoço com a minha prima. A Suzana vai me matar. Vou passar na casa dela agora à tarde. Não volto mais, ou melhor, converso com a minha prima depois, à noite eu ligo para ela — falava assim, apressado, querendo se livrar o mais rápido possível das diversas burocracias que envolviam o seu negócio. Fez várias observações, descartou alguns compromissos que eram anotados pela moça e, por fim, concluiu: — Melhor eu não me ausentar essa tarde. Vou fazer uma visita lá embaixo.

— E se alguém ligar? — perguntou Vera, depois de fechar a agenda onde estavam armazenadas as últimas recomendações.

— Não estou para ninguém. Ou melhor... — corrigiu sorrindo, ao se lembrar de Regina, a moça da rodoviária. Já havia perdido as esperanças de reencontrá-la. Nos primeiros dias, quando o telefone tocava, ou mesmo quando era anunciada a presença de alguém, Danilo pensava na possibilidade de ser a jovem Regina.

— Ou melhor? — perguntou Vera, curiosa em saber o que se passava na cabeça de Danilo.

— Só se for importante. Muito importante — finalizou ao sair, fechando a porta.

No escritório minúsculo ainda havia mais três mesas ocupadas. Vera, logo que se acomodou na sua, ouviu o telefone tocar e comentou com uma das amigas do lado:

— Deve ser a perua da Suzana, a prima do Danilo — pegou o gancho e atendeu: — Alô — sem resposta, Vera, a moça de rosto pequeno e todo pintado, insistiu: — Alô...

— Alô. Por favor, o Danilo está? — manifestou-se finalmente a voz feminina do outro lado.

— Não, não está — respondeu prontamente, com extrema arrogância, desligando logo em seguida.

Danilo, que ainda estava no corredor quando o telefone tocou, voltou para verificar quem era.

— Pela voz — iniciou Vera —, parecia a moça que ligou ontem três vezes à sua procura. Ela é do cemitério. Quer vender. Deve estar desesperada por comissão e parece não ter muitos números na carteira dela, só liga para você. Enfim, nada de importante.

Danilo riu e se retirou.

Do outro lado, Regina, triste, desligou o aparelho. Resolveu, naquele momento, que não voltaria a ligar. Concluiu que a moça que a atendeu poderia ser namorada dele e, além disso, "o que teria para falar com ele?", pensou.

Vera desconhecia a importância não só daquele encontro, como também daquela ligação.

Caetana acordou tarde e foi direto para a cozinha. Lá, Regina preparava um chá e enfeitava a mesa com uma cesta de bolinhos de chuva que havia acabado de preparar.

Uma hora antes, quando Regina deixou o telefone, estava muito desnorteada. Do nada, uma chuva fina começou a cair. A moça deixou que a água da chuva se misturasse às suas lágrimas. Sentia-se tão triste... Ora pensando em Ivo, ora em Danilo. Quando entrou em casa, diante do silêncio, a moça tomou um banho para aquecer o corpo, depois resolveu preparar algo para saborear à tarde.

— Que bom! Bolinhos de chuva — entusiasmou-se Caetana, sorrindo.

Regina sentou-se com a tia para saborear os quitutes, quando ouviu uma buzina. Foi a gota d'água para acabar com o humor de Caetana, que se levantou brava, contrariada. Aproximou-se da janela e viu um carro estacionado no meio-fio. Abriu a porta e foi verificar. Regina a seguiu.

Era Gustavo, que depois da aula guiou o veículo até sua casa. O instrutor, um homem com cerca de trinta anos, de poucas palavras, desceu do carro, do lado do passageiro, e foi logo cumprimentando a mãe do seu aluno.

Caetana, tomada então por uma alegria, exibia um sorriso enorme para os dois. Correu para abraçar o filho, feliz por vê-lo na direção.

Regina, que assistia a tudo, agora parecia compreender melhor a tia, ou seja, podia ver que suas alterações de humor eram surpreendentes.

— Gustavo está bom de volante, dona Caetana. Eu vou recolher o carro e Gustavo veio guiando da escola até aqui. Dirige bem.

— Com o preço que estou pagando e já paguei para vocês, o carro deveria vir junto com a carteira de habilitação. Um absurdo o preço que pago por aula. Agora espero que meu filho dirija esse carro.

O instrutor, que parecia conhecê-la de outras oportunidades, não quis contrariá-la, apenas sorriu e, depois de trocar algumas palavras e se despedir, pegou a direção do veículo e desapareceu na primeira esquina.

— Meu filho, você não tem ideia de como fico feliz em vê-lo assim, dirigindo.

Regina observou a carência do jovem ao abraçar mãe. Viu também o quanto Gustavo era infeliz e fazia aquilo com intenção de agradar a mãe, de ter a sua aprovação.

Capítulo 5

Certo dia, Regina separava as roupas coloridas das brancas para serem lavadas, quando Caetana chegou ditando ordens:

— Ainda bem que cheguei a tempo. Tenho que passar umas instruções.

— O que foi, tia?

A mulher, rápida, tateava o cesto de roupa e separava as de Luís. Eram, em maioria, camisas que ele utilizava para trabalhar. Caetana cheirava as peças, os olhos reviravam e da boca saíam os mais diversos absurdos.

— Minha filha, tenho que ficar atenta. O Luís não é fácil — depois, num tom baixo, comentou com a sobrinha, como se quisesse fazer segredo: — O Luís tem uma amante.

— Amante? O tio Luís?

— Pois tem — afirmou categórica.

— Nunca pensei...

— São muitos anos de casada. Não tenho ciúme dele, de jeito nenhum. Só não quero ser taxada de boba. Fico de olho.

Depois de examinar todas as peças, Caetana, num momento de ira, jogou-as junto aos pés da sobrinha e recomendou, por fim:

— Pode lavar. Não tem nada hoje.

Não era a primeira vez que Caetana fazia aquilo. Se houvesse um cheiro estranho, ela corria ao Luís para se certificar. Destacava que não era ciúme, mas dizia a ele que ficasse atento, pois não sustentaria o título de traída.

Para despistar, ou mesmo não dar a oportunidade de a conversa se estender, Luís abria um jornal e esticava as pernas na altura da mesa de centro onde acomodava os pés. Não retrucava, sabia que não teria resultado a seu favor. Caetana queria briga e ele era de paz.

Astuta, Caetana percebeu Regina triste pelos cantos da casa. Temia que a moça resolvesse voltar para a cidade de origem. E o que mais Caetana queria naquele momento era que a jovem ficasse. Quem a conhecia sabia muito bem que não era por amor à única sobrinha, nem por intenção de auxiliá-la. Era mesmo uma mão de obra barata, pois bastava custear a comida e uma cama num lugar coberto. Para o marido e para os filhos, ela insistia que a jovem deveria agradecer, pois ainda era pouco o que fazia, limpando e cozinhando. Considerava que os feitos de Regina representavam uma retribuição justa, pelo menos no que lhe favorecia.

— Um absurdo! Uma hora essa moça acorda — explodiu Luís.

— Espero que você não seja o despertador — ironizou.

— Pode ficar certa que vou dar corda para isso acontecer.

— Não seja hipócrita. Você também está adorando essa boa vida de acordar e encontrar tudo posto à mesa — soltou uma gargalhada. — Meu Deus! Será que vou ser eleita a bruxa da casa agora? Estamos todos satisfeitos com o serviço de Regina e ela deve ser muito grata a nós por permitirmos que viva com a gente.

— Desisto.

— Melhor assim, e ficamos como estamos.

Luís já estava saindo do quarto, com a mão na maçaneta, quando resolveu voltar.

— Só um detalhe: já que a quer por perto, procure tratá-la melhor. Ela não é burra e já notou quem você é.

Caetana ficou preocupada. Naquele mesmo dia apareceu na frente da jovem com uma caixa nas mãos. Estava toda simpática, de cabelos soltos sobre uma camiseta toda furada.

— Larga tudo o que você está fazendo — ordenou, procurando instalar um sorriso no rosto. — Já pintou cabelos?

— Não sei pintar cabelo, tia — respondeu ingenuamente.

— É bom saber. Pinte o meu. É bom praticar, ou você pensa que terá vinte anos a vida toda? Faz cinco anos que essas pestes de cabelos brancos saltam na minha cabeça. É uma luta me livrar deles: primeiro foi em frente ao espelho, eu ia puxando fio a fio, depois esses malditos venceram. Eu vou ensiná-la. Pegue essas luvas e me acompanhe.

Caetana saiu para o quintal dos fundos arrastando uma cadeira. Logo que se sentou, pegou uma toalha bem surrada e a colocou no ombro para proteger parte do pescoço e da camisa. Lambuzou o contorno do rosto com um creme. Fez tudo isso explicando para a sobrinha o porquê de cada passo.

Pela primeira vez, Regina sentiu Caetana próxima. Parecia amiga, sorridente, disposta, tanto que contou diversas histórias do passado, da época em que era jovem. Revelou detalhes de sua infância.

— Eu era uma boneca nas mãos de Menininha, sua mãe, ainda com a pouca diferença de idade, cinco ou seis anos. Meus pais achavam que não teriam mais filhos quando eu nasci. Sua mãe me tratou como uma filha. Carregava-me para todos os lados. Lembro que, quando começou a namorar, ela me deixou de lado — havia mágoa em sua voz, e logo se alterou: — Foi nessa época também que eu apresentei minha professora ao Ivo. Casaram-se logo depois.

Regina, enquanto pintava o cabelo da tia, ouvia atentamente cada passagem narrada por ela. Em alguns momentos, os olhos lacrimejaram. Sentiu muita saudade de sua mãe e também de Ivo.

— Menininha casou-se com o seu pai já coroa. Pensei que ficaria para tia. Eu já havia conhecido o Luís.

— Como conheceu o tio Luís?

— Ele era estudante. Bonito, divertido. Universitário aqui de São Paulo. Foi para uma cidade vizinha à nossa, em férias. Lá estava acontecendo uma festa, e foi onde nos conhecemos. Ficamos juntos e ele foi embora. Voltou dois anos depois; a faculdade já tinha ficado de lado, mas não o nosso amor. Eu tinha quase trinta anos, não queria mais me casar — abriu um sorriso. — Acabei voltando com Luís no meio de suas bagagens. Estava grávida do Gustavo.

Regina ficou fascinada por saber intimidades da tia. Prova disso foi que se sentiu à vontade para contar sobre sua vida.

— Adoro saber sobre os primeiros encontros. Sabe, tia, quando cheguei à rodoviária, eu conheci um moço muito simpático. Peguei até o cartão dele. Outro dia eu telefonei, mas ele não estava. Fiquei tão triste que pensei em não ligar mais, só que já penso em voltar a falar com ele. Tão bonito. Um sorriso maravilhoso — os olhos de Regina brilhavam ao falar do rapaz. — Senti algo especial por ele.

Caetana ficou nitidamente preocupada com a revelação. Tentou disfarçar e conseguiu, pelo menos para Regina, que, empolgada em expor seus sentimentos, não percebeu a reação contrária da tia.

— E vocês voltaram a se falar? — especulou a dona da casa.

— Não. Mas tenho o telefone dele e vou tentar contato.

— Já está bom, menina — explodiu Caetana de repente, levantando-se da cadeira. — Que horas são? Tenho que ficar vinte minutos com isso na cabeça.

— Vou até a cozinha ver o horário.

— Faça isso, por favor — pediu Caetana vendo a moça correr na sua frente.

Mais tarde, Caetana seguiu pelo corredor do piso superior da casa. Parou em frente ao banheiro. Pôde certificar--se de que Regina estava no banho, pois ouvia sua voz numa melodia triste lá dentro. Depois de certificar-se de que era realmente ela, Caetana correu para o quarto da sobrinha. Não teve dificuldade para achar o que procurava. De um caderninho que estava no bolso interno da bolsa, Caetana retirou o cartão onde estavam os dados de Danilo. A mulher leu rapidamente, o bastante para ver o nome do rapaz de quem a sobrinha falara. Enfiou o papel no bolso e seguiu para a cozinha. Chegando lá, pegou o cinzeiro que estava sobre a geladeira e o colocou sobre a pia. Picou o cartão já amassado, depositando os pedaços dentro do cinzeiro, e, por fim, para ter certeza de que não o veria mais, ateou fogo. Era nítida a expressão de satisfação de Caetana enquanto o fogo destruía o papel.

Naquela noite, Regina não dormiu bem. Teve um sono agitado. Virou-se de um lado para o outro, o suor escorrendo pelo rosto. Tentava, em vão, dizer algo. Estava sonhando. Ouvia diversas vozes, algumas conhecidas, porém não conseguia decifrar quem lhe dirigia a palavra. Pôde, depois de muito custo, ouvir uma voz muito familiar que a fez esticar os braços. Era Menininha, sua mãe.

— Filha, minha filha — sibilou Menininha, braços esten-didos e lágrimas nos olhos.

Estava agora em um lugar onde a cor branca predomi-nava. Conseguia ver uma janela e, através dela, um gramado a perder de vista. Um sorriso surgiu nos lábios de Regina. Deu alguns passos na direção de sua mãe, no entanto, não conseguiu alcançá-la. A cada passo que dava, Menininha se afastava mais. Até que a voz desapareceu por completo.

— Mãe, sinto tanto a sua falta.

Conseguia somente ver a mãe se distanciando ainda mais, acompanhada de um sorriso sereno, tranquilizante.

Foi quando Regina despertou. Ouviu uma batida na porta de seu quarto e foi abri-la. Eram seus primos.

Aflito, Gustavo foi o primeiro a correr até a prima:

— Está tudo bem com você? Ouvimos você falando. Pensamos que estivesse precisando de algo.

Regina, chorando, abraçou o primo com força, olhos fechados. Não conseguia falar nada. Sentia uma tristeza que não conseguia explicar. Tinha medo. Segundos depois, quando abriu os olhos, pôde ver Ana encostada na porta, encolhida, assustada.

— Você está bem, prima?

Regina desfez o abraço.

Gustavo, rápido, providenciou um copo de água com açúcar, e Regina pareceu mais calma. Tomou o líquido vagarosamente, sentada em sua cama, na companhia dos primos. Depois de um momento de silêncio, relatou:

— Tive um sonho estranho. Não consigo explicar. Lembro que vi minha mãe. Ela falou alguma coisa, mas não entendi. Não consegui guardar.

— Acho que você dormiu pensando nela — sugeriu Ana. — Minha mãe me disse que vocês ficaram conversando sobre o passado dela...

Gustavo tomou a palavra:

— Não. Não acredito nisso. Tenho alguns sonhos também, mas no meu caso são pesadelos. Eles me perseguem — abriu um sorriso para quebrar o clima ruim que predominava no quarto e prosseguiu: — Vamos deixá-los para lá. De nada vai adiantar falar deles nesse momento. Deite-se, procure relaxar. Vamos esperar você conseguir dormir. Se quiser, a Ana pode lhe fazer companhia.

— É verdade. Posso ficar com você.

— Não, Ana. Já estou bem. Estou até com sono — mentiu Regina. — Agora, eu acho melhor vocês irem dormir. Não quero acordar a casa toda por um sonho meu.

Convencidos, os primos se despediram e foram cada um para o seu quarto.

Regina não conseguiu dormir mais. Olhou o relógio que marcava uma e meia da madrugada. Sentiu frio, puxou o lençol para cobrir o corpo. Na cabeça não passava outra coisa que não fosse o sonho. Ficou impressionada com a veracidade do fato, e não conseguia parar de recapitular.

Menininha aproximou-se da filha e pousou levemente as mãos sobre os olhos dela, o que fez com que conseguisse dormir todo o resto da noite.

No mundo espiritual, Menininha era confortada pelo paciente Felipe.

— Não posso concordar com isso. Não dá para acreditar no que Caetana fez. Para quê? Por puro prazer de ver minha filha infeliz e escrava em sua casa? Não.

— Vamos começar por sua insistência no negativo.

— Como?

— Você jogou muitos "nãos" numa única frase. Procure saber o propósito antes, para depois compreendê-lo. Não julgue a mulher que nessa última vida foi sua irmã. Procure conhecer o seu coração antes de taxá-la de algo.

— E a forma como trata o marido? Os filhos têm medo dela. É nisso que quer transformar Regina? Uma vítima de Caetana?

— Há muito por vir ainda. Dessa forma, vou suspender seu acesso àquele plano. Vamos a outra colônia. Você precisa participar de algumas palestras que a ajudem a não se envolver emocionalmente com os problemas dos outros.

— Preciso ajudar minha filha.

— Você acha que vai conseguir assim? Em lágrimas? Precisamos orar para que ela encontre seu caminho, siga seu destino. Pode ter certeza de uma coisa: não podemos impedir que ela siga com o que estabeleceu antes de encarnar. As consequências daquilo por que ela passou e do que ainda tem para passar são respostas às suas escolhas, diante do seu livre-arbítrio.

— E como posso ajudá-la?

— Comece orando por Caetana. Seu espírito é muito perturbado. Veio com o propósito de se tornar uma pessoa melhor, mas a casa onde mora não permite. Ela terá que pisar em muitas pedras ainda. Você vai conhecer mais sobre a sua irmã caçula. Não vou tirar essa oportunidade de você. E não se esqueça: comece a olhá-la pelo coração.

— Será que ela tem um? — questionou Menininha.

Capítulo 6

Luís estava cansado de ver a forma como Regina era tratada por Caetana. Na posição de tio, sentia-se muito angustiado. Por isso, naquele dia, depois de pensar bastante, não esperou pela última corrida de táxi e correu para casa mais cedo, na intenção de conversar com a sobrinha.

Regina estava na cozinha quando Luís chegou. E sozinha, como ele pretendia encontrá-la, porque a interferência de Caetana só atrapalharia o que tinha a dizer. Depois de conversar algumas banalidades com a sobrinha, que agora, mais do que nunca, tinha como filha, Luís foi ao assunto:

— Estou muito preocupado com você, minha filha — desabafou o homem enquanto descascava uma laranja.

— Comigo, tio? — inquiriu, surpresa.

— É. Qual o seu sonho? — abriu um sorriso jovial e completou: — Não acredito que tenha vindo a São Paulo para trabalhar na casa...

— Eu não tenho medo de trabalho...

— Sei disso! — interrompeu Luís calmamente, largando a laranja e a faca sobre a pia. — Justamente por isso, acho que pode ir atrás de algo melhor, que faça você crescer. Já pensou em trabalhar fora, ganhar o seu dinheiro?

— Sim. Penso em ser professora. Adoro dar aula. Lecionava lá na cidade, dava aulas de reforço para a criançada.

Luís viu o brilho em seus olhos. Percebeu que não seria difícil fazê-la entender a importância de abandonar aquela vida escrava, humilhante.

— Que bonito! Mas você sabe que as coisas, os sonhos, não chegam assim na vida da gente, da noite para o dia, né? Não é ficando em casa, sonhando acordada que vai conseguir atingir o que quer — fez uma pausa e percebeu o rosto curioso da menina fitando o seu. — Quero matricular você numa escola, para dar sequência aos seus estudos e galgar mais um degrau à frente, a caminho do seu sonho.

— Tio, é o que mais quero...

— Ótimo! Separe os seus documentos que vamos às escolas da região. É começo de ano, sempre tem desistência, vamos encontrar uma vaga para você. E quanto ao trabalho?

— Já procurei pela redondeza. Falei nas lojas, mas não estão precisando.

— Sei. Vou ajudá-la nisso também. Ah! Não quero que pense que não estou gostando de ter você em casa, pelo contrário, estou adorando. Não só eu, mas toda a família, inclusive a Caetana — soltou uma risada alta que Regina acabou acompanhando. — Até porque a comida dela não é das melhores, e ela sabe disso. E o dinheiro que você receber poderá ser depositado para a realização de um curso, uma faculdade, quem sabe.

Regina se emocionou e abraçou o tio. Ainda que tivesse o carinho dos primos, o gesto de Luís a fez sentir-se viva, capaz. Beijou levemente o rosto do tio em agradecimento.

— Sabe, Regina, eu devo isso a sua mãe. Ela sempre foi uma pessoa muito legal comigo e me ajudou muito — fez uma interrupção, tentou segurar as lágrimas que vinham à tona e encerrou: — Então, está combinado, vá pegar seus documentos que vamos agora mesmo ver a sua escola; e o emprego, se Deus quiser, e Ele vai querer, irá aparecer. Vamos, menina! O que está esperando? Quero ir e voltar antes que a Caetana retorne para casa.

Suzana estava dividida entre a sala e a monitoração da cozinheira. Estava muito ansiosa, pois seria a primeira visita de Danilo à sua casa depois que ela se casara. Preocupada, ora ela colocava o quadro numa posição, ora o tirava da parede. Acomodou o porta-retratos com a foto em que estava entre seu irmão Beto e o primo Danilo no aparador mais próximo da porta de entrada, com a intenção de que a visita percebesse a sua importância na casa, o quanto era bem-vinda.

Danilo chegou no horário marcado, trazendo flores e uma garrafa de vinho.

— As flores são para você, prima, e a bebida, para o Maurício. Por falar nisso, cadê ele?

— Meu querido, sempre tão gentil — agradeceu Suzana sorridente e espalhafatosa como de costume ao abraçá-lo. — Meu marido está atrasado. Ligou agora há pouco e avisou que chegará daqui a uns vinte minutos, o tempo de lhe apresentar o apartamento. Quero que você veja como ficou depois de mobiliado. Você só veio aqui em casa uma vez, antes do casamento, mas por ser primo, praticamente irmão e padrinho de casamento, isso é imperdoável. Muito pouco.

— Como você é exagerada, Suzana! Está casada há um mês. Chegou na semana passada de lua de mel, como pode dizer isso?

Os dois riram. Eram assim, muito próximos, amigos, criados juntos, educados pelos avós, o que os fez conviver como irmãos.

— Parabéns! Muito bonito o seu apartamento — elogiou depois de percorrer as instalações.

— Você sabe que não gosto de apartamento, Danilo. Não vejo a hora de começar a construção da nossa casa.

— Logo, em breve — previu sorrindo. — Já estou vendo a construtora. Seremos vizinhos. O terreno é grande. Ofereceram um bom dinheiro pelas terras, mas eu expliquei o apreço que temos por elas, por ser onde nossos avós moraram, onde nascemos, e fomos criados...

— É bem localizado. Um bairro nobre, valioso — afirmou Suzana, pensando no dinheiro.

A herança foi dividida entre os três netos: Suzana, Beto e Danilo, já que as duas filhas do casal já haviam morrido também. Além do terreno, Suzana recebeu dinheiro, que aplicou nos negócios do marido, um empresário; Beto conseguiu um terreno ainda mais valioso e uma boa quantia em dinheiro; para Danilo, restou o terreno que dividiu com a prima e, com o dinheiro que lhe coube, abriu um mercado pequeno e promissor.

— O que o está impedindo de começar a demolição da casa velha? — perguntou Suzana, enquanto servia ao primo uma bebida com gelo.

— Você sabe. Primeiro precisamos depositar as cinzas do vovô Afonso na Itália, como era o seu desejo.

— Meu Deus! Um absurdo. Como a gente vai fazer isso? Temos nossas vidas, não temos como viajar para realizar o capricho do velho.

Danilo apenas riu da ironia de Suzana, depois relembrou:

— Nosso avô nos deixou o que temos e, acima de tudo, nos educou.

— Já sei, já sei o seu discurso, mas continuo sem tempo para isso. Estou em lua de mel e, se me ausentar agora, o que vai ser do meu casamento? — abriu um sorriso e completou: — Não pense em mandar o Beto; ele é capaz de realizar a viagem à Europa e lançar as cinzas do doutor Afonso no rio Tietê, tamanha é a sua consideração pelo avô.

— Injustiça, o vovô sempre quis o bem dele, ou melhor, o nosso. Ele e a vovó tiveram que contar com a falta das filhas e nos educar, e o fizeram muito bem. Mas fique tranquila que eu mesmo vou cumprir o último pedido do vovô.

— Como?!

— Vou amanhã para a Europa. Espero que você possa abrir um intervalo em sua lua de mel para me levar ao aeroporto — intimou-a num tom debochado.

Suzana lançou a almofada sobre o primo num gesto amistoso.

— Lógico que posso. Só você mesmo para fazer esse sacrifício.

— Sacrifício? Não vejo assim, não. A Europa é um ótimo lugar para passear — comentou rindo.

— É verdade, é maravilhosa. E os seus negócios, como vai fazer?

— Vou contar com a sua ajuda. Preciso que você fique por lá...

— Já sei! — falou de repente. — O Beto pode ficar lá na sua ausência.

— Seria bom. Quem sabe ele não pega gosto pelos negócios e sai um pouco do clube onde passa o dia todo? Sabia que é mais fácil encontrá-lo no clube, à beira da piscina, na quadra de tênis, do que vê-lo em seu apartamento?

— Nossa! Parece que estou diante do vovô, do doutor Afonso Cardim.

Dessa vez, foi Danilo quem lançou a almofada na direção de Suzana.

— E mais uma coisa: se tem pressa em começar a construção — comentou Danilo —, vou deixar a seu cargo a desocupação da casa. Lembre-se de que precisa estar livre para começar a demolição. Tem que tirar toda a mobília...

Ficaram pela sala mais alguns minutos, conversando sobre a vida e os seus caminhos, quando a cozinheira entrou anunciando que o doutor Maurício estava subindo e o jantar estava pronto.

Suzana pediu a ela que os servisse e, com a alegria de uma criança, levantou-se rapidamente, puxando Danilo pelas mãos. O jovem, embalado pela felicidade da prima, parou em frente ao móvel onde estava o porta-retratos com a foto dele abraçado aos primos e, ao lado, um outro com a fotografia de Suzana e o marido. Ficou paralisado, o que despertou a atenção de Suzana. Ela prontamente perguntou o que havia ocorrido, e ele respondeu com outra pergunta:

— Você já teve saudade de algo que não teve, Suzana?

— Como assim?

— Bobagem da minha cabeça, esquece. Vamos jantar, estou faminto.

Os dois seguiram para a sala de jantar abraçados, sorrindo. Suzana estava empolgada demais para dar crédito aos comentários do primo, enquanto à cabeça do rapaz veio a imagem de Regina. Por um momento imaginou-se abraçado à moça que conheceu na rodoviária, vestida de noiva. Foi quando se perguntou por onde ela andaria.

Ivo não ficou muitos dias no hospital. Teve uma recuperação rápida, surpreendendo o médico que o acompanhou. Um vizinho o levou do hospital para casa, onde permaneceu sozinho, mas sendo visitado duas vezes por dia pela esposa do dono da padaria, que, generosa, procurou auxiliá-lo por uma semana.

Depois, Ivo teve que contar com a sua frágil saúde para realizar as tarefas diárias. Pagava um para ir à padaria, outro para fazer o mercado, a feira. Não era totalmente forte, tanto física como emocionalmente; por vezes chorava, tornando-se nostálgico e lembrando frequentemente de Menininha e Regina. Como ele as tinha como sua família, era verdade que não havia se acostumado com a ausência delas.

Menininha e Felipe presenciaram algumas vezes esse sofrimento. Ele, numa tranquilidade e serenidade invejáveis, diante de uma situação como aquela, pegava nas mãos de Menininha e orava. Agradecia, a princípio, e logo depois pedia pela paz de Ivo.

Ivo não os via, mas nesses momentos parava de chorar, respirava com mais facilidade, e o peito não mais ardia com a intensidade de antes. Disposto, o homem levantava-se e abria as janelas da casa, deixando os raios de sol invadirem o lar. Depois se sentava na cadeira de balanço e se via capaz de sorrir olhando o movimento da rua.

Ao observá-lo em um desses dias, Menininha, emocionada, abraçou Felipe, que delicadamente afagou os cabelos de sua protegida.

— Por que tem de ser assim? — indagou Menininha angustiada.

— Se eu dissesse que o espírito dele decidiu reencarnar e viver assim, você acreditaria em mim? — questionou o jovem suavemente, como era de seu costume.

— Um homem tão bom, sempre tão honesto, justo, generoso, crente em Deus. Como explicar um fim desses, uma escolha dessas?

Felipe a acalmava apenas com o seu jovem sorriso, em silêncio.

Após passar por uma consulta médica, Ivo sentiu-se disposto para ir ao orelhão telefonar para Regina. Saiu de casa com esse roteiro: iria ao médico e, depois, ligaria para a menina. Estava tão empolgado com a decisão que sentia o coração saltar diante da possibilidade de ouvi-la.

Ivo tinha tudo planejado. Ligaria para Regina e diria o quanto gostava dela, recordaria uma ou duas coisas que costumavam fazer juntos, eles se emocionariam, mas era certo que não contaria sobre sua saúde nem sobre o pessimismo que observou nos olhos do médico ao relatar os resultados dos exames feitos depois de sua internação.

A lua tomava o espaço do sol no momento em que Ivo chegou ao orelhão. Depois de colocar algumas fichas, ele discou o número da casa de Caetana. Contou alguns toques e, em instantes, pôde ouvir uma voz de mulher dizendo apressada:

— Alô? Alô? Quem fala?

Quando Caetana chegou, a sua casa estava uma festa. O rádio estava ligado e Regina, sorridente, servia refrigerante a Luís; Ana apanhava um salgadinho numa travessa que havia sobre a mesa; Gustavo, braços cruzados e corpo encostado no armário, esperava sua vez para se servir.

— Que festa é essa, hein? Posso saber? — perguntou Caetana, explosiva.

— É que o papai conseguiu vaga para matricular a Regina na escola aqui do bairro — adiantou Ana.

Um silêncio se instalou. Apenas o rádio tocava uma música agitada. Luís temia o que aquela novidade causaria na esposa. Era, e muito, conhecedor da opinião de Caetana quanto a dar oportunidades para Regina crescer. Sabia que isso significava dar asas para a jovem voar, tudo o que a esposa não admitia.

— Isso justifica essa festa? — perguntou em tom ríspido. — E esses salgados e refrigerantes, Luís?

— Eu comprei, tia — adiantou Regina em defesa de Luís. — Eu tinha um dinheiro e resolvi comprar algo diferente para a gente lanchar hoje.

— Você deveria economizar dinheiro; ele acaba se a gente não produz, se a gente não investe, sabia? Depois, estou faminta. Isso não me sustenta. Quero jantar, arroz, feijão...

— Não se preocupe, tia. Tem tudo pronto. Num instante a gente pode fazer tudo...

— Ótimo!

Gustavo e Ana estavam abismados com a reação avessa de Caetana. Ameaçaram fazer algum comentário, mas Luís, de onde estava, procurou impedir com o olhar a manifestação dos filhos.

Caetana foi até o rádio e o desligou, completando:

— Chega de folia. Vamos cuidar dos afazeres. Ana tem prova, vai estudar. Gustavo, já decorou o livrinho da autoescola? — andou lentamente até a sobrinha, deu-lhe um abraço rápido, assim como as palavras que proferiu: — Boa sorte! Estude. Se quer ser alguém, tem que estudar muito, até porque está bem atrasada, vai ter que estudar mais que os outros.

O telefone tocou e Ana correu para atender, no entanto Caetana deu um grito:

— Deixe que eu atendo. Estou esperando uma ligação de uma amiga do hospital. Ela ficou de passar o nome de um remédio — pegou o aparelho e atendeu: — Alô? Alô? Quem fala?

— Alô! Caetana? Sou eu, Ivo...

— Oi... só um minuto — respondeu Caetana rapidamente e, dirigindo-se à família: — Não disse? É para mim.

Vou falar lá na sala, na extensão, aqui não está pegando bem — depois retornou à ligação. Pôde ouvir uma ficha cair.

— Ivo, que surpresa!

Depois dos cumprimentos iniciais, Ivo perguntou por Regina, dizendo que estava com saudade, que queria ouvi-la.

— Não vai ser possível. Ela saiu. Fez muitas amigas aqui. Não para em casa. Mas não me queixo, não. Ela precisa estar com jovens como ela.

Caetana receava perder a sobrinha, não por gostar dela, mas por tê-la como mão de obra gratuita. Temia que a ligação de Ivo fosse uma intimação para ter a menina de volta. Ardilosa, já pensava em argumentar que a menina não sairia de seu lar, das suas vistas, pois era sua sobrinha e devia isso a sua irmã. É verdade que estava possessa pela surpresa armada por seu marido. Não havia engolido a ideia de Luís matricular a jovem numa escola. Ficou se perguntando quem iria fazer o jantar, lavar os pratos, e pensava: "Será que, de manhã, Regina vai acordar cedo para preparar o café?"

— Ela está estudando, Caetana?

— Não! — tornou rápido, assim como estavam seus pensamentos. — A pobre não tem roupas para tanto. Sai uma vez ou outra com as amigas, mas só. Suas roupas estão muito caídas, fora de moda, não se sente bem assim. Eu ajudo no que posso. Você sabe que tenho... Mas ela está bem aqui. Não se preocupe.

— Lógico! Sei o que você pode fazer por ela — fez uma pausa. — Não quero que passe por isso. Vou mandar dinheiro, então me passe a sua conta que irei depositar.

— Tome nota...

Depois que ele anotou, Caetana, sorrindo por perceber o efeito surtido pela sua lamentação, emendou:

— Seja generoso. O custo de vida em São Paulo não é fácil.

— Pode deixar, não quero que falte nada para Regina. Essa menina vale ouro. Merece o melhor e, por considerá-la minha filha, não me custa ajudá-la. Vou desligar. Mande um beijo para ela, diga que estou com muita saudade.

— Pode deixar que direi isso a ela.

Caetana desligou o telefone radiante. Todos estavam na sala quando voltou. Era outra mulher. Animada, disposta, diferente da mal-humorada de minutos antes.

— Cadê a festinha? Acabou? Vamos continuar...

— Tia, o seu jantar já está no forno, daqui a pouco está na mesa.

— Obrigada, querida.

— Quem era no telefone, Caetana? — perguntou Luís.

— Luís e a sua curiosidade. Era minha amiga do hospital. Eu não falei que aguardava por ela?

Mais tarde, quando todos estavam deitados, o telefone tocou e Gustavo foi atender, era a amiga de Caetana.

— Desculpe-me pelo horário, mas tive alguns problemas e não pude ligar para sua mãe. Avise-a que a gente se fala depois? Não precisa nem acordá-la, é porque como eu prometi que ligaria para passar o nome do remédio que ela quer, achei que ainda estivesse acordada...

— Lógico, dou o recado, sim... Tchau.

Gustavo pousou o fone no aparelho e ficou procurando entender o porquê da mentira de Caetana. Se a amiga de quem ela esperava a ligação não telefonara naquela hora, com quem sua mãe conversara? E por que mentira?

Capítulo 7

Suzana e Maurício saíram cedo de casa. Ainda estavam sonolentos quando chegaram ao apartamento de Danilo, que já estava de malas prontas na porta à espera deles. O jantar na noite anterior fora muito animado, tanto que se estendeu até tarde. Fora Danilo quem dera fim à festa, quando resolveu partir, já que a viagem estava marcada para o dia seguinte e precisava fazer os últimos preparativos.

Já acomodados no carro, seguiram para o aeroporto. Maurício era calado, mas com Danilo ficava à vontade para conversar, por isso não se sentia obrigado a levar o primo da esposa até o aeroporto. Havia convidado Danilo para dormir em sua casa e poderia apanhar as malas no apartamento dele antes da viagem, mas o rapaz preferiu ir embora, para decepção de Suzana, que também torcia para ter mais algumas horas na companhia do primo.

Saíram três horas antes do embarque, sugestão de Maurício, que temia perder o horário por conta de trânsito.

— São Paulo tem dessas coisas. Não dá para confiar no tráfego pela manhã, ainda que alguns voos se atrasem.

— Tem razão. Muito obrigado mesmo por me levarem. Eu poderia pegar um táxi.

— De jeito nenhum, não deixaríamos você ir de táxi, como se não tivesse ninguém por você. Não, não! — exclamou Suzana toda produzida, acomodando os óculos escuros no rosto. — E ai de você se não me avisar da volta! Faço questão de ir buscá-lo.

— Minha querida, tenho um cliente na região e preciso visitá-lo...

Suzana logo interrompeu o marido:

— Não tem problema. Vá resolver sua vida. Fico com o Danilo até a hora do embarque, depois pego um táxi de volta para casa, ou melhor, para o mercado — concluiu Suzana rindo, enquanto olhava pelo retrovisor.

Danilo apenas riu. Gostava do casal, em especial da prima, a quem tinha como uma irmã, ainda mais, uma amiga. O mesmo sentimento nutria por Beto, seu primo, que, ainda que fosse um irresponsável e galanteador, sempre se metendo em encrencas, era querido.

— Beto me ligou logo cedo — disse Danilo.

— Não acredito! — duvidou Maurício. — O Beto acordando cedo para se despedir de alguém?

Danilo e Suzana riram, e ele respondeu:

— Não, ele estava chegando em casa. Disse que estava no aniversário de um amigo. Desejou-me boa viagem depois de reclamar muito por ter de cuidar do mercado para mim. Depois, Suzana, vou querer saber como você conseguiu convencê-lo.

— Não se preocupe com isso agora, meu querido. Quero que aproveite muito essa viagem. Pense um pouco em você, não fique só centrado em depositar as cinzas do vovô, paquere também. Tampe os ouvidos, Maurício — ordenou Suzana e sussurrou para o primo: — Dizem que as mulheres italianas são lindas. Não deixe escapar nenhuma oportunidade que aparecer. Quem sabe não volta casado com uma italiana?

Os três começaram a rir. Conversaram um pouco, e Maurício questionou:

— Já olhou seus documentos, o passaporte está na bolsa de mão? Um amigo meu estava atrasado, perto de embarcar, quando percebeu que estava sem o documento.

— Nossa! Danilo, veja isso, aproveite que o carro ainda está por perto.

Nesse momento, enquanto Danilo, no banco traseiro, revirava a bolsa para localizar o documento, Maurício parou o carro no farol. Na faixa de pedestre, Regina passava apressada, sem ser vista pelo amado. Uma oportunidade perdida.

Regina foi a primeira da casa a acordar. Depois do banho, foi à padaria, adiantou o café da manhã e deixou tudo organizado antes de sair com Luís, que, vendo-a disposta logo pela manhã, ofereceu carona.

A menina dormiu pensando no que poderia fazer quando amanhecesse. Agradeceu a Deus pela força que Luís havia lhe dado. Voltar a estudar era um presente para ela, e aquilo tudo despertou também a vontade de lutar, de buscar um emprego, já que até então estava paralisada, servindo apenas a família. Não que estivesse cansada, reclamando, mas aquela situação fugia dos seus objetivos, dos seus sonhos, principalmente o de ser professora.

Luís estava ainda mais empolgado com a iniciativa da sobrinha. Queria vê-la bem, feliz, e devia isso a Menininha. Estava, é certo, ignorando a cara feia de Caetana, o que era comum até mesmo sem que fizessem nada a ela. O desejo de Luís, naquela ocasião, era o de livrar Regina da escravidão imposta por Caetana.

Luís foi conversando com a menina durante todo o trajeto. Ele partilhava de seus sonhos, apostava no seu sucesso, e por isso a incentivava. Deu dicas de várias agências de emprego, uma, inclusive, de um amigo dele.

Regina desceu do carro numa rua movimentada. Sentiu-se assustada no começo, já que não tinha costume de ver aquele movimento de carros e pessoas. Era a primeira vez que teria que se virar. Antes de descer do carro, Luís fez inúmeras recomendações, frisou as coisas com que ela deveria ter cuidado, recomendando não dar confiança a estranhos, enfim, como um pai, ele deu à garota todas as coordenadas.

— Desculpe-me por não acompanhá-la, como é a minha vontade, mas há um cliente meu me esperando. Lembre-se do que falei — bradou de dentro do veículo, antes de dar partida, com a cabeça envergada na altura da janela. — Suba esta rua direto e vire à direita. Não tem erro. A agência fica em cima da padaria grande, movimentada, amarela. Diga que é minha sobrinha. E, se estiver em apuros, ligue para a central dos táxis, ok? Boa sorte! E não se esqueça de olhar para os lados; pode haver alguma oportunidade à sua espera.

— Tio, obrigada. Vou me lembrar disso. Vai dar tudo certo — concluiu, confiante, no momento em que acenava para Luís.

Regina seguiu pela rua indicada pelo tio, esperançosa, certa de que arrumaria um emprego. Já fazia planos de, nas primeiras férias, passar o tempo inteiro com Ivo, no interior. Guardava tanta saudade no peito que tinha vontade de chorar. Lembrou-se também de Danilo. Já havia revirado seus pertences muitas vezes buscando encontrar o cartão do rapaz, e não se conformava de ter perdido o único contato que tinha dele. A dor era tanta que sentia o coração apertado.

Estava agora parada, ansiosa, esperando o sinal abrir para passar, quando viu um rapaz parecido com Danilo, mochila nas costas, andando na outra calçada. Regina não pensou duas vezes e saiu apressada em busca do jovem que se perdeu na multidão.

Estava tão ansiosa que, enquanto atravessava a faixa de pedestres, não percebeu Danilo ao lado de Suzana e Maurício em um dos carros. Oportunidade desperdiçada.

Ainda naquele dia, quando Luís voltava para casa, lembrou-se de um livro esquecido por um cliente dentro do táxi, logo pela manhã. Luís tinha fresca na memória a aparência jovial e elegante da simpática moça que entrou em seu táxi no aeroporto internacional.

A jovem, bem vestida e falante, conversou com Luís durante todo o percurso. Quando chegou ao destino, agradeceu e pagou deixando o troco.

Luís começou a analisar o livro esquecido e se recordou da jovem. Decidiu, então, voltar ao ponto onde havia deixado a passageira. Acomodou o exemplar no porta-luvas e deu partida no veículo.

Ao chegar ao local, depois de estacionar, estranhou a movimentação em frente ao mercado. Pelo menos parecia diferente de quando deixara a cliente. Uma jovem, pelo crachá e pela forma como organizava a fila, parecia ser funcionária.

— O senhor quer preencher uma ficha? Adianto que procuramos um rapaz jovem...

— Não, não — respondeu Luís rindo.

— Em que posso ajudá-lo?

Luís olhou para o crachá, leu seu nome e depois perguntou:

— Vera. É esse seu nome — prosseguiu diante do sorriso rápido da moça. — Eu deixei uma pessoa aqui, no período da manhã, perto do horário do almoço, para ser mais exato, e preciso entregar...

— O senhor está num mercado. Tem ideia de quantas pessoas passam por aqui? — questionou em tom ríspido. — O senhor a conhece? Sabe o nome dela?

— Não — respondeu desanimado. Começou a virar as páginas quando encontrou um nome e, com um grito, chamou a atenção de Vera, que se distanciava dele, indiferente à situação e à sua preocupação em devolver o livro. — Suzana, o nome dela é Suzana.

Vera voltou apressada.

— Conheço. Ela é... — pensou por um momento. Na ausência de Danilo, Suzana praticamente assumiria a direção do mercado. — Ela é a gerente, ou melhor, prima do dono. Pode me dar o livro que eu mesma entrego.

Luís esticou o braço com o livro em direção à moça, sorridente, com a sensação de dever cumprido. De repente, houve um momento de silêncio. Ele observou a fila de jovens em busca de emprego, lembrou-se da sobrinha e abaixou o braço antes que Vera apanhasse o livro. Pensou indicar a sobrinha para a vaga, mas achou a moça muito indiferente, seca e, por isso, pediu para falar com Suzana, já que era próxima do dono e, pela simpatia que distribuiu pela manhã, talvez ficasse mais fácil fazer o pedido.

— Ela está muito ocupada, não vai poder atendê-lo.

Luís percebeu o tom de descaso de Vera e olhou o interior do mercado, quando avistou Suzana num dos corredores. Saiu em sua direção, ignorando os comentários de Vera.

Suzana não demorou em reconhecê-lo. Sorridente, a moça logo perguntou em que poderia ajudá-lo. E quando Luís ergueu o braço e apresentou o seu livro, Suzana se desmanchou em sorrisos.

— Que cabeça a minha! Esqueci no seu carro? E eu pensando que havia deixado sobre o balcão quando tomava café com o meu primo no aeroporto. Muito obrigada. O senhor não sabe a importância deste livro para mim — reconheceu, enquanto procurava a carteira pelos bolsos.

Vendo o gesto de Suzana, Luís se adiantou recusando.

— Uma edição rara, e o senhor teve o cuidado de devolver. Não se fazem mais pessoas assim. Além do mais, ele tem um valor sentimental. Ganhei do meu avô.

— Eu faço questão de devolver quando algum cliente meu esquece algo no táxi, e não aceito dinheiro por isso. Não me veja como orgulhoso, mas não acho justo.

— Nossa, tudo bem — concluiu rindo. — Mas em um café o senhor me acompanha?

Luís e Suzana, minutos depois, estavam numa cafeteria ao lado do mercado. Enquanto Luís saboreava um café, Suzana tomava um suco. E ele não tardou a especulou sobre a vaga que o mercado oferecia. Fez tantas perguntas que Suzana brincou:

— Está querendo deixar o táxi? Está querendo o emprego?

— Não. É para minha sobrinha. Uma jovem muito esperta, disposta e muito rápida. Tenho certeza de que gostaria do trabalho dela. Ela não tem experiência, mas é muito atenta e aprende fácil.

— Sabe o que é? A gente está querendo contratar um rapaz para a vaga.

Luís percebeu a sinceridade dela, no entanto não desistiu, voltou a falar das qualidades da sobrinha, que era do interior, sem experiência, mas estava se esforçando, voltando aos estudos.

— Tudo bem, traga a menina para uma entrevista.

— Quando? — perguntou empolgado.

— Ainda hoje. É possível?

— Lógico! Agora mesmo vou buscá-la.

— Ótimo. Então vamos aos nossos afazeres, tenho muita coisa me esperando também.

Suzana o viu sair correndo, enquanto olhava para trás para agradecer, e riu da cena.

Regina chegou em casa exausta. Tirou os sapatos e se deitou no sofá, colocando os pés para cima. Havia percorrido todos os lugares indicados pelo tio e mais um pouco. Preenchera diversas fichas, e até se oferecera para trabalhar em alguns comércios da região, mas não teve êxito.

Depois de cinco minutos de pernas para cima, Regina olhou à sua volta e, vendo a casa por arrumar e as roupas para lavar, levantou-se. Calçou uma sandália de borracha, mais confortável, e partiu para os afazeres domésticos.

Foi nesse ínterim que Luís entrou em casa. O homem estava esbaforido e, não disfarçando a sua ansiedade, mencionou rapidamente o seu encontro com Suzana e a vaga que havia descoberto no mercado.

— Tio, isso é maravilhoso!

— Ainda não conseguiu o emprego, mas a entrevista pode ser o passaporte para a vaga — falou rindo. — Vamos, menina! O que está esperando?

Regina correu para abraçar o tio e, trinta minutos depois, já estavam saltando do carro, perto do mercado.

Luís estava tão empolgado que conseguiu traçar um caminho mais curto para chegar ao local, e tanta era a sorte que não houve trânsito no horário, nem muitos sinais fechados.

Antes de entrar, Luís recomendou à sobrinha, enquanto segurava seus braços:

— Agora é com você. Que Deus te abençoe com esse emprego! Você merece.

Regina ficou emocionada. Na hora lembrou-se da mãe e de Ivo. Teve vontade de chorar, mas conteve-se.

Logo chegaram ao mercado, e Suzana os recebeu:

— Então você é a famosa sobrinha? — perguntou Suzana no interior do mercado, já de frente com Regina e Luís.

Suzana foi simpática, trocaram algumas palavras. Regina foi rápida em responder algumas perguntas e, na sequência, foi indicada para Vera, com as palavras de Suzana já autorizando a contratação.

— Esperava contratar um rapaz, mas simpatizei com você. Acho que o meu primo também vai aprová-la. Pode começar...

— Hoje mesmo! — completou Regina com o coração disparado.

— Ok. Gostei da sua disposição — virou o corpo e chamou Vera, que de longe assistia, contrariada, à cena. — Leve Regina para conhecer tudo, veja se tem uma camiseta da loja que sirva nela, enfim, tome as providências necessárias para acomodá-la. Regina agora faz parte do quadro de funcionários.

Depois de muitos agradecimentos, tanto de Regina como de Luís, Suzana finalizou:

— Agradeça trabalhando da melhor forma. A Vera vai acertar o seu salário e outras burocracias. Eu confesso que não tenho experiência com isso. Estou aqui só para cobrir o meu primo que viajou para assuntos particulares. Ele que é o dono. Quem vai ficar no mercado durante a ausência dele será o Beto, meu irmão, mas hoje ele não pôde vir, então...

Vera, que se mantinha ao lado de Suzana, controlava-se para não desmenti-la, pois sabia como era Beto e os seus objetivos, e o quanto estava distante de cumprir aquela tarefa.

— Eu vou embora agora, estou sem carro hoje. Seu Luís, está vago agora? Pode me levar para casa?

Luís abriu um sorriso. O homem estava tão agradecido pelo emprego conquistado pela sobrinha que era capaz de levar a moça de graça para casa.

Suzana se despediu de Vera e fez as últimas recomendações antes de deixá-la na companhia de Regina.

Vera não foi receptiva com Regina. Com a falta de Danilo, a mulher se sentia a dona do mercado. Todos os outros funcionários a temiam. Não era de muitos risos para ninguém, exceto para Danilo e para Beto. Dias antes, quando Danilo anunciou que iria viajar, Vera não disfarçou a sua tristeza por saber da sua visita à Europa. Por alguns segundos, imaginou-se indo junto com ele naquela viagem, como numa lua de mel. No entanto, quando Danilo a informou que o mercado ficaria sob seus cuidados e de Beto, a mulher se desmanchou em risos. A partir daí, mudou da água para o vinho, como se tivesse comprado o lugar. Sentia-se a dona, pronta para fazer o que bem entendesse.

Por isso, não ficou feliz com a contratação de Regina. Quando Suzana anunciou que a vaga seria da moça, Vera ficou furiosa, mas se controlou. Pensava em contratar um homem para a função de repositor. Da sala de Danilo, através da vidraça, Vera já podia ver um jovem atraente trabalhando e, vez ou outra, acenando para ela.

— Vamos ver até quando ela vai aguentar — pensou Vera com um sorriso forçado.

Vera apresentou Regina rapidamente para alguns funcionários, que não eram muitos. O mercado não era grande para que passassem o dia conhecendo, então, em poucos minutos, Regina pôde observar os quatro corredores onde as mais diversas mercadorias eram armazenadas, o carrinho que iria manusear, as máquinas utilizadas para marcar os preços e o local onde abasteceria o carrinho com mercadorias.

— Você tem uma hora de almoço, cinco minutos de café pela manhã e cinco minutos de café à tarde — explicava Vera, num tom alto, enquanto andava dois passos apressados à frente da moça, na intenção de mostrar autoridade. — Nada de conversinha com as outras meninas, principalmente as do caixa; isso tira a concentração. O dono detesta esse tipo de comportamento, é capaz de demitir por isso — mentiu, tentando amedrontar a jovem, que ficou de fato assustada. Depois apanhou uma flanela e entregou para a menina: — Para começar, vai tirando o pó dessas mercadorias.

Vera observou Regina pegar o pano e olhar o relógio, e não deixou de comentar entre risos e num tom desafiador:

— Faltam vinte minutos para acabar o expediente. Será que é capaz?

— Com certeza! — redarguiu numa empolgação que assustou Vera.

Regina realizou o desafio proposto por ela em quinze minutos. Deixou tudo bem organizado e foi procurá-la, mas a moça já havia ido embora. Regina não se abateu, despediu-se de duas meninas que ainda estavam no mercado, também funcionárias, e saiu feliz, pronta para voltar no dia seguinte.

Dois dias se passaram. Para Caetana, tinham sido repletos de ansiedade e aflição. A mulher não tivera sossego desde o dia em que falou com Ivo, forneceu o número de sua conta e comentou a necessidade de dinheiro para manter Regina. A partir do dia subsequente à ligação, Caetana passou a ser frequentadora assídua do banco onde possuía conta. Enfrentava longas filas do caixa com o propósito de pegar o extrato, chegando até a brigar com a gerente, que se recusou a atendê-la como cliente preferencial.

Na verdade, essa tensão refletiu, e muito, no seu humor. Em muitos momentos era agressiva, mas, quando se lembrava da possibilidade de o dinheiro estar em sua conta, o sorriso surgia em seu rosto de uma hora para outra. Essa oscilação ocorria no trabalho, em casa, na rua, durante as compras. Quem a conhecia sabia da sua frequente alteração de humor, mas o caso estava alarmante.

Reagiu, para surpresa de todos, com uma alegria desmedida quando soube que Regina estava empregada. Cumprimentou a sobrinha com abraços e beijos. Luís e os filhos, que a tudo assistiam de perto, não acreditaram. No entanto, mais tarde, já no quarto com Luís, Caetana despejou sobre o marido toda a sua grosseria, que se justificava por um único motivo: o emprego arrumado para Regina.

— Pode me explicar quem vai fazer as coisas em casa? — bradou Caetana.

— Voltará a ser como antes.

— E você diz isso com essa tranquilidade?

Seus berros podiam ser ouvidos do quintal. Enquanto Regina e os primos acomodavam-se em seus respectivos quartos, Caetana destilava sua ira e, ao observar Luís, que adormeceu tranquilo, sua revolta só aumentou.

Foram quase três dias assim. Quando, numa tarde, Caetana passou no banco e descobriu que o dinheiro havia caído em sua conta, foi tomada de uma felicidade que não cabia em si e saiu beijando os funcionários.

Ainda nesse dia, Caetana, quando estava em casa, atendeu ao telefone. Era Ivo. A voz da mulher mudou de tom. Depois das cordialidades, cumprimentos e agradecimentos, ela se colocou a lamentar. Ivo logo cortou o assunto, pediu para falar com Regina, e Caetana não mentiu quando falou que a moça estava na escola. Ela logo tratou de concluir a ligação, reclamando que não o ouvia direito. Desligou o aparelho gargalhando. Segundos depois, como uma criança com o brinquedo novo, Caetana foi até a bolsa, pegou sua carteira e retirou uma tira de papel em que estava registrado o depósito do dinheiro em sua conta.

Beto chegou ao mercado dois dias depois do combinado, por volta das duas da tarde, usando shorts, camiseta e tênis, vindo direto do clube. Entrou como se fosse um cliente e nem deu atenção para a moça que tentou impedi-lo de entrar com as raquetes que trazia numa bolsa fixada nas costas. Uma outra moça, que trabalhava havia mais tempo na loja, explicou de quem se tratava.

Beto ainda usava os óculos escuros quando passou pelo corredor de acesso aos frios. Lá, o rapaz pegou um iogurte, como se estivesse se servindo numa geladeira em seu apartamento. Não bastando isso, depois de saborear o líquido, depositou o frasco vazio no mesmo lugar de onde o tirou. Deu dois passos e, quando voltou, pegou outro de sabor diferente.

O rapaz era alvo das atenções dos funcionários, que em maioria não sabiam que se tratava do primo do dono.

Beto virava o frasco enquanto andava até a escada que levava ao piso superior, quando Regina veio em sua direção. Ela estava uniformizada e sobre patins. Totalmente desequilibrada, colidiu com o jovem, fazendo com que o frasco virasse nele e o líquido vermelho manchasse sua camiseta. Regina, com patins e tudo, foi ao chão.

— Minha filha, não olha por onde anda? — berrou Beto, tentando se recompor.

Regina estava atordoada. Com muito custo, apoiando-se nas prateleiras, a moça se colocou de pé. Tremia ao tentar se desculpar.

— Moço, mil desculpas. Eu me desequilibrei. O chão estava molhado...

— A culpa agora é do chão. Sua estabanada, incompetente!

— Pelo amor de Deus, perdoe-me — falava com as mãos postas, implorando sua compreensão. — Trabalho há poucos dias aqui, estou em fase de experiência. Não foi de propósito..

— Pouco tempo aqui? — perguntou Beto num riso forçado.

— É, e eu não consegui parar os patins.

— Qual o seu nome? — indagou, interrompendo a jovem.

— Regina...

— Regina, você está demitida. Some da minha frente!

— O senhor não pode fazer isso. Não pode me delatar para a gerência — Regina lembrou-se rapidamente de que Vera havia dito que os clientes sempre têm razão e que, por isso, não se podia discutir ou ofender. Como acreditava que Beto fosse um cliente do mercado, procurou ser ainda mais gentil ao se desculpar.

Regina respirou fundo e sentiu estar nas mãos daquele que julgava ser um cliente. Seu corpo tremia.

— Eu posso explicar. Eu sou Regina... Meu nome é Regina, eu...

— Eu sou Beto, gerente interino deste estabelecimento. Estamos apresentados agora? Demitida, moça. Se trata o dono desse jeito, como é que está tratando um cliente?

Do alto do segundo andar, na sala de Danilo, Vera espiava a cena que envolvia Beto e Regina. Divertia-se.

— Não pensei que colocaria essa loirinha para fora tão rápido — sussurrou.

Dois funcionários já haviam ido chamá-la para resolver a situação, mas ela se fez de ocupada, dizendo já estar a caminho. Por dentro soltava fogos com o que ouvia.

Capítulo 8

Ivo não tinha a mesma disposição da juventude, e isso se agravou com a idade e com o período em que ficou hospitalizado. Sentia as pernas pesadas, o coração cansado, a respiração acelerada. Tinha saudades de Menininha e também de Regina. Por isso, resolveu ligar para a menina em São Paulo, na casa de Caetana.

Quando desligou o telefone, mesmo sem ter conversado com a jovem, Ivo sentiu-se feliz ao saber que poderia fazer algo pela menina. Cheia de lábia, Caetana embutiu na cabeça do velho que o melhor que tinha a fazer era depositar uma quantia em dinheiro em sua conta para auxiliar Regina na nova vida na capital.

Certo disso, dos argumentos de Caetana, Ivo foi ao banco disposto a realizar o crédito. Saiu do banco, depois de depositar alto valor, satisfeito e com a sensação de ter feito o melhor por Regina.

O sentimento de bem-estar e alegria por ter ajudado Regina não se prolongou, pois, duas noites depois do feito, Ivo ligou para Caetana e pôde perceber sua frieza, além da intensificação da falta que sentia de Regina, já que não ouvira a sua voz. Naquela noite, quando chegou a sua casa, sentiu-se o homem mais triste do mundo, apagou todas as luzes e foi se deitar.

Menininha estava a seu lado, juntamente com Felipe. Haviam conseguido autorização do plano superior para acompanhá-lo por algumas horas e foram testemunhas de seu sofrimento. Os dois se puseram a rezar, pedir a Deus que confortasse o coração solitário de Ivo, até que ele adormeceu.

— Isso não é justo, Felipe! — dizia Menininha indignada.

— Já pedi para você não ser tão contrária à vontade de Deus. Nada é por acaso.

— Não sei se quero continuar a ver isso acontecer. Ver e não fazer nada para ajudar é sofrer junto. Sinto-me impotente.

Felipe abriu um sorriso e ponderou:

— Você é quem sabe. Podemos voltar ainda hoje, agora.

— Não. Eu te disse e não volto atrás. Quero estar aqui para receber Ivo.

— Pois bem, então seja forte. O tempo vai se encarregar de dar as explicações que busca, porém, para isso, é preciso estar preparada.

— Será que a gente não podia fazer o Ivo conversar com a Regina? Isso faria tão bem aos dois. Estão sofrendo tanto.

— Vou lhe adiantar algo que vai fazer você perder suas esperanças.

— O quê? — perguntou, sentida.

— Talvez eles não se encontrem mais nessa vida.

Menininha, como se compreendesse aquelas palavras, silenciou. Aproximou-se de Felipe e buscou apoio em suas mãos.

Regina não deixou que a indiferença de Vera a atingisse. A moça procurou de todas as formas agradar. Depois das poucas horas que trabalhou no dia anterior, limpando parte do mercado, Regina voltou nos dias seguintes sorridente, como se estivesse entrando numa festa.

Vera viu isso como um ato proposital, tanto que não economizou a energia de Regina. No segundo dia, estendeu as tarefas da moça à limpeza dos corredores, o que, junto com o que já realizava, calculou que terminaria em uns cinco dias, se bem que desejava a desistência da nova funcionária já no segundo dia. Mas tudo isso em vão, pois Regina foi ainda mais rápida. A moça, para surpresa de Vera, não se acovardou diante do trabalho.

Perto do meio da semana, depois de três dias traba-lhados, Vera apareceu com uma nova função para Regina, com o propósito de vê-la pedir as contas. Logo que chegou ao mercado, Vera deixou avisado que queria Regina na sua sala. Assim a moça fez, logo que chegou:

— Mandou me chamar?

— Sim — abriu a gaveta e despejou o uniforme e um par de patins sobre a moça. — Vi num filme e pensei que poderá ajudá-la na função que irá exercer a partir de hoje.

— Patins?!

— Algum problema? — perguntou embriagada por um sorriso. — Se acha que não pode fazer, vou indicar outra moça. Lá fora tem uma porção de moças como você, outras ainda mais habilitadas, que podem fazer.

— Não! — interrompeu Regina um pouco apreensiva com o comentário. — Posso fazer isso, sim.

— Ótimo! Isso vai agilizar na reposição das mercadorias e também quando as meninas dos caixas precisarem de você.

— Lógico, sem problemas.

— As três caixas estão avisadas quanto à sua função. Por isso peço sua atenção para atendê-las. Lembre-se dos clientes: agilidade para voltar sempre — recomendou apontando para o quadro de missão do mercado. — Temos que cumprir isso. Agora vamos deixar de papo, temos muito trabalho. O dono, se estivesse aqui, não iria gostar dessa morosidade.

Regina saiu agradecendo pela oportunidade. Trancou--se no banheiro e saiu com um uniforme chamativo, diferente dos demais funcionários, e também com o par de patins cal-çados. Não tinha habilidade alguma. Levou alguns tombos nas primeiras horas, mas conseguiu se colocar de pé. Mais uma vez conseguiu surpreender Vera, que do andar superior inspecionava e torcia pela desistência da moça.

Vera estava invocada com a firmeza de Regina. Não estava disposta a perder a oportunidade de vê-la longe do mercado. Era claro que não simpatizava com ela e não a queria por perto. Correu ao telefone e começou a manipular os funcionários, como se estivesse diante de um tabuleiro de damas. Aproveitou o momento para a ação, já que estava praticamente só, sentindo-se na liderança, afinal Suzana pouco vinha ao mercado.

Suzana, no começo, ligava duas ou três vezes ao dia, mas depois passou a deixar a cargo de Vera as decisões. Quanto a Beto, havia sido encarregado de permanecer na loja, durante o horário do expediente, desde que Danilo viajou, porém isso não ocorreu.

Vera começou a agir. Ligava para o telefone, num ramal interno, que ficava no setor de empacotamento, e fazia um pedido que requisitasse Regina. Em menos de cinco minutos, sabendo que a moça não teria habilidade para realizá-lo, Vera requisitava outra coisa, do lado oposto, depois solicitava que fosse colher dinheiro trocado e em seguida repusesse um produto numa prateleira, sempre com a finalidade de ver a moça cansada, pedindo socorro.

Regina estava exausta. Não parava um minuto. Procurava, da melhor forma, atender a todos os pedidos, inclusive de algumas funcionárias, que, por solicitação de Vera, abusavam dos seus préstimos.

Numa tarde, logo após o almoço, quando Regina vinha para atender o chamado de uma das meninas do caixa, esbarrou em Beto e, considerando-o cliente, procurou se desculpar. No entanto, o rapaz, tomado pela arrogância, revelou ser o dono da loja, que, até então, Regina achou que estava em viagem pela Europa. Ela pouco sabia dele, afinal ninguém pronunciava o seu nome e, como era nova e estava cheia de atribuições, não tinha meios de especular sobre o patrão. Quando conversava com um ou outro empregado do local, era informada de que o dono era jovem, bonito, de poucas palavras e respeitado por todos, mas geralmente a conversa mudava de assunto e ela continuava sabendo pouco dele.

— Pelo amor de Deus, eu preciso desse emprego — implorava Regina em lágrimas, agora já na sala de Danilo, de portas fechadas, sentada em frente de Beto. Ao seu lado estava Vera, tentando disfarçar a alegria.

— A mocinha já pensou no que esse tipo de situação pode causar para o negócio? — perguntou Beto se divertindo com o sofrimento da menina. — Um cliente que não volta é dinheiro que deixamos de receber. Hoje um, amanhã outro. Depois, de onde acha que vem o seu salário?

Vera permanecia calada, mas naquele momento sentiu-se no direito de complementar:

— Eu dei todas as instruções. Filha, pode ser que aqui não seja o seu lugar, que não tenha paciência com o público. Talvez seja melhor...

— Eu não o vi. Eu me desequilibrei e, por acidente, esbarrei...

O telefone tocou enquanto Regina se desmanchava em lágrimas e justificativas. Era Danilo.

— Seu Afonso, não acredito! — brincou Beto. — Estou na sua maravilhosa sala.

— Não brinque, rapaz.

— Desculpe. Esqueci um dos mandamentos da família: não fale em vão o nome do santo avô Afonso — Beto começou a rir.

— Você não tem jeito mesmo — riu e continuou: — Tudo bem com você? Fico feliz em encontrá-lo no mercado, cuidando dele para mim. Pensei que não viria, pois liguei outros dias e soube que não estava.

— O povo fala demais, você sabe — emendou, olhando feio para Vera. — Mas me conta: e as mulheres por aí? O que tem feito de bom?

— Quem está com você na sala? Estou ouvindo um barulho. Tem alguém chorando?

— Não. É a ligação que está ruim — tampou o fone e fez sinal para Vera sair da sala com Regina. — E as mulheres? Estou curioso para saber das italianas.

— Meu coração está ocupado, você sabe disso.

— Não me vem com a história de que é a moça da rodoviária. Por favor, Danilo, você já não é um adolescente, meu caro — Beto pôde ver através da porta de vidro Vera servindo um copo de água para Regina.

— Meu primo, ela é a moça mais bonita que já encontrei. Linda. Especial. Um jeito de olhar, um sorriso cativante...

Beto ouviu atentamente as descrições da paixão de Danilo. Tanto foi o seu envolvimento com as palavras calorosas, apaixonadas, que começou a olhar Regina de modo diferente, mesmo sem saber que se tratava da mesma mulher.

Gustavo estava muito preocupado com a suposta alegria de Caetana. O rapaz, astuto, ainda guardava na memória o episódio da ligação que ela dizia ter recebido da amiga. Por perceber que ela mentia, estava curioso para saber quem havia ligado da primeira vez e certo de que a sua alegria se relacionava a essa primeira ligação. Não disse nada, apenas observou; não tinha coragem de interrogar a mãe sobre isso.

Os dias passaram e, certa tarde, quando estava jogado no sofá, estudando, Gustavo atendeu o telefone. Era Ivo.

— Tio Ivo! — exclamou o rapaz, feliz por ouvi-lo.

A empolgação do rapaz era grande, tanto que não percebeu, pelo menos a princípio, a respiração cansada, o riso curto e a voz baixa do tio. Interpretou tudo isso como resultado de uma ligação ruim.

Ivo, mesmo falando com dificuldade, depois de saber que o rapaz estava sozinho e que Regina estava ausente, manifestou-se dizendo coisas que chamaram a atenção de Gustavo:

— Sinto muita falta de Regina, mas não diga isso a ela. Gosto muito dela, como filha, mas quero vê-la aí, com vocês, progredindo — forçou um riso. Houve um silêncio. Gustavo percebeu uma ficha indo embora. — Espero que o dinheiro que dei a ela tenha ajudado. Não quero que passe necessidades. Sei que comida e teto o Luís e a Caetana não negariam, mas a menina, na idade dela, tem outras prioridades. Gustavo, faça um favor?

— Lógico, tio! — afirmou ainda assimilando as últimas palavras.

— Diga para Regina me ligar.

Trocaram mais algumas palavras antes de Ivo desligar. Gustavo pousou o fone sobre o aparelho com o olhar perdido. Concluiu rapidamente que a primeira ligação que Caetana atendera fora a de Ivo e que, além disso, ela pedira dinheiro para Regina e o embolsou.

Gustavo passou o resto da tarde com aquela história na cabeça. Não acreditava que a mãe fosse capaz daquilo; ela pegou todo o dinheiro e tencionava não dar nada a Regina.

O rapaz pensou em dividir com Ana a situação, mas depois concluiu que a menina era precoce, porém não tinha idade ainda para se envolver nisso. Contar para o pai seria acender um pavio curto para uma bomba certa. Sentia que tinha que fazer algo, mas não sabia o quê.

Logo que terminou a ligação, Beto saiu da sala em direção ao bebedouro, onde estavam Regina e Vera. Estava desconcertado, mas soube disfarçar quando falou com a nova funcionária:

— Regina, as prateleiras estão te esperando.

— Como? Você não a demitiu? — perguntou Vera apressada, em tom áspero.

Um sorriso tomou o lugar da tristeza que havia se instalado no rosto de Regina momentos antes. Sua alegria foi tanta que não atentou aos argumentos contrários de Vera, questionando surpresa:

— É isso? O meu emprego de volta?

— Some da minha frente antes que eu me arrependa — falou Beto num tom sério. E enquanto Regina, depois de pedir licença, tomava distância, ainda foi capaz de dizer: — E tome cuidado. Estou de olho em você.

Vera não pôde acreditar no que estava acontecendo. Ficou transtornada. Por pouco, muito pouco, teria Regina fora do mercado, mas agora, diante da mudança de humor de Beto, viu os seus planos irem por água abaixo. Mas a mulher era insistente, e logo começou a espalhar o seu veneno:

— Ela não tem perfil para trabalhar aqui no mercado. Não tem tato com o público. Viu só o que fez com você? Por sorte não foi um cliente. Poderia até ter sido pior.

— Resolvi dar mais uma chance à moça.

— Não acho que seja merecedora. E se isso tivesse acontecido com um cliente e resultado num acidente grave?

— É um risco que todos nós corremos.

— Depois, é jovem, muito bonita — confessou Vera sem querer, deixando clara a sua inveja. — Chama a atenção dos rapazes, que não conseguem se concentrar no trabalho. As meninas já vieram me contar que é toda atirada para eles...

— Ótimo! — interrompeu Beto, rindo. — Beleza cativa os clientes, e atirada, pelo pouco que vi, não me pareceu; acho que é, sim, simpática — fez uma pausa. — Um pouco tímida e ingênua para a idade dela.

— Você sabe que quem contratou ela foi a Suzana? Ela, bem, você me desculpe, mas sua irmã não tem experiência com empresa, funcionários...

— Suzana fez a escolha certa — disparou Beto num tom elevado. — O Danilo aprova suas decisões, e não cabe a mim julgar.

Beto disse isso e seguiu para a sala de Danilo. Antes de fechar a porta, virou-se para trás e olhou para o bebedouro, onde havia deixado Vera, e ordenou:

— Verifiquei nas anotações do meu primo que ele registra a rotina num livro azul, acho. Traga ele aqui na sala em dez minutos, vou verificar. Agora farei uma ligação e não quero ser interrompido.

Coube a Vera se calar e cumprir o serviço requisitado.

Regina saiu do mercado dez minutos depois de seu horário habitual. Estava feliz, ainda que os contratempos ocorridos no dia não houvessem ajudado muito. Antes de sair para ir à escola, a moça deixou todas as tarefas que Vera exigira prontas. Encontrou Beto e agradeceu, rapidamente, pela oportunidade.

Beto passou a tarde toda na sala de Danilo, portas fechadas. Durante a maior parte do tempo, olhava o movimento da loja e rastreava os passos de Regina. Quando a viu pronta para sair, o jovem se adiantou em descer as escadas e parar, propositadamente, na frente de Regina.

— Você não tem o que agradecer. Faça a sua parte. Só isso... — recomendou à moça, demonstrando sinceridade, diferente do jeito conquistador que costumava exibir.

Regina retribuiu abrindo-lhe um sorriso e saiu em direção à rua.

Depois de pegar dois ônibus, ela chegou à escola. Regina agora seguia essa rotina: ia do trabalho direto para a escola, chegava dez e meia da noite em casa e ainda adiantava alguns afazeres para o dia seguinte, acordando cedo para concluí-los.

Ainda naquela noite, a caminho da escola, Regina se sentia tão bem que teve muita vontade de conversar com Ivo. Havia dias que tentava contato com o grande amigo, mas sem sucesso. Chegou até a escrever algumas cartas, que Caetana, rapidamente, prontificou-se a levar aos Correios, mas não obteve resposta, nem mesmo das que escrevera semanalmente, durante o mês anterior.

Regina depositou três fichas no orelhão e abriu um sorriso quando, depois de ligar, ouviu o sinal de chamada. Estava esperançosa em conseguir falar com Ivo.

— Alô — disse um rapaz lentamente, deixando Regina ansiosa.

— Alô — respondeu Regina, eufórica, apertando o aparelho entre as mãos. — Por favor, eu preciso falar com o Ivo. Pode chamá-lo?

— Ivo? — perguntou o rapaz desinteressado em ajudá-la. — Não conheço, não, moça.

— Ele mora perto. Dá para chamá-lo?

— Sabe o que é? Eu atendi porque pensei que fosse minha namorada. Estou esperando a ligação...

— O que tenho para falar com ele é breve. Por favor...

— Desculpe, moça, mas nem conheço.

Regina bem que tentou argumentar mais um pouco, só que não houve jeito. Com a pressa do rapaz em desfazer a ligação, as fichas depositadas no orelhão estavam se esgotando. E, além de tudo isso, a fila que se formava atrás dela era grande. Antes de desligar, ela consultou o relógio: estava atrasada para a aula.

No café da manhã seguinte, antes de ir trabalhar, Regina pajeava o leite que ameaçava fervura, enquanto na mesa Luís e Gustavo aguardavam para bebê-lo. Ana já havia saído para a escola. Caetana entrou no momento em que Regina depositou a leiteira sobre a mesa, sentando-se em silêncio ao lado deles.

Regina, lembrando do ocorrido no dia anterior, expressou sua inquietação:

— Tio Luís, estou preocupada com o Ivo. Desde o dia em que cheguei a esta cidade, não consegui ter contato com ele.

— Não ligou para ele? — perguntou Luís também com expressão preocupada.

— Tenho tentado, mas no orelhão ninguém atende, e quando atendem não o conhecem. As fichas correm rápido demais por causa do horário.

— Deve estar melhor que você — concluiu Caetana, que até aquele momento havia se mantido em silêncio, restringindo-se a um cumprimento frio aos familiares.

— Deus a ouça, tia. Não estou com um bom pressentimento.

— Bobagem sua, menina. Agora que despachou você para cá, acho que está curtindo a liberdade.

— Não diga besteira, Caetana! — repreendeu Luís.

— Por que besteira? Veja se ele procurou a menina. Colocou a moça dentro de um ônibus e a enviou para cá. Não deu mais notícias. Não é verdade, Regina?

Regina abaixou a cabeça sentida; seus olhos encheram-se de lágrimas. Restou concordar com a tia.

— É verdade.

O riso de contentamento de Caetana foi rompido pelo relato de Gustavo, que, embora até aquele momento preferisse não se envolver na conversa da mãe, ao ver o sofrimento da prima, desabafou:

— O Ivo ligou ontem para você, Regina.

— Para mim? — exultou. — Quando? A que horas? O que disse? Meu Deus, não posso acreditar.

— Ontem à tarde.

Caetana, aflita, fuzilando o filho com os olhos, teceu o seu comentário:

— Depois disso eu falei com ele, Regina — Caetana falava apressadamente. — Comentou que irá viajar, perguntou por você e pediu para avisá-la.

— Se tinha notícias dele, por que não falou para a menina? — questionou Luís a esposa. — Deixou a pobre angustiada, pensando coisas que não existiam.

— Para poupá-la! Só isso. Minha querida — falou Caetana, levantando-se da cadeira e indo em direção à sobrinha, com o propósito de abraçá-la —, o Ivo disse que irá viajar, e eu achei melhor, para não ocupar a sua cabecinha com problemas à toa, não te contar o fato.

— Devia contar, tia. O que isso...

— Tudo bem, tudo bem... Já que é assim, então falo a verdade de uma vez, para vocês não ficarem achando que estou escondendo os fatos. Que fique claro que minha intenção era proteger você, mas, se quer a verdade, lá vai: Ivo não contou para onde vai. Preferiu não falar porque não quer ninguém no seu pé. Foi até ríspido. Acredita? Confessou que já havia se livrado de você; disse que Deus o tinha protegido de ter filhos e que não queria se responsabilizar por você...

Luís tentava silenciar Caetana com gestos, mas a mulher era venenosa e lançou o que pôde para deixar a sobrinha triste, e conseguiu. Prova disso era que Regina saiu correndo da cozinha, em lágrimas, sentindo-se rejeitada.

Luís, preocupado com o estado da sobrinha, correu para o quintal atrás dela.

— Nossa! Todo mundo saiu correndo — disse Caetana dirigindo-se ao filho, o único ouvinte que permaneceu à mesa. — Não vou me estender com você — levantou-se da mesa com o sorriso de uma ganhadora de um jogo.

Gustavo permaneceu sentado, inerte, ainda tentando absorver o relato de Caetana. Sentiu um medo da mãe que o imobilizou. Ainda se lembrava das palavras de Ivo ao telefone, do carinho que ele demonstrava por Regina, e concluiu que a mãe não falava do mesmo homem. Aquele Ivo por ela descrito era frio, sem coração, e não o amigo amoroso de Regina. Gustavo lembrou-se da primeira ligação que a mãe fez, do que conversara com Ivo no dia anterior, do dinheiro destinado a Regina e do silêncio de Caetana. Rematou que Caetana ficara com o dinheiro e planejava distanciar Regina de Ivo. Percebeu que não seria fácil ir contra Caetana, pois a mulher, ainda que fosse sua mãe e a respeitasse, era muito ardilosa e, com certeza, escaparia de qualquer acusação. Depois, o que falar sem ter provas concretas?

Capítulo 9

Caetana, nos dias que se seguiram, diante dos últimos acontecimentos, tratou de tomar algumas providências. Rapidamente, depois de muito insistir à companhia telefônica, conseguiu mudar o seu número de telefone, alegando, entre muitos argumentos, que estava sendo vítima de trotes e, como se não bastasse, a filha caçula e a sobrinha vinham sendo ameaçadas. Conseguiu, por fim, a troca, quando na verdade queria mesmo era se distanciar das ligações de Ivo. Temia, principalmente, que Ivo e Gustavo estreitassem ainda mais a relação e, juntos, fossem contra ela.

Para a família, Caetana foi categórica, tanto que convenceu. O breve discurso ocorreu durante o jantar, quando Regina, por não haver aulas, estava em casa:

— Troquei o número para evitar tormentos. Acreditam que descobriram o nosso número e estavam ligando muito, oferecendo títulos em clubes e outras coisas? Não é, Ana?

A menina, que comia em silêncio e não havia concordado com a alteração do número, disse rapidamente:

— Não me lembro de ter atendido ligação.

— Já esqueceu? — interrompeu Caetana, deixando a filha desconcertada. — Se fiz isso, é para preservar a nossa casa, nossa família.

Depois disso, ninguém ousou dizer nada. Regina, em pensamento, lamentou, pois o número antigo poderia colocá-la em contato com Ivo, o que agora, com o número novo, seria pouco provável.

Caetana, como se estivesse lendo o seu pensamento, confortou a sobrinha:

— Não se preocupe, Regina. Ivo desabafou, precisava viver a vida dele, já que agora está livre das mulheres da nossa família. Acho que se referia à sua mãe e a você, porque eu nunca tive apego a ele — enquanto falava sentiu-se observada pelos olhares censores de Luís, e por isso mudou o discurso; em um ritmo diferente, mas doce, prosseguiu: — Mas você tem a gente, minha flor.

Depois da última de Caetana, Gustavo preferiu descruzar os braços e fazer algo a favor da prima e também de sua consciência. Saiu logo depois que viu seu pai e Regina virarem a esquina de carro, fechou o portão e ganhou a rua, deixando em casa a irmã e Caetana, que dormia. Duas ruas depois da sua, aproximou-se de um orelhão e discou para Ivo. Não foi fácil. Levou quase uma hora para conseguir falar com o parente distante. Ora a ficha caía, ora quem atendia se negava a chamá-lo; em outros momentos, diante da fila que se formava, o jovem cedia sua vez para outro.

Quando finalmente conseguiu, começaram um diálogo eufórico, sofrido. Gustavo lhe contou tudo o que se passava em casa: a ganância de Caetana, o fato de ela ter escondido em sua conta o dinheiro destinado a Regina e o suposto desprezo que ele, Ivo, cumpria sobre Regina.

Ivo custou a acreditar no que ouvia. Ficou perplexo, no entanto já desconfiava das atitudes mesquinhas de Caetana, do que ela era capaz de fazer para obter proveito. Agradeceu, sinceramente, a atitude do rapaz e chegou a questionar por que ele estava fazendo aquilo, delatando a mãe, e por que não contava a Regina o que estava acontecendo.

— Conheço minha mãe — disse Gustavo. Sei do que ela é capaz. Ainda assim gosto dela. Penso que, se partisse de mim alguma atitude que a reprovasse, por certo me rejeitaria. Mas algo muito mais forte fez eu lhe contar, desabafar, dizer que a Regina gosta muito de você, diferente do que minha mãe informa. Dona Caetana faz de tudo para dificultar a aproximação de vocês. Regina é ingênua, não tem malícia para tratar dessa situação com a tia.

Ivo compreendeu o rapaz, tomou nota do novo telefone e agradeceu muito por ouvir tudo aquilo. Por isso disse muito decidido:

— Pois eu vou até São Paulo. Pode ficar tranquilo que ninguém ficará sabendo dessa nossa conversa — fez uma pausa para ouvir a festa que o jovem fazia do outro lado da linha, depois prosseguiu: — Caetana que me aguarde.

Caetana, ainda disposta a dar continuidade aos seus planos, começou naqueles dias a pesquisar agências de automóveis. A maioria das lojas ficava no bairro onde trabalhava, próximo do hospital público onde cumpria o ofício de enfermeira.

Disposta a comprar o melhor carro que encontrasse, entrou em uma delas e ouviu a sugestão do vendedor:

— Este aqui é o melhor que temos na loja — apontou. Era um rapaz gordo, suado, vestido em traje social, usando um par de óculos de lentes grossas apoiado no nariz batatudo. No pescoço, um cordão encardido sustentava um crachá amarrotado com o seu nome estampado: Gildo. Ele estava noivo e, na pretensão do casamento, almejava aumentar suas vendas.

— Pela quantia de que a senhora dispõe, esse automóvel vai ser muito...

— Já entendi — concluiu Caetana sorrindo. — Acho que vou ficar com esse.

— Ótima escolha, dona Caetana. Não vai se arrepender. Espaço, conforto e velocidade é o que terá ao adquirir essa máquina.

— Você já me convenceu. É surdo ou o quê? Já não disse que vou levar o carro? — interrompeu Caetana com o humor alterado. Fez uma pausa, examinou o rapaz, depois observou: — Parece que te conheço de algum lugar — antes de o rapaz, sorridente, pronunciar algo, Caetana o cortou: — Vou levar o carro. Vamos logo com isso.

Depois de concluída a venda, pagamento à vista, para alegria do vendedor que receberia sua comissão mais rapidamente, Caetana cuidou de acertar os documentos. Exigiu que tudo ficasse no nome de Gustavo, seu filho, visto que era um presente para ele.

— Quando entrega? — perguntou como se fosse uma televisão e precisasse o quanto antes em sua casa.

— Bom, quando vendemos, sempre o dono sai dirigindo da concessionária.

— Preciso que seja entregue em casa, ainda esta semana. É aniversário do meu filho — mentiu Caetana. — Do contrário...

O vendedor, temendo perder a venda, concluiu:

— Não se preocupe. Será entregue ainda nesta semana.

— Amanhã?

— Amanhã?! Bom, eu preciso...

— Que bom! — interrompeu Caetana com ar de ter sido atendida.

Gildo retribuiu o contentamento da cliente com um sorriso murcho, pensando que, se não encontrasse alguém para realizar a entrega, caberia a ele, o vendedor, entregar o carro na casa da cliente. Isso significaria perder o jantar na casa da sogra e aguentar a cara emburrada da noiva. No entanto, elas ficariam muito felizes ao saber da comissão da venda. Isso era verdade.

Ivo ficou muito agitado depois da ligação de Gustavo. Ansioso, arrumou suas roupas numa bolsa de mão pequena e seguiu para o único ponto de táxi que havia na cidade.

Antes, porém, teve uma conversa com o padre por meia hora, entregando-o alguns papéis, contas, enfim, assuntos que costumava deixar nas mãos do sacerdote quando tinha que se ausentar. Ivo confiava essa tarefa a ele, já que não podia contar com parentes para tal.

O táxi chegou em dez minutos e encostou no meio-fio. O sol estava quente e Ivo atribuiu a ele a tontura que sentiu ao se sentar no banco do carro. Levou a mão ao peito, mas rapidamente se recuperou. Não se alarmou com o sintoma, assim como ninguém à sua volta percebeu o seu estado.

Ao chegar à rodoviária, Ivo pagou a corrida e, depois de se despedir do conhecido, caminhou lentamente para comprar a passagem para São Paulo. Estava ansioso, mas o corpo não acompanhava sua vontade de caminhar mais rápido para embarcar no primeiro ônibus.

— Não tem mais passagens — informou a moça do outro lado guichê.

— Não tem? — perguntou Ivo não convencido da informação da moça.

— Somente amanhã no período da tarde.

Só restou a Ivo virar as costas e ir embora. Minutos depois estava em sua casa, mas disposto a voltar à rodoviária no dia seguinte e viajar para São Paulo.

Regina havia acabado de sair do mercado, a pedido de Vera, que colocou em suas mãos um maço de contas e pediu que efetuasse os pagamentos no banco, quando o telefone do escritório tocou. Vera atendeu prontamente, e quem estava à sua volta percebeu a sua alegria.

— Danilo!

— Bom dia, Vera. Como estão as coisas por aí?

— Maravilhosas! Quando volta? — perguntou, ansiosa, apertando o aparelho contra o rosto.

— Já estou de volta.

— Como?! — deixando clara a sua surpresa. — Ontem mesmo a Suzana passou aqui na loja e recomendou que a avisasse imediatamente quando...

— Sei, sei, ela me fez jurar que ligaria para ela quando voltasse ao Brasil, quando me deixou no aeroporto — atalhou o rapaz rindo. — Resolvi não incomodá-la. Cheguei hoje logo cedo.

— E quando estará de volta?

— Daqui a pouco estarei no mercado.

Vera desligou o telefone eufórica, feliz da vida pela volta de Danilo. Fez várias recomendações aos funcionários; pediu que organizassem as prateleiras, que as meninas dos caixas se ajeitassem, que os repositores organizassem as mercadorias da melhor forma, enfim, tudo para que Danilo tivesse a melhor impressão do local.

Danilo desligou o telefone sorrindo. Estava num orelhão distante duas quadras de seu comércio, e de lá podia ver a movimentação de pessoas entrando e saindo do mercado. Por sua vontade, teria desembarcado e ido direto para a loja, mas preferiu passar em casa, tomar um banho. Estava muito eufórico para dormir, tanto que seguiu, horas depois, para a loja. Como não quis chegar de repente, ligou para prepará-los.

Danilo caminhou até a calçada, esperando para atravessar, quando seus olhos se perderam do outro lado da rua. Naquele momento, eufórico, Danilo não viu mais nada à sua frente, nem os carros que buzinavam na intenção de chamar a sua atenção, pois o farol estava aberto. Danilo, com passos largos, como se estivesse hipnotizado, foi seguindo em frente, com um sorriso se formando e a certeza, a cada passo, do que via diante de si. Quando já próximo, não teve outra reação. Indagou surpreso:

— Você?!

Regina virou-se e não viu mais nada, além de Danilo.

— Danilo? — falou com um sorriso pronto.

Os dois ficaram se olhando como se fossem velhos conhecidos. Nem parecia que até aquele momento só haviam se visto uma vez. Abraçaram-se, e o beijo foi inevitável. Danilo finalizou o beijo percebendo que eram observados por algumas pessoas e começou a rir. Para sair do tumulto, ele puxou Regina pelo braço e a levou até a outra esquina. Ficaram ali por uns minutos, conversando, trocando carícias.

— Você não sabe o quanto eu pensei em você, Regina.

— Eu te liguei, mas atendeu uma moça...

— Uma moça? E por que não perguntou por mim? — fez uma pausa, percebendo a dúvida no rosto de Regina. — Quem pensou que fosse?

— Não sei, não sei explicar o que pensei naquele dia. Depois sumiu o cartão que você me deu...

Danilo não a deixou continuar, beijando-a novamente. Dessa vez foi Regina que se afastou do rapaz.

— Não posso ficar aqui. Meu Deus, há quanto tempo estou aqui? Estou no horário do trabalho. Tenho que fazer uns depósitos.

— E quando a gente se vê de novo? Ainda hoje! Vou pegá-la no trabalho. Onde está trabalhando? É aqui perto?

— Saio no fim da tarde.

— Vou estar à sua espera.

— Vamos combinar na esquina. Não quero que nos vejam...

— Por que não? Eu quero que todos vejam a gente e percebam o quanto estou feliz por esse reencontro, por tê-la perto de mim — argumentou Danilo, olhando fixamente nos olhos de Regina.

— Eu também — confessou a moça, radiante. — Bom, por mim, eu ficaria aqui com você, mas o dever me chama. Já estou muito tempo fora — desculpou-se, pensando em como justificaria para Vera a demora. — A gente se vê mais tarde, aqui mesmo.

— Ótimo! — concordou, acertando um beijo na moça, enquanto enlaçava sua cintura.

Regina, depois do abraço, saiu andando contrariada, olhando para trás a cada dois passos. Gostaria de ficar ali, ao lado de Danilo.

— Onde você trabalha? — gritou Danilo de onde estava.

— Trabalho naquele mercado ali — indicou o prédio do outro quarteirão.

— Você trabalha naquele mercado? Não acredito.

Regina apenas riu e saiu quase correndo, com um sorriso estampado no rosto, não dando crédito para a insistência de Danilo em falar.

Coube ao rapaz ficar ali, encostado na parede, vendo o seu amor se perder entre as pessoas, enquanto pensava o quanto o mundo era pequeno, pois havia procurado aquela moça, pensado nela, e jamais imaginaria que ela fosse sua funcionária.

Regina não gostava de mentir, mas considerou que uma desculpa seria viável para convencer Vera da justificativa de seu atraso. Chegou num misto de felicidade e agitação. Encontrou Vera autoritária, mas bem-humorada:

— Regina, limpe o escritório do chefe. A moça da faxina faltou justo hoje...

— Chefe?

— Sim, o dono do mercado está de volta. Ainda hoje virá aqui. Quero aquele escritório apresentável — ordenou, pegando os protocolos dos depósitos realizados. — Anda, menina, o que está esperando? Quero sentir o cheiro de limpeza na escada. Corre! — finalizou, rindo.

— Pode deixar...

Suzana chegou acompanhada de Beto ao mercado.

— Vera, como assim ele chegou? — perguntou Suzana ainda não convencida da notícia.

— Chegou! Suzana, quantas vezes precisamos repetir isso? — ironizou Beto, que estava a seu lado. — Acabamos de passar no apartamento dele. O porteiro confirmou. Não esquenta, Vera. Minha irmã está ansiosa para ver o primo — brincou o rapaz.

— Cadê ele? — perguntou Suzana.

— Ligou faz uma hora mais ou menos. Na sequência telefonei para você. Ele já deve estar chegando.

Beto deixou a irmã conversando com Vera e subiu para o escritório, onde encontrou Regina.

— Seus pertences já foram tirados e levados para a sala ao lado — disse ela.

— Tudo bem. Quando a Vera me ligou falando que o meu primo estava de volta, eu pedi para fazer isso.

Regina falou mais alguma coisa, no entanto Beto estava perdido no rosto da moça, enfeitiçado por sua beleza. Para Beto, ela era atraente e muito diferente daquelas com quem já havia se envolvido. E o jeito tímido, contido e também prestativo, atraiu ainda mais o jovem boêmio. Pensava numa forma de chegar à moça. Não queria agir como costumava fazer para seduzir as mulheres. Não que ele não conseguisse, mas percebeu que com ela seria diferente.

Beto saiu pensando como conquistá-la.

Regina ficou sozinha na sala. Já havia espanado o pó, varrido o chão, passado uma mão de pano úmido; restava mais uma passada, e pronto. Enquanto terminava a tarefa, o telefone tocou:

— Alô?

— Alô, com quem falo?

— Regina — respondeu a moça, já abrindo um sorriso.

— Não acredito. Danilo?

— Danilo? Não, moça...

— Desculpe-me, achei que fosse um conhecido.

— Então é isso que sou para você? Um conhecido?! — perguntou Danilo, rindo.

— Danilo! Seu engraçadinho — respondeu se desmanchando.

— Não aguentei de saudade. Esperar até o fim da tarde é um infinito.

— Como conseguiu o telefone daqui?

— Do mercado? É fácil — fez uma pausa. — Precisava ouvi-la.

— Também gosto de ouvir a sua voz, muito, só que não posso falar. Estou no trabalho. Se me pegam...

— Se pegam você, o que acontece?

— Imagina só? O que acha? Sou empregada. Estou agora limpando a sala do chefe, do dono do mercado. Parece que chegou de viagem e vem mais tarde assumir a empresa.

— Você o conhece? — perguntou Danilo segurando o riso. — Deve ser um velho.

— Não o conheço. Tenho pouco tempo aqui. Dias, na verdade. Ele se retirou alguns dias para resolver assuntos particulares.

— Legal, ele?

— Não sei. Não lhe disse? Bom, dizem que é. A Vera, que trabalha aqui, parece gostar dele. É esse homem na terra e Deus no céu.

Pausa.

— Danilo? Alô...

— Eu a amo. Já lhe disse isso?

Silêncio.

— Regina?

— Eu, eu adorei ouvir isso — revelou numa voz emocionada.

Danilo começou a rir.

— Você está rindo de mim? — perguntou brava.

— Não! De jeito nenhum. Estou rindo de como a vida é engraçada. Como a gente se pega em algumas situações. Eu preciso lhe dizer algo que você não vai acreditar...

— Danilo, eu quero muito saber, mas me conta mais tarde. Desculpe-me, querido, vou ter que desligar. Vem subindo gente. Estou vendo pela movimentação. E cuidado, não ligue mais aqui...

— Por quê? Não gostou da surpresa?

— Seu bobo, adorei! Só que a Vera, a minha chefe, pode não gostar. Eu preciso do emprego. Você não sabe como foi difícil encontrar este.

— Preciso lhe dizer algo...

— Depois, beijos — desligou o telefone ao ver Vera e Suzana chegando ao escritório.

Em questão de segundos, o telefone tocou novamente. O coração de Regina disparou ao imaginar que Danilo voltasse a ligar. Vera correu a atender e logo identificou ser o chefe; depois, Suzana, que estava ao lado, praticamente tomou o telefone das mãos de Vera e falou, enquanto fazia sinal para Vera e Regina saírem da sala:

— Meu primo! Conte-me tudo. Como foi a viagem? Por que não me ligou? Hoje à noite você vai jantar com a gente.

— Não poderei. Tenho compromisso — despistou rindo.

Danilo, frustrado, pois não foi Regina quem atendeu, como da primeira vez, respirou fundo e fez um resumo dos últimos dias para a prima.

Capítulo 10

Depois da ligação de Danilo, Regina contou as horas para revê-lo no local combinado. No entanto, para sua surpresa, assim que deu dois passos fora do mercado, foi surpreendida por Danilo à sua frente.

— Não aguentei esperar do outro lado da rua... — não prosseguiu porque, por impulso, seus braços envolveram a cintura da moça e os lábios deles se tocaram.

Seguiram depois de alguns minutos a um restaurante indicado por Danilo. Lá, acomodaram-se numa mesa coberta por uma toalha branca, onde havia pratos, talheres e rosas; outros ingredientes tornavam o ambiente ainda mais romântico. Regina se preocupou com a sofisticação do lugar, mas Danilo, fitando os olhos da moça, com um sorriso instalado no rosto, tentou tranquilizá-la.

Uma hora se passou sem que percebessem. Conversaram, riram, trocaram carícias, olhares, falaram de suas vidas, sonhos. Danilo, ainda não acreditando tê-la encontrado, não revelou ser o dono do mercado.

Levou-a para o seu apartamento e os beijos iniciaram a noite de amor que tiveram. Acabaram adormecendo, e, algumas horas depois, Regina despertou assustada. O relógio registrava onze e quarenta e cinco. Levantou-se apressada, envolvida num lençol, procurando suas roupas.

— O que houve, Regina?

— Está tarde. Preciso ir embora. Não avisei minha tia que iria demorar. Ela deve estar preocupada.

— Você não costuma chegar tarde, devido às aulas?

— Hoje não tem aula e, se tivesse, já estaria em casa nesse horário.

— Não se preocupe, minha querida. Vou levá-la em casa.

— Você não conhece dona Caetana. Ela...

— Posso conhecê-la hoje — sugeriu Danilo, rindo. — Será um prazer — e tornou a abraçá-la.

Caetana, logo que terminou a novela, estranhou a demora da sobrinha. Não tardou e correu a acordar a casa toda, inclusive Luís, que foi obrigado a ir à escola, acompanhado de Gustavo. Ao chegarem, observaram um cartaz afixado no portão:

"Hoje não haverá aula. Reunião dos professores."

— Meu Deus, o que será que houve? — perguntou Luís ao filho, logo que leu a mensagem.

— Deve ter ido se encontrar com alguma amiga do trabalho ou da escola.

— E não avisou?!

— Talvez não quisesse ligar por saber como é a mãe. Não quis chateá-la.

— Caetana já está chateada. Ou como pensa que ela está se sentindo?

Luís ainda percorreu as ruas próximas à escola, ponto de ônibus, enfim, todos os lugares que a sobrinha tinha por hábito frequentar. Era tarde, poucos estabelecimentos comerciais abertos, alguns carros, a circulação de ônibus reduzida.

Luís voltou para casa uns quarenta minutos depois, junto com o filho e sem novidades da moça. Os dois encontraram Caetana e Ana junto ao portão. A primeira com o humor alterado, cigarro entre os dedos.

— Essa menina está me enlouquecendo, Luís. Me fez voltar ao vício do cigarro. Isso é que dá abrir as portas para parentes. Sabia que podia acontecer...

— Calma, mãe — Gustavo abraçou Caetana na intenção de fazer carinho. — Pode ser que teve que ficar até tarde, o ônibus quebrou...

Caetana desfez o abraço, empurrou o filho e esbravejou:

— Calma? Você me pede calma? Essa menina some, e sabe lá Deus onde se meteu. Ela faz isso para me provocar. Depois, tudo o que você cogitou seria muita tragédia para uma noite só. Luís, vamos ligar para a polícia, procurar nos hospitais. Não estou bem.

Caetana correu para dentro da casa. Os filhos ameaçaram acompanhá-la, mas Luís não deixou.

— Vamos deixá-la sozinha. Qualquer coisa que a gente falar para ela agora não vai ser bom.

Caetana foi ao armário de Regina certificar-se de que suas roupas estavam no guarda-roupa. Por um momento pensou que a moça tivesse ido embora. Passou também pela sua cabeça que a sobrinha tivesse conseguido contato com Ivo e, caso ele houvesse contado do dinheiro que Caetana havia pegado dele e relatado os planos dela para separá-los, estivesse agora disposta a se vingar, com o propósito de vê-la sofrendo.

Entre esses e outros pensamentos, Caetana aparentava estar muito confusa, tanto que telefonou para Ivo, sem se preocupar com o horário. Ligou usando o número que ele havia pedido que entregasse a Regina, no intuito de um contato, o que Caetana não fizera. Esse número era da vizinha de Ivo. Pouco tempo depois de pedir para chamá-lo, Ivo atendeu; ele estava cansado, assustado por receber aquele telefonema, tarde da noite, de São Paulo. Preocupou-se com Regina de imediato, e o seu coração acelerou. Caetana, prontamente, sem qualquer cumprimento, anunciou que ele era o culpado pelo desaparecimento de Regina.

— O que está falando, Caetana? A Regina desapareceu?

— Sim, deve estar com você. Saiu de casa como uma ladra, sem se despedir.

— Não! Eu não falo com a Regina desde quando ela saiu daqui — respirou fundo, com dificuldade — e sei de tudo o que vem aprontando. Sei que você me impede de vê-la, que não deu a ela o dinheiro que mandei.

— Não sei do que está falando — assustada, tentou se defender.

— Sabe, sim, Caetana, e como sabe. E não vai ficar assim. Estou indo a São Paulo. Vou tratar disso pessoalmente.

Percebendo ter sido descoberta, Caetana fez uma pausa, depois voltou com uma voz infantil:

— Se você a encontrar viva...

— O que está dizendo?

— Ela não está aqui em casa, sumiu e, se não está com você, eu já não sei o que pensar.

— O que está havendo? Não me esconda nada.

Caetana, sem se despedir, ao ver o marido e os filhos entrarem na sala, desligou.

— Quem era? — perguntou Luís, certo de uma boa notícia.

— Ninguém. Trote. Essa hora da noite, imagine você...

Passados cinco minutos, a família estava toda reunida na sala, imaginando o que teria acontecido à moça, quando Danilo estacionou o veículo no meio-fio. Regina desceu apressada. Trocaram beijos, meia dúzia de palavras afetuosas, deixaram registrado o amor de um pelo outro e, finalmente, despediram-se.

Regina entrou em casa toda sorridente, o que durou pouco tempo, pois Caetana tratou de ir buscá-la na porta logo que entrou, e, puxando-a pelo braço com força, disparou:

— Onde estava, menina? Viu que horas são agora?

— Tia, eu ia ligar...

— Mas não ligou. Estávamos todos preocupados. Prepare-se para uma boa desculpa, porque não houve aula.

— Estava com o Danilo. Lembra-se do rapaz que encontrei na rodoviária? — explicou claramente. — Lembra-se dele?

Caetana lembrava, assim como da noite em que queimou o papel com os dados do rapaz.

— Como?! — questionou Caetana num grito.

— Eu o reencontrei na rua, perto do trabalho...

— Luís! Você está ouvindo? Está se encontrando com um homem até tarde da noite, deixando a família preocupada. Isso que dá abrir as portas da nossa casa para parentes. Uma menina sem juízo — antes de Luís se manifestar, Caetana declarou em alto e bom tom, dirigindo-se a Regina: — Você não mora mais nesta casa. Pode arrumar suas coisas e rua!

Após expulsá-la, saiu pelas escadas acima, levando Ana. Gustavo correu a abraçar a prima. Luís aproximou-se da sobrinha, que, desnorteada, ficou sem saber o que fazer, e advertiu:

— Não acho que você agiu certo. Também não considero certo o que Caetana fez. Vá dormir. Amanhã será outro dia.

Menininha estava muito feliz com os últimos acontecimentos e estava exultante quando encontrou Felipe:

— Regina encontrou o amor de sua vida, o dono do mercado, e vão se casar com certeza. Gustavo contou a Ivo as armações de Caetana. Pronto! Tudo resolvido. Ivo vai para São Paulo esclarecer tudo.

— Não é o momento ainda.

Felipe fez um sinal para Menininha. Ela acompanhou a mão dele e notou um espelho ao seu lado. Num primeiro momento, viu sua imagem refletida no espelho e, em seguida, o seu rosto foi sumindo e uma cena tomou vida.

— O que é isso? — indagou Menininha, assustada.

— Olhe.

Menininha fixou atenção no espelho, onde foi refletida a casa de Caetana, exatamente no momento em que Regina estava sendo expulsa.

— Não pode ser. O que houve? Como aconteceu isso?

— Veja o que está para acontecer — ressaltou Felipe, esticando a mão na direção de Menininha. — Vem comigo. Vamos até o Ivo. Ele vai precisar da gente.

Ivo ficou alguns segundos com o aparelho do telefone suspenso depois que Caetana finalizou a ligação. Ficou perplexo com a frieza e arrogância da prima. Saiu cambaleando, agradecendo e se desculpando à dona da casa.

Ao entrar em casa, encostou o corpo trêmulo na porta e soltou um grito; no mesmo instante levou a mão ao peito. Pouco depois estava no chão, morto.

— Menininha, é você? — Ivo perguntou no momento em que o seu espírito desprendeu-se do corpo físico que permanecia esticado, inerte no chão.

Menininha, sentindo um misto de emoção e medo, ficou sem reação. Felipe a conduziu.

— Vá até ele, Menininha. Estenda a mão a seu primo — sugeriu o rapaz. — Ajude-o a se levantar.

Ivo levantou-se como se já entendesse o que estava acontecendo. Recebeu a mão e em seguida um abraço de Menininha. Emocionado, ele não olhou para trás e, apoiado por Felipe e Menininha, seguiu num feixe de luz até desaparecerem completamente do ambiente.

Na manhã seguinte, quando Gildo chegou com o carro novo, Caetana já o esperava no portão. O moço chegou todo desajeitado, ajustando os óculos de lentes grossas no rosto suado. O combinado era sete e meia da manhã, e o rapaz chegou alguns minutos atrasado, mas isso não tirou o bom humor de Caetana.

A mulher saltou em frente do carro como uma criança diante da primeira bicicleta. Tirou de uma sacola que estava encostada no muro um pedaço grande de uma fita vermelha e praticamente obrigou Gildo a ajudá-la a envolver o carro. Quando estava pronto para presente, Caetana entrou na casa chamando o filho e o marido para que fossem até a rua. Ana já havia acordado com o barulho da mãe e do vendedor. No corredor, bateu na porta do quarto de Regina.

A moça acordou surpresa. Dormira poucas horas, já que, depois das palavras da tia no dia anterior, sentia-se sem rumo; chorou muito tempo, pensando no que faria da vida. Havia planejado acordar cedo e aprontar as malas para partir. Não deixaria de se despedir da família. Pensava em agradecer e se desculpar. No entanto, ao abrir a porta do quarto, deu de cara com a tia sorrindo, como se tivesse esquecido o ocorrido na noite anterior.

— Vem, Regina — convidou-a, pegando a sobrinha pelo braço. — Venha ver a surpresa que fiz para o Gustavo.

Minutos depois todos estavam na calçada. Gustavo ao lado de Luís, sem reação, assustado ao ver o veículo; Regina ainda atordoada com a situação, enquanto Caetana e Ana, rindo, entravam e saíam do carro. Parecia que estavam num parque de diversão.

Gildo, o vendedor, suava em bicas, e por isso passava a gravata pela testa e papada. Não ficou muito tempo vendo o espetáculo, porque, além de estar atrasado para o trabalho, percebeu algumas abelhas à sua volta e, por ser alérgico e ter sido até internado por causa de uma picada, o moço tinha os ouvidos apurados a qualquer zumbido estranho. Saiu quase correndo, não só para se livrar das abelhas, a que era alérgico, mas também para se livrar de Caetana.

— Gustavo, parece que ficou chumbado no chão. Não se mexe? Pegue a chave, vamos dar uma volta.

O rapaz tremia. A única reação que teve foi a de sair correndo para o seu quarto.

Luís impediu que Caetana fosse atrás dele e tentou justificar:

— Deve ter ficado emocionado. Me dá a chave que coloco ele para dentro.

— Que forma de agradecimento pelo presente! — reclamou Caetana.

— É verdade. Bem lembrado. Que presente é esse fora de época?

— De umas economias minhas. Resolvi presentear o meu filho. Tirou carta. Nada demais que um menino da idade dele tenha um carro, já que o pai não dá. E por que pergunta? Não posso? Eu trabalho, esqueceu? — depois se aproximou de Regina e deu-lhe um abraço. — Não é lindo esse carro, Regina?

A moça e o tio trocaram olhares, como se não estivessem entendendo nada.

Regina chegou atrasada ao trabalho naquele dia, ainda que tivesse se servido da carona de seu tio. No mercado, apressou-se em colocar o uniforme e assumir o seu posto: reposição de mercadorias nas prateleiras.

Vera, que tinha por hábito chegar cedo ao mercado, pôde então ver a moça chegar esbaforida e não a poupou, observando:

— Atrasada, mocinha... — foi o cumprimento hostil que fez. — Não é a primeira vez. Poucos dias de trabalho e já está assim. Será descontada, sabe disso? Hoje tudo se resolve. Com a volta do dono Suzana não manda nada no mercado e, sinceramente, por mim você nem teria entrado aqui. Não tem o perfil, querida.

— Desculpe-me, eu tive problemas em casa.

— Não tenho interesse em saber. Recebe pelo seu trabalho. Hoje atrasos, amanhã faltas e por aí vai. Isso não vai agradar o dono — Vera advertiu-a e saiu pisando duro em direção ao escritório.

Regina se segurou para não chorar. O único fato bom ocorrido em sua vida, que a fez ter esperança, foi o reencontro com Danilo. Chegou a sentir um aperto no peito em pensar o quanto o amava. Pôde, de onde estava, na organização e marcação das latarias, ver Beto subir em direção ao escritório. Uma colega do mercado não deixou de comentar:

— Hoje vai ser essa correria o dia inteiro. O homem está de volta. Viu só? A dona Vera já subiu, agora o Beto apareceu todo apressado.

Regina não estendeu o assunto. Sabia que estava sendo vista de algum lugar por Vera e não queria dar motivos para uma demissão precoce, por isso sorriu para a outra, balbuciou duas ou três palavras em concordância com os comentários e correu para as suas tarefas.

Não tardou e Regina viu Danilo entrar apressado pelo mercado. Andava rápido e tomou o sentido das escadas, para surpresa de Regina que estava num dos corredores trabalhando.

— Danilo? — sussurrou. — O que faz aqui? Meu Deus, ele está indo para o escritório! Agora eu vou ser mandada embora, mesmo. O que eu faço?

Por impulso, Regina se livrou dos patins que havia posto minutos antes para auxiliar as operadoras de caixa e seguiu os passos de Danilo. Subiu as escadas correndo e, quando chegou à porta, ouviu a voz de Danilo. A moça nem se preocupou em escutar o que ele dizia, abriu a porta rapidamente. Lá estava Danilo sentado numa cadeira atrás de uma mesa. Beto ocupava uma cadeira à sua frente e Vera vinha em direção dos dois com água e café.

Vera se apressou diante da paralisação de Regina.

— O que foi, menina? Não vê que estamos em reunião? Isso é jeito de entrar na sala? Espero que tenha um motivo plausível para esse comportamento.

Danilo abriu um sorriso para Regina, que o olhava sem entender o que estava acontecendo. O rapaz levantou-se, foi em sua direção, dizendo em seguida:

— Que bom que veio até aqui! — beijou o seu rosto e, para surpresa dos demais, completou: — Como os senhores vêm tratando minha namorada?

— Como? — Beto perguntou rindo, querendo entender a brincadeira.

— O quê? — Vera não falou mais nada, mesmo porque não conseguia.

— Minha namorada. Regina e eu estamos namorando.

Um dos copos que estava nas mãos de Vera caiu no chão.

Menininha ficou toda eufórica com a chegada de Ivo. Agora, no mundo astral, sentiu pela primeira vez a alegria de receber alguém querido que acabara de deixar o planeta. Pôde senti-lo, ainda que em silêncio.

— E agora? Me diz, Felipe!

— Controle sua ansiedade. É a primeira coisa que deve fazer. Vai suceder com ele o mesmo que ocorreu com você. Ficará naquela colônia que acolhe recém-desencarnados em tratamento, até compreender seu novo estado.

— Quero estar com ele quando isso acontecer.

— Não será possível. Não tem preparo ainda. Depois, como já lhe avisei, tudo tem o seu tempo. Ele atingiu os propósitos de sua alma antes de voltar para essa jornada na Terra.

— Ele sempre foi justo, jamais deixaria de cumprir algo.

— Nem todos conseguem ir pelo caminho que traçaram antes de reencarnar. Vários caminhos surgem, muitos atalhos. O homem tem o livre-arbítrio. E as decisões nem sempre são fáceis. Ivo, numa vida anterior a esta, era um rapaz casado que descobriu o amor nos braços de outra mulher. Cego pela paixão, desprezou esposa, filhos, nora, enfim, a família toda. Ivo quis viver aquele amor. Foi a sua escolha.

— Por isso não teve filhos nessa encarnação?

— Exatamente, embora haja muitas outras coisas envolvidas. Ele optou pela solidão. O espírito dele precisou do silêncio para refletir, para ficar consciente de algumas posturas e condicionamentos que impediam o seu progresso. Casou-se, mas não teve filhos; ficou viúvo cedo, não teve uma companheira para confortá-lo. Nunca reclamou do amargo que provou na vida. Teve humildade e sabedoria para transformar todos os momentos difíceis em aprendizado e conseguiu conquistar a paz.

— Como me arrependo de não ter sido mais próxima dele. Ivo foi sempre tão generoso comigo e com Regina. A casa onde morávamos era dele, e ele nunca nos cobrou dinheiro algum por todos anos os anos que ficamos lá. Era um pai para Regina.

— Tanto que a mandou para São Paulo, deu dinheiro e toda a proteção que entendia poder dar — fez uma pausa e, num sorriso sentido, completou: — A dívida dele com vocês duas foi muito grande.

Menininha ficou ainda mais curiosa, mas não conseguiu extrair mais nada de Felipe.

— Você verá, na hora certa, quando estiver mais preparada, o que ocorreu. Por enquanto é só o que posso adiantar.

Capítulo 11

Gustavo alegou indisposição à mãe para justificar por que não iria usufruir do presente que havia ganhado. Caetana não se convenceu, concluindo que o rapaz estava com medo de dirigir, e a briga foi certa. O moço pela primeira vez a enfrentou, manifestou o que queria e o que pensava:

— Não quero dirigir, não quero fazer direito, quero cursar medicina, ser médico. Por que não me entende?

— Ser médico? Um absurdo. Não bastou tudo o que já lhe contei da profissão? Esqueceu que trabalho num hospital há muitos anos e sei o que é viver num lugar daqueles, vendo pessoas sofrendo, chorando, morrendo, acompanhando o pior momento de suas vidas?

— Não interessa o que a senhora relata. É o que eu gosto, o que penso para mim. Minha vocação.

— Vocação?! Vai viver dos sofrimentos alheios? Vai encher a barriga com a dor dos outros? Ver a vida escapar pelas suas mãos e não ser capaz de fazer nada, confirmar-se um impotente?

— Não penso assim. Vejo a possibilidade de salvar vidas, amenizar sofrimentos, poupar lágrimas. É o que sempre quis para minha vida. Fico alegre quando penso na possibilidade de exercer a medicina — desabafou, com lágrimas nos olhos.

— Você é muito jovem ainda para saber o que a vida tem a oferecer, Gustavo. Se falo, é para o seu bem, é para que você caminhe por um lugar macio, menos dolorido para os seus pés e olhos. Para quê? Quer ser médico em posto de saúde? E correr de um hospital para o outro para complementar o orçamento e ainda de ônibus? Você se recusa a dirigir.

— Mãe, você não se preocupa se sou feliz em realizar os seus sonhos? Pois eu lhe respondo que não sou. Esses sonhos são seus, não meus. Não tenho vontade nem quero fazer o curso de advocacia, assim como também não tenho interesse em dirigir. Espero que tenha entendido.

O rapaz esbravejou e girou em sentido à escada. Foi para o quarto.

Caetana ficou perplexa e, mais do que isso, possessa. Correu para o telefone e ligou para uma amiga que era enfermeira do hospital.

— Cleusa? Oi, sou eu, Caetana. Como faço para marcar uma consulta com aquela mulher que você comentou? Preciso saber o que está acontecendo com o meu filho. Não acredito nessas coisas, mas acho que ele está com um encosto.

Regina sentiu o abraço de Danilo, mas ainda não entendia o que estava acontecendo. Então o rapaz resumiu rapidamente:

— Meu amor, foi tudo uma coincidência. Nós nos conhecemos na rodoviária quando eu ia participar de uma reunião de negócios. Estava sem carro e viajaria algumas horas de ônibus. Foi o destino que nos colocou frente a frente. Depois me ausentei para levar as cinzas de meu avô para o lugar que ele desejava, e foi quando você veio trabalhar aqui. No dia que estava voltando, na calçada do mercado, eu tive a felicidade de reencontrá-la.

— Por isso me ligou! Sabia o telefone!

— Sim. Queria lhe dizer o que estava acontecendo, mas você desligou com receio — esclareceu.

Enquanto isso, Vera, sentada, não pronunciava uma palavra. Seu rosto se revestia de perplexidade. Ainda estava sem reação.

Danilo prosseguiu:

— Vamos, Vera, pegue mais café — e, dirigindo-se para Regina: — Precisamos comemorar esse reencontro. É festa! Quero que me perdoe, pois não tive coragem de contar tudo isso na nossa noite de ontem. Não achei apropriado — finalizou rindo ao abraçar Regina, que, sem jeito, retribuiu o gesto.

— Então são namorados? — perguntou Beto sem conseguir esboçar um sorriso que seria oportuno para a cena.

— Sim. Não ouviu, meu primo? — e, explicando à namorada: — Não esquente, Regina, é bom ir se acostumando com o Beto; ele é todo avesso a alguns assuntos.

Vera tremia ao servir Regina, fuzilando-a com os olhos, enquanto a moça agradecia o café. Beto, da sua cadeira, pôde ver o sentimento de rejeição estampado no rosto de Vera.

Minutos mais tarde, Danilo se inteirou dos afazeres de Regina e atribuiu a ela o cargo de sua secretária, responsável em assessorá-lo no escritório. Danilo também ofereceu uma sala para Beto e ficou surpreso com a sua aceitação. Havia muito tempo tinha pensado em algo para o primo, mas sabia das suas preferências, da sua disposição total à boemia. Agora Danilo o percebeu diferente, com ar sério, e concluiu que Suzana estava certa: o trabalho foi capaz de mudá-lo. O que na verdade o jovem empresário não sabia era que o motivo da mudança de comportamento do rapaz tinha outro nome e estava ali, naquela sala, naquele momento: Regina.

Danilo estava tão feliz que saiu puxando Regina, deixando Beto e Vera em sua sala. Informou-os:

— Vamos ao café aqui do lado. Não vamos demorar — já estava na escada quando voltou e perguntou para Vera: — Desculpe-me, não se importa se eu pegar a sua funcionária por alguns minutos, não é?

Vera deu um sorriso murcho e depois viu lá do alto, através do vidro, para aflição de seu coração, Danilo de braços dados com Regina saindo do mercado.

Beto aproximou-se de Vera e, um passo atrás da mulher, perguntou:

— Não gostou, né? Pode ser sincera. Adianto que não me agradou nada essa notícia.

Vera virou-se para Beto com ar sério.

— Eu vi como olhou para os dois — observou o jovem. — Foram com os mesmos olhos que os meus, de tristeza.

— Você gosta da Regina?

— Não acha que estou aqui por sua causa, acha? — abriu um sorriso. — Sei do seu interesse pelo meu primo. Eu já amei e sei identificar olhos que refletem a pessoa amada. O seu não fugiu à regra.

— Eu amo o Danilo — confessou Vera, confiando em Beto. Depois de uns segundos de silêncio, falou: — Ouviu o que Danilo insinuou? "Na nossa noite de ontem". A gente não pode deixar isso acontecer. Acho que nós podemos ser aliados, afinal temos objetivos em comum.

Beto abriu um sorriso.

Em um canto da sala estavam Felipe e Menininha.

— Esse é um exemplo da utilização do livre-arbítrio — explicou Felipe. — Eles, que são espíritos frágeis, presos ainda na ilusão do mundo, acabam estacionando com esses comportamentos. Espíritos menos esclarecidos se apossam e envolvem esses encarnados, fazendo-os sentirem somente o prazer, sem se preocupar com as consequências de suas ações. Eles vão se unir — concluiu.

Quando Danilo ainda estava ausente no mercado, Suzana marcava presença todas as manhãs. Maurício, paciente, não deixou de auxiliar a esposa nessa tarefa. Todos os dias, logo pela manhã, o rapaz acordava Suzana e, depois do café da manhã, ele a deixava no mercado; algumas vezes entrava e, minutos depois, seguia seu rumo.

— Suzana, vamos, estamos atrasados — disse Maurício.

— Meu amor, desculpe-me, não avisei. Com o retorno do Danilo, eu tenho de voltar à minha vida. Nem acredito — admitiu, sorrindo, vestida numa camisola longa, transparente.

— Pensei que quisesse ir — disse numa voz nitidamente decepcionada.

— Não! Essas semanas já foram de bom tamanho — abraçou o marido, beijou-o de leve nos lábios e depois prosseguiu: — Falei ontem à noite com o Danilo. Ele comentou que vai oferecer uma vaga para o Beto, depois de ver o interesse dele pelo negócio. Achei ótimo!

— Vamos ver até quando o Beto vai gostar dessa brincadeira. Não demora e ele resolve trocar o dia pela noite, e adeus cargo.

Os dois trocaram ainda mais algumas palavras e Maurício pediu a Suzana que apanhasse um papel que havia esquecido no quarto. O homem aproveitou que estava sozinho e apressou-se em usar o telefone, sempre preocupado, com os olhos voltados para o corredor.

Suzana retornou mais rápido do que imaginava:

— Com quem está falando?

Maurício descansou o aparelho sobre a mesinha e abriu um sorriso, procurando disfarçar.

— Tentava encontrar um cliente, mas ele não estava. Como você não vai ao mercado, então vou mudar meu roteiro. Querida, vou indo porque já estou atrasado — puxou o papel da mão de Suzana sem olhar e acrescentou: — Obrigado.

— Podíamos almoçar.

— Não vai dar. Tenho um almoço de negócios com aquela empresa que mencionei ontem. A carteira deles é muito atraente — justificou, dessa vez convincente.

Para Suzana, o marido sempre era convincente.

— Tudo bem. Vou agora pela manhã ao terreno, onde era a casa de meus avós. Agendei com uma casa de caridade para doar alguns móveis.

— Nossa, há quanto tempo está para fazer isso?

— Nem me fale! — sorriu. — Danilo pensa que está vazia, pronta para ser demolida. Tenho que aprontar isso logo.

Despediram-se. Maurício, muito apressado, não quis nem esperar o elevador e correu pelas escadas. Suzana, sentindo-se a mulher mais feliz do mundo, separou algumas peças de roupa que usaria naquele dia e foi para o banho.

Danilo era justo, sério, sem muito contato com os funcionários. O jovem empresário deixou isso bem claro para Regina enquanto saboreavam um café em frente ao mercado.

Em meio à conversa, Regina o questionou:

— Por que não me contou ontem à noite quem você era? Quis brincar comigo, achou divertido me ver sendo enganada?

— Não! De jeito nenhum — respondeu Danilo acariciando o rosto da jovem. — Tive medo da sua reação, de você me rejeitar. Estava tudo tão bonito, perfeito: tê-la comigo, sentindo seus beijos. Fiquei, sinceramente, com receio de perder esse instante.

Regina sorriu, convencida daquele amor, e fechou os olhos; Danilo aproximou-se de seus lábios e roubou-lhe um beijo.

— Vamos combinar uma coisa — sugeriu Regina.

— Lógico! O quê?

— Nada de mentiras.

— Sim, concordo com você. Nada mais justo.

Desta vez foi Regina quem o beijou.

Já de volta ao mercado, quando atravessavam a rua, Danilo viu o carro de Maurício passar lentamente. Chegou a acenar para o marido da prima, mas não foi visto.

— Estranho. Pensei que iria parar para a gente conversar. Queria apresentá-la para ele.

— Deve estar com pressa — defendeu-o Regina.

— É verdade. Pode ser — concluiu, pensativo.

Depois que Caetana adquiriu o carro novo, passou a ser de Luís a função de cuidar dele. Chegava muitas vezes cansado, mas ainda assim, para amenizar a irritação da esposa, ligava o veículo, lavava, abastecia e calibrava. Quando via Gustavo sem fazer nada, ensinava o jovem a tratar do veículo. Colocava-se à disposição para ensiná-lo a guiar, mas não obteve muito sucesso. O rapaz até arriscava uma partida, uma ré; porém, quando falava de dirigir na rua, a situação era outra.

Caetana, de longe, muitas vezes presenciava o rapaz rondando o carro, a princípio meio distante; mas depois, com um pouco mais de intimidade, passava a mão, arriscava a sentar-se no banco, brincava com as marchas, e nada mais. As partidas no veículo ocorriam somente quando Luís estava próximo.

Ela sentia essa atitude como um progresso enorme. Sabia o quanto Gustavo rejeitava a ideia de guiar um carro, mas também não perdia as esperanças. Em um desses dias, observando Gustavo dar partida no carro, incentivado por Luís, da janela do seu quarto, do alto do sobrado, Caetana correu ao telefone e ligou para a amiga:

— Então, Cleusa, já marcou com a mulher?

— Boa tarde, Caetana. Uma ótima tarde para você também — cumprimentou-a do outro lado da linha, com numa voz sonolenta, demonstrando nitidamente que havia sido acordada pelo barulho do telefone.

— Dormindo, Cleusa?!

— É minha folga, posso? — ironizou a outra. — Trabalhei a noite toda.

— Liguei só para saber se marcou com aquela mulher. Preciso consultá-la. O meu filho deve ter algo...

— Não marquei — interrompeu numa fala atrapalhada, bocejando. — Acho que só no mês que vem.

— Como?!

— A mulher é boa, não lhe disse? Procurada demais.

— Então marca logo! Agora tchau. Vai dormir que sua voz está péssima — assim despediu-se e desligou o telefone. Depois murmurou: — Que lerda! Odeio gente lerda.

Depois da conversa que ouviram entre Vera e Beto no escritório, ficou claro para Felipe e Menininha que os dois se uniriam para prejudicar o amor de Regina com o dono do mercado.

Os dias passavam. Vera observava de longe, sem ser notada, o quanto Danilo era severo na administração do seu negócio e a maneira carinhosa como tratava Regina. Vez ou outra Vera se surpreendia ao ver Danilo beijando o rosto da moça, e isso a deixava com ciúmes.

— Já pensou quando se casarem? — provocou Beto que via nitidamente a fúria de Vera. — É capaz de a Regina se tornar sua chefe. Vejo você operando caixa, Vera — ironizou o rapaz. — Ou, quem sabe, ocupada com a tarefa de repor as latarias nas prateleiras, e de patins.

Beto, atento à movimentação do mercado, e também cada vez mais seduzido pela ideia de ter Regina em seus braços, esperava ansioso o momento propício para dar o bote. Todos o elogiavam. Ressaltavam como gostavam de vê-lo mais sério, dedicado ao trabalho. Suzana e Danilo estavam orgulhosos de Beto, afinal não esperavam que ele se entenderia com algum ofício. No mercado vinha demonstrando qualidades, no entanto não sabiam de seu propósito.

Num determinado dia, Danilo, numa reunião, encarregou Regina de um encontro com os fornecedores, os principais. Ao ouvirem isso, Beto olhou para Vera e, como se estivessem sintonizados, esboçaram um sorriso vil. Viram ali o momento de tirar Regina de Danilo.

Vera ofereceu ajuda a Regina quando a viu sozinha. Apresentou a pasta com a relação de contatos com os quais, naquela mesma tarde, a namorada do dono havia se comunicado.

Beto não deixou de questionar sua aliada a respeito do que ela estava fazendo. A mulher respondeu, certa do sucesso:

— Não se preocupe. Tudo vai dar certo. O meu plano vai funcionar — sorriu e não adiantou mais nada para o parceiro.

Reunião marcada e realizada conforme agendamento de Regina. A moça teve todo o cuidado de ligar e confirmar todos os contatos. Datilografou, nome por nome, todos os participantes para o almoço.

Danilo chegou nervoso após o encontro. Convocou uma reunião em sua sala assim que colocou os pés no mercado.

— Eu pedi uma reunião de dez fornecedores. Os principais. E, para minha surpresa, deparei-me com dois sujeitos que eu não tinha intenção de ver nunca mais na minha vida...

Danilo prosseguiu por mais alguns minutos, alterado. Beto, juntamente com Regina, assistia a tudo receoso. Vera disfarçava o riso. Comemorava por dentro o êxito de seus planos.

— Sabe quem estava lá, Vera? — perguntou Danilo, que apressado soltou: — O Vieira e o Teles.

— Carlos Teles, o fornecedor? — indagou Vera, forçando surpresa.

— Isso mesmo.

— Não acredito!

— Pois acredite. Eles tiraram proveito dos negócios que faziam. Notas fiscais irregulares, parcerias com funcionários do mercado e outras falcatruas. Detesto esse tipo de situação, acordos ilícitos com funcionários... — explodiu. — Onde conseguiu os nomes deles, Regina? Eu já havia pedido que os nomes deles fossem excluídos dos nossos contatos.

Vera percebeu a insegurança de Regina e se adiantou:

— Eu deveria ter orientado. A culpa pode ter sido minha.

— Isso não justifica. Regina deveria ter se inteirado dos nossos principais fornecedores...

— Obrigada, Vera, mas eu deveria ter perguntado para você. Julguei-me capaz de resolver tudo sozinha e deu no que deu — considerou Regina visivelmente sentida.

Danilo retomou a palavra e, depois de desabafar, já cansado, fez uma pausa, caminhou até Regina e deu um abraço na moça.

— Desculpe-me, minha querida. Esse momento de fúria não se deve a você. É que esses caras me tiram do sério. Tive que forçar um encontro com eles que não queria mais.

— Tem toda razão. A culpa foi minha em não ter perguntado. Não vai se repetir.

— Bom, se me dão licença, vou indo, porque tenho umas ligações a fazer — justificou Vera, saindo da sala.

— Também vou indo. Vou me reunir com o fornecedor de carnes no centro. Vamos fechar um bom negócio — declarou Beto.

— Tudo bem, Beto — interrompeu Danilo. — Qualquer coisa, me ligue.

Vera e Beto saíram da sala deixando o casal em silêncio, abraçados.

— Esse era o seu plano, Vera? Fraco de tudo.

— Não — respondeu rindo. — Isso é só o começo. Esse episódio fez com que a confiança dele em Regina balançasse. É o que preciso para o que está por vir. A sementinha foi plantada. Aguarde. Você viu que a tolinha ainda me agradeceu?

— Ela respeita você.

— E vai continuar assim — assegurou, fugindo do rosto o sorriso que esboçava até então.

— O que vai fazer agora? O que fez só os uniu ainda mais. Nesse momento estão lá, abraçados.

— Já tenho uma ideia e vou precisar de dinheiro. Conto com você.

— Comigo?!

— É. Não quer a loira para você? Então preciso da sua ajuda.

— Lógico! Estou disposto a ajudá-la. O que pretende?

— Vou precisar contratar o serviço do meu primo. Ele é do interior e veio para São Paulo trabalhar comigo, mas não passou nos testes. Hoje ele trabalha...

— Então não vai ajudar a gente. Já trabalha, não vai...

— Vai sim. É um duro. Está noivo e não tem onde cair morto. Ganha uma miséria no trabalho que tem numa concessionária, mora num quarto e cozinha. Tenho certeza de que o meu primo vai concordar em me ajudar.

Vera correu ao telefone e, depois de consultar a agenda que levava na bolsa, discou os números e falou rapidamente, enquanto piscava para Beto:

— Boa tarde. Por favor, posso falar com o Gildo? — pausa. — Isso, ele é vendedor. Meu nome é Vera, prima dele.

Capítulo 12

Um caminhão com dois homens estava estacionado na frente da casa desocupada quando Suzana chegou. O veículo era da instituição de caridade escolhida para receber os móveis doados pelos herdeiros.

Suzana desceu do táxi toda elegante, vestido, salto alto, óculos escuros e muita simpatia. Abriu o portão e deu acesso aos rapazes para que recolhessem os móveis. A moça não entrou na casa, ficou no quintal. A emoção foi inevitável. Várias lembranças vieram à tona. Sentou-se num banco de cimento onde o avô costumava ler os jornais pela manhã e, no mesmo instante, veio a lembrança de sua infância e adolescência. Fechou os olhos e pôde recordar facilmente a voz do avô gritando com os netos, precisamente com ela e Beto, pois eles brincavam com o leão de cimento, peça que era o xodó do velho médico. Beto, nervoso, defendia-se dizendo:

— Se fosse o Danilo, o vovô nem notaria a brincadeira, mas por ser a gente...

Lembrou-se ainda da avó, vindo apressada, secando as mãos no avental, em defesa das crianças. Sempre doce, sorriso pronto, abria os braços e acolhia os três netos sem restrição.

Recordou-se da adolescência, quando a avó dava cobertura para suas saídas noturnas, juntamente com os primos, já que Afonso era severo e fazia questão de manter uma educação conservadora. Uma lágrima escorreu pelo rosto de Suzana, momento em que um sorriso surgiu em seus lábios. A saudade foi grande.

Em menos de uma hora, os rapazes retiraram os móveis da casa, exceto alguns que estavam na copa. Um deles veio se justificar:

— Dona, uns cômodos estão fechados. Não tem como entrar na copa nem numa saleta do lado — olhou para o molho de chaves. — Com as chaves que me entregou, não consigo abrir.

— Sério? Preciso tanto resolver hoje... Pensei que lá dentro os cômodos estivessem abertos.

— Quase derrubei as portas, sem sucesso.

— Lá na copa tem móveis antigos, de madeira. São muito pesados. Acho melhor marcar outro dia, com mais carregadores.

— Pelo que já pegamos, os móveis são de madeira nobre. Dá a impressão de que foram feitos de chumbo. Dá muito trabalho para recolher só em duas pessoas. Parece que são fixados no chão.

— Estranho. Não temos móveis fixados na estrutura da casa — Suzana não se sentia preparada para entrar no local, para ver se encontrava alguma chave para abrir as portas. — Tudo bem. Vamos embora agora. Ligo para a gente combinar outro dia e retirar o restante.

Suzana trancou o portão e deu uma última olhada para a casa, que ficava no alto, antes de sair.

No interior da casa, Nora afastou a cortina para ver melhor a neta. Depois de vê-la desaparecer e de o caminhão dar partida, ela foi ao encontro do marido, Afonso, que lamentava:

— Veja o que fizeram. Nora, eles levaram os nossos móveis.

— Só que não levaram todos. A cristaleira, o sofá...

— Não deixei — interrompeu rispidamente. — Não vou deixar levar minha poltrona, Nora. Não vou! — rebateu bravo. O que deu na cabeça desses meninos? Não fomos bons avós? Não fomos capazes de suprir a falta da mãe deles?

— Meu velho, já não pertencemos a este lugar — tentou argumentar.

— Lá vem você de novo com essa história — interrompeu Afonso, caminhando com dificuldade, apoiado na bengala. — Saíram de casa, não vêm nos visitar e ainda querem tirar os nossos móveis.

Nora sentiu-se impotente para ajudar o marido. Havia conseguido permissão para buscá-lo, mas não tivera sucesso. A cada dia sentia Afonso mais fincado naquela casa, apegado àqueles móveis. E esse sentimento materialista do velho médico era apoiado por espíritos obscuros que emprestavam suas forças para manterem seu apego. Os espíritos sombrios conseguiam fazer Afonso acreditar que estava vivo e disposto a lutar por seus bens materiais.

Vera chegou minutos antes ao bar onde havia combinado de se encontrar com Gildo. Ela pôde vê-lo se aproximar de onde estava sentada, através da janela empoeirada do estabelecimento. Gildo vinha andando apressado, os braços se movimentavam rapidamente e as pernas curtas pareciam fazer enroscar a calça social nas coxas, suspendendo a barra, o que evidenciava as meias brancas, destoantes do sapato social de cor preta.

— Tenho só meia hora de almoço — anunciou Gildo ao cumprimentar a prima. Na sequência, tirou os óculos e os colocou sobre a mesa do bar, usando depois a gravata para secar o suor que minava pelo rosto.

— Você não muda — concluiu Vera num tom de desprezo, entendido pelo outro como um elogio.

— Obrigado! Ninguém acredita que tenho vinte e cinco anos.

— É mesmo? — perguntou Vera rindo, considerando o primo envelhecido para a idade. — Bom, vou ser breve, não quero tomar muito o seu tempo, mas primeiro faça o seu pedido ao garçom. Eu já fiz o meu e, pode ficar tranquilo, é por minha conta.

— Sério, prima? Minha marmita, eu dei para o segurança. Minha sogra fez a comida. Uma delícia. Ela me adora, faz cada prato. É uma mãe para mim. E as tortas? Nem lhe conto.

— Vou precisar de um serviço seu — pediu rispidamente, ignorando os relatos do rapaz. — Preciso que faça algo.

Vera, pacientemente, sempre com um sorriso no rosto, explicou ao primo o que queria. Fez algumas pausas e gargalhou ao vê-lo tirar do bolso um frasco e espirrar no ar, explicando:

— É a minha alergia a insetos. Não posso ouvir um barulho estranho que penso ser de abelhas. Da última vez em que fui picado, eu quase morri. Fui hospitalizado.

A prima do rapaz sabia de seu medo declarado por insetos. Já não dando importância para as manias do moço, Vera prosseguiu com o pedido e os argumentos. O jovem noivo, enfurecido, explodiu com a investida da moça, irritado:

— Você está louca?! Quer que faça isso? Nunca.

— Não é de graça. Vai ser bem remunerado.

— Você quer que eu pratique um assalto?!

— Não é bem isso. Você vai me fazer um favor e serei generosa ao retribuir.

— De jeito nenhum — retorquiu, levantando-se da cadeira, no instante em que o seu prato chegava à mesa. — Nunca me sujei por dinheiro. Sou honesto.

— A quantia é boa — garantiu, pegando na mão do rapaz, fazendo-o voltar para a mesa. — Onde vai morar depois do casamento?

— Na casa da minha sogra — respondeu orgulhoso, esboçando um sorriso. — Meu sogro é pedreiro, fez dois cômodos no fundo do terreno, aproveitou a laje da área de serviço.

— Então, o dinheiro vai servir para comprar os móveis — Vera fez uma pausa ao observar o entusiasmo se instalar no rosto do vendedor de carros. — Prometo um carro também. Não vai ser novo, mas vai ser útil na nova vida com a sua mulher. Pense bem, o serviço é de minutos.

Instalou-se o silêncio. Gildo pensou em seu trabalho, na dificuldade de obter um aumento, no salário sempre baseado nas comissões, lembrou-se das prestações comprometidas para a compra do jogo do quarto. Não deixou de imaginar o sorriso da noiva ao ver o carro na frente da casa. Em meio a esse turbilhão de pensamentos, o rapaz respirou fundo e resolveu:

— Tudo bem, eu topo, mas quero uma parte agora.

— E o resto com a conclusão do serviço. Não tenha dúvida — notou o ar desconfiado do primo e asseverou: — Sabe onde moro e trabalho. Não terá erro. Será uma troca de favores entre primos.

— Eu faço — animou-se. — Quando vai ser?

— Hoje.

Beto largou o corpo pesado na cadeira do escritório, momento em que os pensamentos estavam todos voltados para Regina. Como a desejava... E, para tê-la, nem pensava no quanto aquele desejo poderia magoar Danilo. Levantou-se apressado e correu até a direção da janela que dava visão para a loja, no intuito de ver Regina, mas foi em vão. Não pôde vê-la, mas observou algo que chamou sua atenção: Maurício gesticulava muito ao falar com Vera. Logo a mulher, apressada, desfez-se do encontro de modo ríspido e tomou o rumo das escadas.

Quando Vera abriu a porta do escritório, esbaforida, deu de cara com Beto, que iniciou um interrogatório:

— O Maurício estava lá embaixo? O que ele queria? Por que não subiu?

Vera respirou fundo e, sem jeito, respondeu:

— É, era o Maurício.

— Eu sei, mas... o que fazia aqui, a essa hora?

— Ele estava procurando a Suzana, precisava falar com ela. Não quis subir porque estava com pressa. Tinha uma reunião.

Beto, a princípio, achou a história estranha, pois percebeu que Maurício estava nervoso, agitado, mas acabou se convencendo das explicações e, quando Vera notou, foi logo mudando de assunto.

— Já arrumei a pessoa para o nosso plano — disse ela.

— É mesmo? — perguntou o jovem todo eufórico, alertando na sequência: — Vera, eu não quero que a machuque.

— Deixa de ser bobo. Quem eu contratei é incapaz de fazer mal a uma mosca. Não mata nem uma abelha — finalizou, rindo.

— Eu quero a Regina inteira — afirmou sério, num tom que a assustou.

— Não se preocupe. O plano é perfeito.

— O que pretende?

— Não antecipo nada. Ou melhor, só uma coisa: ficou mais caro do que planejamos.

— Mais caro? Só espero que este seja melhor do que o último. Quando vai colocá-lo em prática? Vou poder saber pelo menos isso?

— Lógico. Será hoje. Por falar nisso, não posso perder tempo. Sabe onde está Regina?

Minutos depois, Vera foi ao encontro de Regina no vestiário.

— Regina, preciso de um favor seu — começou Vera, que, desde que soube do romance com o patrão, tratou de aplicar educação ao conversar com a jovem. — Se puder, claro.

— Pode dizer — prontificou-se, sorrindo e sem malícia, já que considerava a outra uma amiga. — De que precisa?

— Minha querida, se puder, é que vou usar os mensageiros para outras tarefas e preciso de um serviço de banco. Eu também terei que ir a um outro banco. Importa-se de ir?

— Não — respondeu com o sorriso ainda preso no rosto.

— Ótimo! Vou deixar o mais distante para eu ir.

Vera tirou da sacola que tinha em uma das mãos um envelope. Nele havia um maço de dinheiro e dois cheques.

— Preciso que deposite no banco. O endereço está no envelope.

Depois das instruções, Regina saiu andando rápido. Vera saiu na mesma velocidade, mas para o sentido contrário, para o escritório, junto ao telefone.

— Alô? — disse, nervosa, apertando o gancho e deixando à mostra as unhas longas e vermelhas.

— Alô! — respondeu uma voz morosa.

— Preciso falar com Gildo, por favor. É a prima dele...

Segundos depois a voz do rapaz apareceu:

— Fala rápido. O meu chefe está de olho em mim. Tive que falar que estou com uma tia internada para justificar o fato de a minha prima ter me ligado duas vezes no mesmo dia.

— Ela acabou de sair daqui.

— Quem?

— A Regina, a moça da foto. Agora trate de ir ao local combinado. Ela deve passar por lá em quinze minutos. Se apresse!

— Não posso! O que vou dizer para sair durante o expediente?

— Diga que a sua tia morreu — sugeriu Vera, ao desligar o telefone.

Foi o padre quem ligou para a casa de Caetana para avisar da morte de Ivo.

— Morreu? Meu Deus! Como foi isso? — indagou a mulher.

— Primeiramente, peço desculpas por ligar assim — justificou o padre, todo sem jeito. — Ele era sozinho, como você sabe. Acho que o coração não suportou a solidão.

Caetana, do outro lado da linha, descansou o fone no ombro, enquanto bocejava, entediada com o assunto já sabido. Quando recolocou o aparelho no ouvido, pôde ouvir o padre repetindo a pergunta:

— Está me ouvindo, dona Caetana?

— Sim, sim, pode falar. Houve uma falha, mas parece que voltou a funcionar.

— Ele não tinha herdeiros, mas parece que deixou algo para sua sobrinha.

O assunto deixou Caetana interessada, eufórica.

— É mesmo?!

— Sim. Ele deixou o sítio e a casa da cidade para Regina.

— E as outras casas? — interrompeu Caetana, ansiosa, esboçando uma careta.

— Teve que vender para fazer o tratamento. Não tem ideia de como foram os seus últimos meses. Muito sofrimento — fez uma pausa e Caetana pôde perceber que ele falava de um orelhão, pois ouviu uma ficha telefônica caindo. — A que horas posso encontrar Regina em casa?

— É uma moça muito ocupada. Trabalha e estuda.

— Graças a Deus. Uma moça de juízo.

— É — confirmou num tom fraco. — Mas não se preocupe, padre; vou, eu mesma, contar tudo a ela sobre o ocorrido e a herança. Pode deixar que o senhor será procurado.

"Mocinha de sorte", pensou Caetana, tomada pela inveja. "Namora o dono do mercado, e agora cai do céu uma herança. Como dizem: Deus não dá asas a cobra."

O padre, sorridente, certo de ter feito o melhor por Ivo, seu amigo, desfez a ligação, agradecendo a Deus por ter sido o instrumento daquela tarefa.

Do outro lado da linha, Caetana saltava no sofá, como uma criança.

Regina fez o percurso ainda mais rápido do que o planejado por Vera. Comprometida como era, saiu do mercado em disparada, com o envelope nas mãos e focada em chegar ao banco antes do fechamento. Para atingir o objetivo, também seguia um mapa feito por Vera, que lhe disse ser aquele o caminho mais fácil.

No meio do percurso, ao dobrar a esquina numa rua deserta, como já planejado por Vera, Regina foi abordada por Gildo. O rapaz não usava nada diferente do seu traje social, a não ser um boné quase cobrindo os seus olhos, quando abordou a vítima:

— Tem horas, moça?

— Não — respondeu Regina assustada.

— Por que tanta pressa?

Regina apertou os passos, mas não conseguiu se livrar do rapaz, que a pegou pelo braço e, na sequência, puxou o envelope que tinha em suas mãos com violência.

— Meu envelope!

— Já era — bradou ao sair correndo.

Regina tentou alcançá-lo, gritando, mas sem êxito. Ela tropeçou e caiu no asfalto; estava sozinha numa rua deserta, sem ninguém para ajudá-la a se levantar. Ainda assim, com dificuldade, ergueu-se, notou a perna bamba, a calça rasgada no joelho, que anunciava o sangue escorrendo pela perna.

Regina foi andando sem rumo, até chegar a uma rua paralela, onde viu um bar. Lá, depois de ter sido socorrida por um casal, conseguiu um telefone e, trêmula, ligou para o mercado onde trabalhava.

— Alô.

— Danilo? — perguntou Regina.

— Sim — sem conhecer a voz da namorada.

— Sou eu, Regina.

— Regina? — levantou-se por impulso e correu até a janela do escritório, de onde via a loja, pensando que a moça ligava do andar inferior, por brincadeira. Por isso abriu um sorriso. — Meu amor, onde está que não a vejo? Me dá uma dica. Está na prateleira dos produtos de limpeza, massas...?

— Danilo — começou Regina, já não contendo as lágrimas.

— O que foi, meu amor? O que houve? — já num tom assustado, sem entender o que ocorria. — Você está chorando?

— Eu fui assaltada. Levaram o envelope...

Regina chegou ao mercado amparada por Danilo. Ao lado do casal estava Beto, que, vendo o primo nervoso ao desligar o telefone, horas antes, quando soube do assalto, resolveu acompanhá-lo, tanto que Danilo deu a chave do carro para Beto dirigir.

Logo depois que pegaram Regina no bar e agradeceram aos donos do local por terem acolhido a jovem, os três seguiram para a delegacia mais próxima para registrar a ocorrência. Regina estava nitidamente apavorada, nervosa, só chorava.

Depois de tudo resolvido, no mercado, Danilo procurou confortá-la:

— Fique calma. Estamos aqui agora — virou-se para um dos funcionários que assistiam à chegada dos três: — Providencie água com açúcar, por favor.

Vera chegou nesse instante e questionou:

— O que houve?

Danilo, que estava no primeiro degrau da escada, virou-se e respondeu:

— A Regina foi assaltada.

— Meu Deus! Assaltada? Que perigo! Como ela está?

— Está bem, agora está bem — Beto respondeu com cara de bravo.

— Onde você estava, Vera? — perguntou Danilo.

— Fui ao banco. A culpa é minha. Pedi que ela fosse a um banco, enquanto eu ia a outro. Hoje foi aquela correria, por isso pedi o seu auxílio.

— Tudo bem. Agora me ajude aqui — pediu Danilo, que foi atendido prontamente.

Vera ultrapassou o casal e correu para abrir a porta do escritório, dando passagem aos dois. Em meio a todo o reboliço, Regina era consolada por Danilo. O rapaz fez questão de cuidar do joelho da namorada e a levou para a sala ao lado do seu escritório. Vera, enquanto isso, teve a cobertura de Beto e, quando se viu sozinha no escritório, abriu a bolsa da jovem e acomodou o envelope.

Meia hora antes, Vera se encontrava com Gildo no local combinado para resgatar o envelope roubado de Regina. E tudo correu como previsto. Gildo apanhou o envelope e o deu em suas mãos. Ela só não conseguiu chegar ao escritório antes de Danilo e Regina, mas teve a justificativa do banco, que não levantou suspeita.

Danilo quis levar Regina embora, mas ela se recusou a ir.

— Estou bem, não quero incomodar, parar a vida de todo mundo por conta disso. Já basta o prejuízo que causei.

— Não repita isso. Essas coisas acontecem. O importante é que está bem, que não machucaram você... — confortou-a olhando em seus olhos a um palmo de seu rosto.

— Me dê duas horas. Vou resolver umas pendências e depois vou levá-la pra casa. Esse curativo que fiz em seu joelho não ficou dos melhores, podemos passar no hospital.

— Estou ótima. Pode acreditar — assegurou emocionada com os cuidados de Danilo.

Uma hora depois, quando tudo parecia ter voltado ao normal, Vera certificou-se de que Regina estava no centro da loja repetindo pela décima vez a história de que fora vítima. A mulher pôde ver que Beto estava ocupado no fechamento de alguns caixas; nesse instante, aproveitou a oportunidade e entrou na sala de Danilo, levando nas mãos uma bolsa.

— Danilo, tenho algo grave para lhe falar. Estava revistando as bolsas das meninas na saída e, por engano, peguei esta bolsa e veja o que encontrei.

— O quê?

A decisão de realizar a revista fora adotada por Vera havia um ano. Danilo concordou, apesar de contrariado, mas como estava sendo vítima de furto por funcionários, aceitou a sugestão. Estabeleceu, porém, que os funcionários seriam avisados previamente e que a revista seria uma prática quinzenal, para que não se sentissem mal, e realizada somente com a presença deles. Dessa forma, acreditava que não teria nenhuma surpresa desagradável.

— Encontrei o envelope roubado nesta bolsa. Peguei-a para a revista que fazemos a cada quinze dias. Resolvi fazer hoje.

— Tem certeza do que está afirmando?

Vera tirou o envelope e entregou para Danilo, que constatou a presença dos cheques e do dinheiro.

— Essa bolsa... — fez uma pausa para assimilar o que estava acontecendo e declarou, por fim, para contentamento de Vera: — Tem certeza disso? Essa bolsa é da Regina!

Gustavo, depois da compra do carro, ficou ainda mais agitado. Sentia-se profundamente angustiado com a ideia de guiá-lo. Seus sonhos vinham ocorrendo com frequência, às vezes dois, três dias seguidos. Acordava ensopado de suor, assustado, e, nos primeiros segundos após abrir os olhos, via vultos, sombras em seu quarto. Gustavo, até então, não tinha coragem de dizer a ninguém o que vinha acontecendo, temia ser julgado como louco. O rapaz, sufocado pelo fato de o sonho sempre parecer muito real, resolveu desabafar com Regina, numa noite de chuva em que foi buscá-la na escola, a mando de Caetana.

— O que está havendo? Lógico que pode contar comigo, com a minha discrição. Se for algo em que eu possa ajudá-lo — disse Regina suavemente, enquanto segurava o braço do rapaz, para se proteger da chuva, sob um guarda--chuva minúsculo.

O tom de voz ameno de Regina passou confiança ao moço, que desabafou:

— Meus sonhos têm se repetido com maior frequência, e agora consigo ver muita coisa...

Os dois já estavam próximos à casa, quando Regina resolveu puxá-lo para uma cobertura de um comércio próximo. Explicou:

— Vamos conversar aqui. Você ficará mais à vontade para falar — fez uma pausa e se atentou ao rosto do jovem sorrindo.

— Tem razão. Minha mãe... — interrompeu.

— Não tenha receios, diga o que tem sonhado.

— É um acidente. De carro. Eu estou nele e tem mais alguém comigo. É uma colisão. Não sei explicar. Parece passado; em outros momentos, futuro... — começou a chorar e Regina percebeu a gravidade do estado do primo, então abraçou o rapaz.

— Meu querido, é só um sonho.

— Eu não quero dirigir. Não quero fazer o curso de direito.

— E por que vai dirigir? Só para fazer a vontade de sua mãe? Primeiro vem a sua vontade. Com jeito, mostre a ela que você tem outros objetivos.

— Eu tentei. E ela me mostrou que não pretende ser minha aliada.

Gustavo sentiu-se muito mal em ter desafiado a mãe, revelando quais eram os seus sonhos. Sabia dos sacrifícios a que havia se submetido para dar a ele tudo o que tinha. Sentiu-se um traidor. E foi por isso que decidiu não comentar com a prima sobre Ivo. Resolveu que não iria mais contrariar a mãe, não faria nada contra os seus planos. Concluiu que a mãe talvez tivesse razão.

Quando, dias depois, Gustavo chegou com Luís em casa, foram recebidos por Caetana aos prantos:

— Luís, o Ivo...

— O que houve? — perguntou o marido, assustado.

— Ele morreu. Ele nos deixou. O padre ligou hoje para avisar. Não vou mais ver o meu primo. Meu único parente se foi — choramingava a mulher.

— Já avisou a Regina? — perguntou Luís.

— Ninguém liga para ela — bradou Caetana com a voz alterada. — Deixa a moça trabalhando. Ela saber agora ou mais tarde não vai trazer o centenário de volta.

Gustavo ficou triste quando ouviu a notícia. Não tivera muito contato com o velho, mas lamentou não ter contado a Regina o que sabia. Preferiu evitar um confronto com a mãe a contar o que havia presenciado.

Minutos depois, quando estava longe deles, Caetana ria, descontroladamente. E assim passou o dia todo: com o humor sempre oscilando, entre lágrimas e risos. E falava sozinha:

— Já estava muito velho mesmo. Deus demorou a recolher.

Capítulo 13

Danilo colocou a bolsa sobre o balcão que ficava próximo à porta de seu escritório. Estava completamente desnorteado. Não se convencia de que Regina pudesse ter feito algo assim. Ficou por alguns minutos de cabeça baixa, procurando em seus pensamentos alguma resposta plausível para justificar o fato de aquele envelope ter parado em sua bolsa.

Vera, vendo a situação, tratou logo de envenená-lo ainda mais com suas ideias:

— Danilo, eu entendo você. Também custa-me acreditar nisso.

— Não pode ser. Ela é perfeita.

— Até demais, não acha? Tive esse choque também, mas depois comecei a pensar. Veja bem: outro dia, naquela reunião que fez, lembra? — Vera fez uma pausa para receber a confirmação de Danilo, que balançou a cabeça sem ânimo. — Ela convidou dois fornecedores em que não temos mais interesse, inclusive sabendo da lista.

— Lembro.

Vera sentiu uma alegria percorrer seu corpo. Tinha vontade de gritar, mas se concentrou na respiração e prosseguiu:

— Vai saber se ela não entrou em conchavo com eles, na intenção de prejudicá-lo. Você mesmo disse que se conheceram na rodoviária, deu o seu cartão. Não acha muita coincidência que venha trabalhar aqui, sem saber que era o dono? Talvez já estivesse instruída para entrar em seu caminho, em sua vida... — Vera continuou ainda por alguns minutos, com uma voz serena, envolvendo Danilo como se fosse uma cobra contornando sua presa.

Aquelas últimas palavras foram suficientes para deixá-lo certo da possibilidade de ter sido enganado. Levantou-se de repente, como se tivesse sido trazido de volta à realidade. Caminhou apressado até a escada e de lá gritou o nome de Regina, que só não subiu mais rápido em razão do joelho machucado por causa do assalto.

Beto, já conhecedor dos planos de Vera, subiu atrás da moça e, com o texto escrito e dirigido por Vera, entrou na sala e percebeu o clima tenso. Permaneceu em silêncio, esperando a deixa para dizer o combinado.

Regina, doce, entrou sorrindo, como se já tivesse esquecido o episódio vivido horas antes.

Danilo, em silêncio, apreciou o seu rosto bonito, bem desenhado, e não pôde deixar de notar o charme dos cabelos da moça, que estavam presos no alto da cabeça; fez isso como se fosse a última vez, a última oportunidade. Em seu coração, não conseguia conceber que aquela cara de anjo tivesse tramado contra ele, que estivesse aliada aos seus inimigos, no entanto a razão era muito mais forte, e foi ela quem falou mais alto naquele final de tarde.

Vera permanecia em pé, ansiosa em assistir ao espetáculo da separação, mas resolveu bancar a discreta:

— Vou deixá-los sozinhos. Beto, você pode me acompanhar?

— Não — gritou Danilo, num tom que assustou os presentes. — Fiquem — olhou para Regina e perguntou, como na busca de uma resposta convincente para aquele pesadelo, no intuito de não perdê-la. — Regina, você tem algo para me dizer?

— Para lhe dizer? Não. Haveria de...

Danilo, cabeça quente, interpretou a resposta como dissimulada. Em passos largos foi em direção ao balcão, apanhou a bolsa de Regina e lhe entregou de supetão.

— Abra — ordenou o empresário.

Regina, sem entender, obedeceu. Ao abri-la, logo viu o envelope.

— O envelope?! — exclamou, surpresa. — Não sei o que isso... não consigo... — fez uma pausa — esse envelope. É o que me levaram. É o do assalto! — conferiu os cheques e o dinheiro. — Não tenho dúvida, é o do depósito.

— Eu também não tenho mais dúvida, Regina — acrescentou Danilo com os olhos rasos de lágrimas.

— Espere um pouco, você não pode estar pensando que eu roubei o dinheiro.

— E como está na sua bolsa? Pode me explicar? — vociferou, de forma que assustou a jovem. — O ladrão entrou aqui no mercado e devolveu o envelope para a moça?

Beto teve vontade de rir ao pensar que Danilo estava certo.

— Não, eu... — Regina estava vermelha, sentindo um nó na garganta. — Não sei como isso aconteceu... Não estava na minha bolsa, não estava!

— Sim, estava — sentenciou Vera, confiante. — Eu mesma, no trabalho de inspeção, vi.

— Eu estava junto e posso confirmar — assegurou Beto.

Danilo sabia que as inspeções eram feitas sempre em duplas, para não haver problemas. Desde que anunciou a medida, nunca pegou um funcionário praticando o furto, mas agora estava diante de Regina, e naquela situação. Já não sabia o que dizer. Virou de costas para os três que estavam no escritório e ordenou, de braços cruzados, enquanto lágrimas desciam por seu rosto:

— Vai embora, Regina. Não quero mais vê-la na minha frente. Você é uma ladra. Eu não admito mentiras.

Foi um momento de desespero. Regina foi em sua direção e abraçou suas costas, beijando levemente seu pescoço enquanto murmurava:

— Não fiz nada disso. Você precisa acreditar em mim. Eu não roubei, eu sou inocente.

— Disse que me amava.

— E amo.

— Bela demonstração de amor — concluiu, forçando um riso. — Me roubou, me fez acreditar em seu amor. Até onde mais queria chegar?

— Não fiz nada disso, meu amor.

— Danilo, quer que eu chame a polícia? — perguntou Vera, satisfeita e cansada da apelação da moça.

Beto estava paralisado com a cena. Sentiu um aperto no peito. Com a sugestão de Vera, o rapaz foi na direção de Regina e tentou tirá-la de perto de Danilo.

— Não vejo necessidade. Deixe a moça em paz. Não recuperou os cheques e o dinheiro? — interveio Beto, olhando sério para Vera; teve vontade de jogá-la escada abaixo depois da sugestão de chamar a polícia.

Danilo emudeceu, estava arrasado. Ficou estático, incapaz de um gesto a favor de Regina. Depois de ter percebido Beto sair com Regina da sala, notou Vera pousar uma das mãos sobre o seu ombro. Olhou-a de perfil e notou as unhas esmaltadas acariciando o seu ombro e braço. Foi quando se virou rapidamente. Julgando-se incapaz de voltar a rir, o jovem anunciou:

— Eu já vou. Cuide do resto para mim...

— E se alguém ligar?

— Diga que morri — saiu, batendo a porta do escritório.

"Uma parte de mim morreu hoje", pensou Danilo.

Beto, instruído por Vera, viu naquela situação a oportunidade de se aproximar de Regina. Acompanhou a jovem até a rua e, percebendo o seu estado, gentilmente — o que não era comum aos seus tratamentos com mulheres —, ofereceu-lhe carona, que ela recusou. Beto insistiu e, por fim, conseguiu levá-la até sua casa.

Regina só conseguia chorar, completamente sem chão. Sentia-se injustiçada, sem direito de resposta, sem a oportunidade de provar a sua inocência. Viu em Beto o ombro que precisava para desabafar, dizer o quanto amava Danilo, a falta que ele faria em sua vida. Enfim, tudo o que Beto não queria ouvir, mas a que se viu obrigado, já que tinha o desejo de conquistá-la.

— Deixe-me aqui, por favor — pediu, ainda em lágrimas. Não quis que o rapaz a levasse até o portão de casa. Se bem conhecia a tia, sabia que iria provocá-la, e sua reação seria insinuar que a cada dia chegava ao portão com um homem diferente.

Beto atendeu ao pedido da jovem e a beijou no rosto. Regina estava tão desnorteada que não notou a intenção do rapaz.

— Tem certeza de que voltará ao interior? Vai voltar a viver com o seu primo? — perguntou Beto, que agora já conhecia seus planos, pois a moça, durante o percurso, revelou, entre vários assuntos, o que faria de sua vida.

— É do que mais tenho certeza. Vou voltar para o lugar de onde nunca deveria ter saído — concluiu e seguiu antes de o carro dar partida.

Ao se aproximar do portão, Regina foi recebida por Ana, que correu a abraçá-la, dizendo sem rodeios:

— O Ivo morreu!

Regina não acreditou no que ouviu. Sentiu o golpe da notícia sufocar sua garganta.

— O quê?

— O padre ligou para avisar! — por fim, Ana contou tudo o que havia ouvido da mãe.

Regina começou a chorar, e agora já não distinguia por qual dos motivos. Concluiu que por tudo: por ter perdido Danilo, e agora Ivo, por sua vida. A moça caiu de joelhos, em lágrimas. Ana, mais baixa, sem jeito, amparou a prima com o seu abraço.

Luís vinha saindo do portão quando viu o que acontecia e correu para ajudar a sobrinha.

— Tio, não é verdade, me diz que não é verdade — pedia Regina, secando as lágrimas com as costas da mão. — Minha mãe... mãe...

Luís virou-se para a filha e, irritado, ralhou com ela:

— Você contou para ela assim, no meio da rua? Por que não a esperou entrar em casa, menina? Você saiu à Caetana, mesmo.

Felipe acompanhou esses últimos acontecimentos do plano superior sozinho, quase sempre comovido, intercedendo da maneira que lhe era permitido, sempre obedecendo ao livre-arbítrio de cada um. Em certas ocasiões, agradecia por Menininha não estar presente.

Menininha entrou na sala de Felipe, feliz e, no mesmo momento, o jovem mentor interrompeu a exibição do quadro fluídico que mostrava a cena de Regina ajoelhada na calçada.

— O Ivo despertou! — disse Menininha.

— Você conseguiu vê-lo? — perguntou Felipe, num tom divertido.

Dias antes, quando Ivo chegara ao plano astral, Felipe orientou que Menininha não poderia vê-lo por aqueles dias, até que ele despertasse e se sentisse bem para recebê-la. Então, Felipe sugeriu que participasse de cursos, palestras, que se juntasse aos grupos de oração. No entanto, a mulher não entendeu o recado. Menininha se fez de guarda na porta do cômodo onde Ivo repousava e se recusava a sair de lá enquanto não tivesse notícias dele.

— Agora me conte: como está Regina? Casou-se com o dono do mercado, livrou-se de Caetana? — questionou Menininha.

Felipe fez silêncio. Depois falou, num tom sério:

— Você ainda é muito apegada ao mundo terreno. Enquanto não deixá-los...

— Minha filha me chama. Ela chora.

— De que vai adiantar esse sofrimento? Deve se preocupar em melhorar, evoluir aqui. Assim, vai conseguir fortalecer Regina e todos que você amava e deixou naquela vida.

Menininha baixou a cabeça como se tivesse entendido o recado e, pouco depois, repetiu a pergunta:

— E a Regina?

Caetana saiu do interior da casa arrastando um lenço comprido, que passava em volta dos olhos secos, simulando uma cara de choro. Foi assim que recebeu Regina, que vinha amparada por Luís e Gustavo.

— Minha querida, agora somos só nós duas. Nossa família está se acabando — lamentou com toda a dramaticidade possível. — Vamos ficar juntas, e nada nem ninguém vai nos separar.

— Mas e a gente, mãe? — perguntou Gustavo. — A senhora fala de um jeito como se não existíssemos.

— Deixa de bobagem, moleque — interrompeu Caetana num tom diferente, seco. — Digo isso porque os pais dela já se foram, e agora Ivo — virou-se e abraçou a sobrinha. — Não se desespere, meu bem, você tem a mim. Estou em estado de choque. Não poderei mais ver o meu primo — naquele momento, Caetana pensava em como colocar as mãos na herança do primo.

— Quero ir até lá, no enterro — desabafou Regina.

— Não vai ser possível — apressou-se Caetana. — O padre avisou que já foi enterrado.

Regina debulhou-se em lágrimas. Triste, resolveu revelar sua situação no mercado. Considerou aquele dia como o pior da sua vida.

Caetana a envolvia num abraço, mas logo tratou de desfazê-lo com certa estupidez, quase sacudindo a moça pelos braços, quando perguntou:

— Como perdeu o emprego?

— Houve corte — mentiu Regina, contrariada.

— Mas é noiva do dono! Como pode isso? — rebateu a tia.

— Namorada, mãe — corrigiu Ana.

— Não somos mais nada — admitiu Regina.

— Como?! — perguntou Caetana inconformada.

Regina baixou os olhos. Só mais tarde, quando conversava com o tio no portão da casa, contou a ele a verdade sobre os últimos acontecimentos.

— Fez bem não ter contado a Caetana o real motivo da demissão — apoiou Luís.

— Tio, eu não fiz isso. Não roubei — afirmava Regina, chorando. — Fui assaltada, e depois o envelope que levaram apareceu na minha bolsa.

Luís abraçou a sobrinha e ficou em silêncio. Não conseguia entender como havia acontecido aquilo. Suspeitou que a sobrinha tivesse sido vítima de uma armadilha; sentiu-se impotente, pois não tinha como ajudá-la.

Caetana, da janela da sala, pôde ver os dois abraçados e logo gritou para Ana, como se a moça estivesse noutro cômodo, quando na verdade estava a seu lado, acompanhando a novela.

— Vê lá. Agora vai ficar choramingando a falta do velho centenário. Tem cabimento isso? Desempregada e depressiva? Na minha casa, não! Amanhã essa menina vai trocar os forros de cama, as cortinas, lavar tapete...

— Mãe, coitada!

— Para o bem dela. Ficar parada, ociosa, pensando no passado, não fará bem. Trabalhando ela se ocupa. Depois, lembre que está de graça nesta casa. Trabalhando não ajudou em nada.

— O pai não quis aceitar — defendeu Ana.

— Um trouxa, isso sim. Já está certo. Amanhã ela pega firme no batente — quando Caetana avistou a moça entrando na casa, acompanhada por Luís, cochichou no ouvido de Ana: — Olha só isso. Não vou nem precisar forçar — quase no mesmo momento, Caetana virou o copo de refrigerante da filha sobre o tapete. — Ai, meu Deus, como sou desastrada!

— Deixa, tia, vou pegar um pano — prontificou-se Regina.

— Não, meu bem, não precisa. Pano não vai resolver. Só lavando. Se puder fazer isso amanhã.

— Lógico, tia. Farei, sim.

Luís e Ana se olharam incrédulos ante o espetáculo de Caetana.

Gustavo, quando soube o real motivo da separação de Regina, não suportou vê-la lavando o tapete em lágrimas e a aconselhou:

— Se gosta dele, o que faz aqui, chorando? Vai atrás dele, tente argumentar.

— Não sei o que fazer.

— Chorando em casa não vai resolver. Tente explicar o que houve. Acomodar-se à situação é confirmar o feito.

Regina terminou de lavar o tapete e o suspendeu no muro com a ajuda do primo. A moça conseguiu, depois de muitas horas de tristeza, sorrir. Então, depois do banho, vestiu-se e foi ao antigo emprego de ônibus.

— Ele não está — respondeu Vera do batente do mercado, colocando-se à frente de Regina, para impedi-la de entrar.

— Vou esperar. Preciso falar com ele — afirmou decidida, o que balançou Vera.

Depois de uma pausa, Vera falou:

— Ele saiu. Vamos aqui do lado, tomamos um café e, então, podemos conversar.

Vera pousou a mão sobre o ombro da moça e a conduziu até a cafeteria vizinha. Vera não havia mentido sobre a ausência de Danilo, mas não comentou que o jovem empresário estaria de volta em poucos minutos.

Ela, rapidamente, acomodou Regina numa cadeira de costas para a entrada, no fundo do estabelecimento, de modo que não poderia ver a movimentação da rua, nem mesmo o momento em que Danilo passasse.

— Eu acredito em você, Regina — Vera colocou sua mão branca de unhas grandes e esmaltadas sobre as da moça.

— Sei também o quanto gosta de Danilo. Só que ele está muito aborrecido com você. Vamos deixar o tempo tomar conta da situação, amenizar esse triste acontecimento.

— Eu o amo — admitiu com os olhos rasos de lágrimas.

Vera fechou os olhos e abriu um sorriso, enquanto pensava no quanto a outra era cafona.

— Vamos combinar assim: ficarei de olho nele para você e, quando perceber que a ira do chefe passou, eu mesma lhe comunico. O que acha? — Vera viu a moça confirmar. — Agora seque as lágrimas e vá para casa. Pense que está em férias e deixe o resto por minha conta.

Conversaram ainda por mais cinco minutos e Vera a despachou da porta do mercado. Ainda pensativa e preocupada com a possibilidade do surgimento de Danilo a qualquer momento, Vera empurrou Regina para um táxi que estava parado no meio-fio e jogou sobre seu colo uns trocados.

— Vá de táxi, querida. E não se preocupe com o troco.

Somente quando viu o carro que levava a moça dobrar a esquina, Vera entrou no mercado. Da porta avistou Beto num dos corredores, saboreando um suco de laranja de caixa.

— Já pedi para não fazer isso — censurou Vera.

— Por quê? Vai descontar do meu salário, patroa? — debochou.

— Não, é pelo exemplo que passa para os outros funcionários. Danilo não vai gostar — fez uma pausa e observou o sorriso bonito de Beto. — Bom, você não tem jeito. Agora vem aqui, precisamos conversar.

Vera o puxou para um canto distante da visão do mezanino, onde ficava o escritório.

— Regina esteve aqui. Ela estava disposta a se encontrar com Danilo. Veio com uma força que não imaginava que ela tivesse nem daqui a um ano.

— Regina, aqui?! Por que não me chamou?

— E correr o risco de ela se encontrar com o Danilo? Não, não vou permitir. Agora estou dizendo isso para você atacar. É hora de procurá-la, oferecer ajuda, dizer que está ao seu lado e também que Danilo não a quer nem pintada de ouro.

— Não deve querer mesmo.

— Já não tenho essa certeza.

— Então temos que agir rápido. Tudo bem, vou atacar.

Vera virou-se bruscamente, sem dizer mais nada. Subiu as escadas de lado, já que vestia uma saia justa às suas pernas. Ao abrir a porta, ficou surpresa ao ver Danilo debruçado sobre a mesa.

— Danilo, está tudo bem?

O jovem levantou o rosto visivelmente abatido, sendo notório que tivera uma noite maldormida.

— Eu vou procurá-la. Não me importa o que fez.

— Não! — gritou Vera apressada. Aproximou-se do chefe e apoiou as mãos sobre a mesa com força antes de se sentar na cadeira à sua frente.

— Pensei muito e creio que seja a solução. Ainda gosto dela.

— Hoje ela esteve aqui — confessou Vera numa voz triste.

— Esteve? — interrogou surpreendido, esboçando um sorriso. — E por que não me chamou?

— Ela não quis falar com você. Estava bem, viu? Muito bem. Nem perguntou por você. Eu é que falei que você estava aqui e poderiam conversar — Vera interrompeu a frase para observar o rosto triste, cabisbaixo, do empresário. — Ela quase confessou as nossas suspeitas. Eu perguntei se ela estava em conchavo com os fornecedores, e ela apenas sorriu, cinicamente. Acho até que já tem outra pessoa na vida dela, se já não tinha quando estava contigo.

Danilo esmurrou a mesa, indignado. Vera se assustou e ele vociferou:

— Um monstro! O que queria por fim?

— Pegar alguns pertences.

— Não quero saber dela na loja, andando por aqui. Funcionário que conversar com ela fará companhia a Regina e irá para a rua. Será despedido.

Danilo estava vivendo uma mistura de amor e mágoa; sentia-se traído, querendo respostas, portanto, por estar frágil, qualquer que fosse a história inventada, ele absorveria como a verdadeira. E Vera adorou tripudiar sobre aquele estado de espírito em que o moço se encontrava.

Regina chegou à casa da tia mais confiante, certa de que teria a ajuda de Vera. Feliz, a moça relatou para os primos o acordo com Vera.

— Então essa Vera vai ajudar você a se aproximar do Danilo? — perguntou Ana.

— Vai. Essa possibilidade me deixa muito feliz.

Regina apressou-se em organizar a casa ao gosto da tia e contou com o auxílio dos primos.

Caetana, naquele dia, chegou mais tarde que o habitual; ainda assim, antes de Luís. Olhou de relance para os móveis, onde não pôde ver sinal de poeira; viu ainda o tapete limpo, já no chão. Quando subiu para os quartos, constatou as roupas de cama trocadas. Ficou satisfeita. Abriu a bolsa e apanhou um envelope pardo. Certificou-se de que Gustavo já havia saído para o curso e, como Ana estava no banho e não havia nem sinal de Luís, seguiu para cozinha, atrás de Regina.

Regina preparava o jantar quando foi abordada pela tia. A mulher, já atenta e aproveitando que estavam sozinhas na cozinha, tratou de cuidar do assunto que a favorecia:

— Regina, Ivo deixou bens — observou o rosto da jovem avesso a qualquer sinal de ambição, o que achou bom, mas não deixou de pensar o quanto a considerava uma tonta por isso.

— Já fazia ideia.

— Sabe o que ele tinha de bens por lá? — especulou a mulher para se certificar de que o padre não estava mentindo.

— O sítio, casas na cidade. Não tinha muita coisa.

— Bom, o Ivo, por não ter filhos, doou em vida os bens para as famílias carentes da cidade.

— Ivo fez isso? Quanta generosidade! — falou, emocionada.

— Para você ver — comentou Caetana, disfarçando uma careta que se formou em seu rosto. — Aqui tem uns papéis que recebi de lá. Este é um documento no qual a gente abre mão dos bens por ele deixados — mentiu Caetana. — Eu já assinei. Acho interessante que assine também.

— Tudo bem. Deixe o papel na mesa. Quando terminar o jantar eu assino.

— Assine logo — exigiu, olhando para os lados. — Já pensou quantas famílias a gente poderá ajudar se não ficar burocratizando?

— Claro, tia. Onde assino?

Caetana deu-lhe uma caneta e indicou o ponto onde deveria assinar. Abriu um sorriso ao ver a atitude da moça.

— Que bom! Amanhã mesmo converso com o padre para informá-lo de que nossa parte já está feita. Vamos atender ao pedido do nosso primo. Que bom coração! — dissimulava Caetana.

Caetana havia, pelos conselhos da sua amiga Cleusa, também enfermeira do hospital, consultado um advogado naquele mesmo dia. A mulher, ardilosa, ambicionava a herança da sobrinha e soube do advogado que uma procuração, assinada pela moça, era o bastante para representá-la na posse dos bens. E agora, com o papel assinado nas mãos, Caetana já se sentia dona de todo o patrimônio deixado pelo primo.

Capítulo 14

Dois dias depois, Caetana viajou para o interior com o objetivo de vender os bens do primo, enquanto para a família informou:

— Marquei uma reunião com o padre. Vou levar o papel e também vou ao cemitério. Vou visitar o nosso primo, Regina — disse segurando a mão da moça, numa voz sentida.

— Leve a Regina com você, Caetana — sugeriu Luís.

— As crianças estão em aula, e concordo que não devem faltar, mas a Regina pode acompanhá-la.

— Acho melhor a Regina ficar — interrompeu Caetana, disfarçando a raiva que sentia do marido, pois queria ir só, já que se alguém fosse junto descobriria seus planos. — Depois não confio a ninguém a minha casa e meus filhos a não ser à minha sobrinha.

Regina abriu um sorriso, agradecendo a confiança que a tia depositava nela. A moça também não desejava deixar a cidade, pois estava certa de que logo receberia um telefonema de Vera promovendo o seu encontro com Danilo.

— Se prefere assim — concluiu Luís.

— Prefiro. Depois, as recordações não farão bem a Regina. Moça frágil, muitos acontecimentos tristes. Não me demorarei por lá. Em dois dias estarei de volta. Vou representar a família na doação, visitar o primo no cemitério, como já disse, e volto o quanto antes.

— A que horas sai o seu ônibus? Vou levá-la até a rodoviária.

— É o mínimo que pode fazer por mim — concluiu, mal-humorada. — Sai às sete da manhã.

Regina foi até o armário e de lá pegou um maço de velas e entregou para a tia. Recomendou que acendesse na sepultura de Ivo. Caetana fez uma careta e resmungou:

— Que coisa mórbida! Compro vela lá e acendo.

— Essa eu comprei na igreja. O padre...

— Tudo bem. Coloca na minha bolsa. Se deixar para eu colocar é capaz de esquecer.

E assim aconteceu. Caetana partiu no dia seguinte e Regina assumiu o posto que já era seu havia muito tempo: o de dona de casa. A moça tratou de limpar a casa, preparar as refeições; sempre atenta a qualquer som do telefone, Regina saía em disparada quando ouvia o primeiro toque:

— Não, não é da farmácia... Não quero, obrigada... Não mora ninguém com esse nome aqui — respondia decepcionada com os enganos.

No segundo dia da falta de Caetana, Regina recebeu a visita de Beto, logo no início da noite. O rapaz chegou bem-humorado, trazendo rosas e chocolate; demonstrou-se amigo, e sua beleza estava radiante.

Beto, orientado por Vera, planejava um jantar ou ainda algo fora das vistas da família, mas Regina limitou-se a recebê-lo na calçada. Vendo a falta de alternativa, o rapaz tratou de envenenar ainda mais o romance rompido do primo com a moça do subúrbio:

— Por me considerar seu amigo, vou ser franco — preveniu Beto num tom sério, com os olhos fixados no rosto de Regina. — O Danilo não quer mais vê-la. Falou isso para mim.

— Não pode ser. Ele ainda deve gostar de mim.

— Não foi o que ele me disse. Eu o conheço muito bem. Fomos criados juntos. Sei muito bem como é teimoso;

quando decide algo, não volta atrás. Herdou isso de nosso avô Afonso. É cabeça-dura.

— Vou falar com ele — prometeu, já em lágrimas.

— Não faça isso — pediu Beto, segurando seus braços e puxando o corpo dela para junto do seu. — Não se humilhe. Esqueça-o. É o melhor que tem a fazer.

— Não posso. Ainda gosto dele.

— Ele está com outra. Já tem namorada — explodiu Beto num tom de voz alterado, esperando ter sido entendido.

Regina ficou muito triste. Aceitou o abraço de Beto sem malícia, completamente sem chão, sentindo-se desamparada. Até aquele momento tinha esperança de tê-lo de volta, mas agora, diante daquela revelação, percebeu não ser possível a volta do relacionamento. E Beto partiu de sua casa com aquela certeza.

Danilo foi jantar com Suzana e Maurício para não ficar sozinho em seu apartamento. Estava cansado desse programa repetitivo que vinha acontecendo na sua vida desde o episódio envolvendo Regina e o dinheiro do mercado.

No trabalho, tinha os conselhos de Vera e Beto, que eram contrários ao seu coração, mas, pela insegurança e orgulho, acabou convencido de que procurar Regina não seria bom, até mesmo porque havia acreditado nos comentários de Vera sobre a suposta visita à empresa. A partir de então, Danilo passou a vê-la como uma vilã.

— Não concordo — disparou Suzana durante o jantar.

— Acho melhor você não se meter — sugeriu Maurício, enquanto saboreava o jantar.

— Se gosta dela, vá até ela, abra seu coração. Nem tem certeza de que roubou mesmo você.

— Você é muito romântica. Como pode ser assim? — perguntou Maurício, soltando o talher barulhento sobre o prato. — Vocês, mulheres...

Danilo ficava quieto, dividido pelas opiniões distribuídas pela família e também pelas de Vera, que considerava sua amiga. O rapaz estava todo confuso, sem ao certo saber o que fazer. Por poucos minutos recordou os momentos felizes que viveu com a jovem e esboçou um sorriso que foi logo maquiado diante dos primos.

— Machista! Nem provas têm contra a moça — esbravejou Suzana depois do que ouviu do marido.

— Ah, não! Acho que cochilou nessa parte, então eu faço um resumo do que perdeu: encontraram o envelope supostamente furtado dentro da bolsa da moça.

— Estranho — murmurou Suzana. — Não estou convencida — virou-se para o primo e continuou: — Se a ama, perdoe, vá atrás sim... Essa moça deve ter o mesmo sentimento por você.

Vendo o olhar distante de Danilo, Maurício piscou para a esposa e resolveu mudar de assunto:

— Já assistiram ao filme *Curtindo a vida adoidado*?

— É do ano passado, Maurício!

Os dois começaram a rir, o que fez Danilo sorrir um pouco, mas os pensamentos ainda estavam em Regina.

Beto voltou a procurar Regina no dia seguinte. Encontrou-a ainda mais triste, frágil, tanto que não rejeitou o convite em acompanhá-lo a um restaurante. Ana e Gustavo, durante aquele dia, incentivaram a jovem a se divertir quando viram sua tristeza se estender pelo dia.

— Regina, acho bom você sair um pouco. Talvez um cinema — sugeriu Gustavo.

— É verdade — completou Ana. — Podemos ir juntos.

Regina resolveu aceitar o convite de Beto, quando o moço apareceu cheio de boas intenções. Foram a um restaurante. Feliz por ter Regina ao seu lado, ele insinuava pensamentos que a fizessem esquecer Danilo:

— Faz bem, Regina. Não deve ficar curtindo luto por alguém que nem se lembra mais de você — diante do silêncio, Beto percebeu ter sido muito agressivo com as palavras, por isso disse na sequência: — Desculpe-me, não era o que eu queria dizer.

— Não, você está certo. A vida continua — falou com um sorriso sem jeito. — Não posso ficar assim.

— Isso mesmo — continuou Beto confiante em estar no caminho certo. — Chega de ficar amuada. Hora de reagir, correr atrás da sua felicidade.

— Felicidade — repetiu baixinho, sentindo os olhos cheios de lágrimas.

Beto a levou para um restaurante refinado. A moça tentou fazê-lo mudar de ideia, mas em vão. Permaneceram lá por uma hora e meia. Beto preocupou-se em manter o copo de Regina sempre servido de dois dedos de vinho. Por não ter o hábito de beber, Regina começou a se soltar, rir sem motivo, e tudo aconteceu muito rápido daí por diante. Logo percebeu que estava nos braços de Beto. Não demorou e o rapaz forçou um beijo, que a princípio foi ignorado, mas, na segunda tentativa, Regina cedeu.

Regina ficou pensando em Danilo acompanhado de outra mulher; por isso, desnorteada e regada a vinho, perdeu a noção dos fatos e permitiu-se ser abraçada e beijada por Beto. Tudo isso, claro, também na intenção de esquecer o dono do mercado. Em alguns momentos ela pôde ver o rosto de Danilo junto ao seu e sentiu-se segura, quando, na verdade, era Beto que se aproveitava da situação.

Vendo o êxito alcançado, Beto levantou-se da mesa apressado, deixando dinheiro a mais entre os guardanapos. Tencionava levar a moça para um lugar reservado, onde pudesse completar o que tanto desejava desde o momento em que a viu.

Regina ficou alterada. Chorava e ria quase ao mesmo tempo, completamente avessa aos planos de Beto, que alimentava a conversa da moça ao entrar num motel. Regina nem percebeu.

No quarto, estava sonolenta e não teve conhecimento da barbaridade feita por Beto. A moça acordou zonza, com o corpo nu envolvido num lençol; do seu lado, Beto dormia.

— Beto! — gritou Regina. — O que aconteceu? — levantou-se aflita, levando consigo o lençol. Olhou para o relógio que havia sobre um aparador. Era uma da manhã.

A partir daí foi um escândalo. Regina gritava e chorava. Beto precisou acalmá-la com um copo de água. O sedutor se vestiu e depois conseguiu controlar a situação. Entraram no carro mudos. Regina vermelha, sem conseguir olhar para Beto, sentindo a cabeça rodar, não conseguia acreditar naquela armação.

Danilo jantou sozinho. Pensando nos conselhos da prima na noite anterior, resolveu ouvi-la. Largou o prato ainda com comida sobre a mesa e, depois de pegar a chave, correu para o estacionamento onde apanhou o carro. O destino era só um: a casa de Regina.

Lá chegando, foi recebido por Ana:

— Ela não está, saiu.

— Saiu? — insistiu Danilo, querendo saber para onde, mas sem coragem de indagar.

— Sim, um amigo dela veio até aqui. Parece que saíram para jantar.

— Jantar! — repetiu num tom baixo, decepcionado. — Tudo bem, obrigado.

— O seu nome, qual é? — perguntou Ana, que não o conhecia.

— Danilo — fez uma pausa. — Acho que ela não vai se interessar em saber. Por favor, não diga que eu a procurei — pediu o jovem. — É melhor que tome o seu destino, sua vida. Até mais e boa noite.

Danilo falou e entrou no carro, dando partida rapidamente. Na volta para casa, só conseguia pensar no que Vera e Beto haviam dito.

— Então é verdade. Ela tem outro. Já não duvido de seu encontro com os fornecedores. Agora tudo se explica.

Ana consultou o relógio de pulso. Já começava a ficar preocupada com a prima.

Regina desceu do carro antes mesmo de Beto pará-lo no meio-fio.

— Não fique brava comigo. Gosto de você. Depois, você também quis.

A moça, enfurecida, bateu a porta do carro sem ouvir mais nada do que Beto dizia.

Beto deu partida no veículo. Sorria ao bater com o punho fechado sobre o volante, feliz como se tivesse recebido o prêmio da loteria. Buzinou para um gato que passava na frente do carro e depois aumentou a música do toca-fitas. No farol seguinte, ainda com o sorriso preso no rosto pelo sucesso da noite, parou o carro e descansou a cabeça no banco.

— Não acredito que consegui — falou em voz alta. Depois, sério, completou: — Nenhuma mulher disse "não" para mim, nenhuma. E não seria a Regina, uma suburbana, quem iria dizê-lo — acelerou o carro ainda antes de o farol abrir e quase provocou um acidente.

Regina foi recebida por Gustavo, que estava na cozinha, estudando. Para o primo, não fez segredo. Chorou no ombro do rapaz.

— Que crápula! Ele não é primo... do Danilo — completou Regina sentida. — Um aproveitador, isso sim. Um conquistador barato.

Conversaram meia hora. Gustavo, como um amigo mais velho, ouviu a moça e preparou um chá para acalmá-la.

— Vou lhe pedir para não contar a ninguém o que houve — implorou Regina.

— Nem precisa pedir.

— Só tenho uma certeza. Não quero mais saber de nenhum dos dois. Essa família só me fez sofrer.

Coube a Gustavo abraçar a prima e acompanhá-la até o quarto. Regina passou mais uma noite em claro.

Felipe, depois de muita insistência de Menininha, fez um breve relato dos últimos acontecimentos na Terra.

— Não posso acreditar que a minha filha esteja passando por esse emaranhado de mentiras, diante de tanta gente falsa. Regina não merece.

— Cuidado! Lembre-se de que ela tem nas mãos, assim como todos em vida, a liberdade de fazer o que julgar conveniente; só não pode se esquecer da consequência do ato realizado.

— Então está colhendo o que plantou?

— Isso mesmo.

— Uma moça bonita, séria, nunca fez nada de mal à família, tão carinhosa.

— Reencarnamos cientes de fazer o melhor. Encarnamos com a promessa de cumprir o bem, suportar algumas dores, tudo em comum acordo. Em vida temos a oportunidade de fazer diferente. O nosso intuito é a evolução, ou seja, a ampliação da nossa lucidez.

— Fala de um jeito como se já tivesse passado pela Terra. Vivido.

— E quem disse que não passei por lá, não sofri, amei, vivi, aprendi, enfim, tudo isso que estamos acompanhando? — perguntou, rindo.

— Quem foi você, Felipe?

— Ainda não posso lhe dizer. Tudo tem sua hora. Por falar nisso, você está inscrita para participar de uma palestra sobre desapego. Vai passar mais tempo aprendendo.

— Não quero perder.

— Você não pertence mais ao meio daquelas pessoas, não por esse momento. Quando tiver autorização, verá algo que fará você compreender isso, e pode-se dizer que terá a resposta para algumas situações que agora são incompreensíveis para o seu coração.

— Podia ser agora.

— Controlar a ansiedade faz bem — finalizou, rindo.

Regina, ainda chateada com o episódio da noite anterior, acordou cedo, preparou o café da manhã para o tio e para os primos, da forma que prometera a Caetana. Na verdade não conseguira dormir direito, levantou-se antes de o despertador tocar.

Logo que Luís entrou na cozinha, antes mesmo do cumprimento matinal, pôde perceber a tristeza de Regina. Não conseguia compreender o porquê de uma moça jovem, bonita, estar tão presa àquela situação. Atribuiu o seu estado à falta do emprego e à perda do namorado, pois desconhecia o seu recente envolvimento com Beto.

— Bom dia, Regina. Já reparou na beleza de dia que teremos hoje?

— Oi, tio, bom dia — forçou um tom animado, mas no seu rosto era nítido o cansaço.

Luís procurou disfarçar, lembrou-se de contar algum fato engraçado para animá-la e, quando a viu mais descontraída, sorrindo, disparou:

— O que acha de ir comigo ao centro da cidade hoje? Um novo emprego fará bem a você. Ficar em casa remoendo o que houve não lhe fará bem. Certas coisas acontecem na vida da gente, mas não podemos sentar e ficar pensando no que passou, pois a vida continua, e há muitas coisas acontecendo lá fora.

— Acha que tenho que reagir?

— Eu não acho, minha sobrinha, tenho certeza.

— É mesmo. Quando perdi o meu emprego, eu pensei em voltar para o interior, viver com Ivo, no entanto, com a sua... — não conseguiu completar, sentiu um nó na garganta.

— Voltar?! Não, é para a frente que se anda. De lá você veio e é daqui em diante que tem que pensar em seguir. Por que procurar refúgio no passado? De que está fugindo? Da vida?

— Tem razão — admitiu confiante.

— Minha querida, não sei se tenho razão, mas quero vê-la feliz, isso é certo — abriu um sorriso e completou: — Cadê a minha sobrinha que sonhava em ser professora? Não vejo a senhorita fazer nada para isso acontecer — fez uma pausa. — Está certo, sei que tem estudado, mas precisa arrumar um emprego. Não peço que ajude em casa, mas com esse dinheiro poderá pagar seus cursos, sua faculdade.

Regina começou a rir, achando muito para ela.

— Faculdade?

— Sim, faculdade.

Luís pensou na injustiça de Ivo ter deixado o dinheiro para doação. Considerava justo que ficasse com Regina, já que disse por toda a vida que a tinha como filha. Depois fez um gesto com a cabeça para abandonar aqueles pensamentos e prosseguiu:

— Está estudando, vai se desenvolver, fazer o que gosta, trabalhar para o que tem aptidão. Vai ser uma ótima professora, tenho certeza. É paciente, generosa, não vai se importar em contribuir com o que aprender, em se doar.

Regina, sem dizer mais nada, foi em direção ao tio e o abraçou. Agradeceu, ao desfazer o abraço, de forma bem tímida:

— Obrigada.

Depois que Regina serviu o café para os primos, entrou no carro de Luís e seguiu animada, em busca de um emprego.

Luís a deixou quase no mesmo lugar da primeira vez, quando se inscreveu em algumas agências para arrumar emprego, o que a fez lembrar da época. Agora, meses depois, a diferença é que ela havia adquirido experiência. Estava mais desinibida, podia dizer o que queria sem receios.

Ao descer do carro, pegou a mão do tio e manifestou sua gratidão sinceramente.

Luís partiu com o carro, observando pelo retrovisor a sobrinha atravessar a rua e, ao dobrar a esquina, pensou em Caetana, em o quanto a mulher iria odiá-lo por ter convencido a menina a sair dos afazeres domésticos. Esse pensamento o fez sorrir. Para ele estava sendo prazeroso contrariar a esposa.

Caetana fez uma viagem tranquila para sua terra natal. Dormiu a noite inteira, abraçada com a bolsa onde estava a procuração assinada por Regina, que lhe daria o direito de vender os bens de Ivo. Antes de pegar no sono, Caetana quase asfixiou o homem que viajava ao seu lado, porque ele roncava; ela, muito jeitosa, pegou o travesseiro e, por alguns segundos, sufocou o rosto do passageiro. Foi tudo muito rápido. Como o homem havia bebido antes do embarque, não percebeu o que aconteceu, mas parou de roncar, para alívio dela.

Caetana levantou-se como uma dama, em silêncio, com um ar superior, ainda quando o ônibus estava em movimento, já perto do destino, enquanto alguns passageiros dormiam e outros se adiantavam na arrumação de seus pertences. A mulher caminhou até o fundo do veículo e se trancou no banheiro do ônibus. Saiu de lá dez minutos depois, vestida com uma roupa nova, esvoaçante. Foi notório também que estava meio desequilibrada, pois não tinha o hábito de usar salto alto e resolveu colocar para se mostrar elegante, o que dificultou sua sustentação em pé; então, no movimento do ônibus, ela se apoiava nos braços das poltronas e também em alguns passageiros.

O ônibus encostou na plataforma às sete da manhã, como previsto. Caetana foi uma das primeiras a descer. Usava, para completar o figurino, um dos três óculos escuros que havia comprado no comércio ambulante, e foi assim recebida pelo padre, que a esperava ansioso.

— Bom dia, dona Caetana. Como foi de viagem?

— Pena que não tem aeroporto nesta cidade. Já não me lembrava o que era uma viagem de ônibus.

— Há projetos. O prefeito já me comunicou.

— Não tenho interesse em saber. Não sou cidadã desta cidade, portanto...

O padre, naquele momento, percebeu a indiferença da mulher, que perguntou na sequência:

— Onde é o cartório?

A pergunta fez o padre sorrir novamente.

— Não abre hoje. É feriado.

— Feriado?! Por que não me avisou? — perguntou, irritada.

— Pensei que gostaria de fazer parte da festa. É da padroeira da cidade, e muita gente está sabendo de sua presença aqui. Pensei que gostaria de rever amigos, passear pela cidade.

— É verdade — sorriu.

Sua primeira mudança de humor fez o padre ficar preocupado, mas, por não estar acostumado com ela, pensou que a viagem de muitas horas pudesse ter sido o motivo daquela alteração.

— Dona Caetana, tem um quarto na paróquia reservado para a senhora.

— É suíte?

O padre a conduziu da rodoviária até a paróquia, a pé, num percurso de dez minutos. Um garoto menor de idade, por umas moedas concedidas pelo sacerdote, levou a mala de Caetana.

O padre, sempre simpático, orgulhoso por ter como hóspede uma habitante da capital, mostrou toda a igreja e, percebendo o desinteresse da convidada, o que interpretou como cansaço, anunciou onde ela ficaria:

— É este quarto aqui — apontou o padre.

Era um quarto simples, com cama de solteiro, colchão de espuma, uma cômoda antiga com um espelho pendurado na parede e, para completar a simplicidade do lugar, uma cadeira e uma bacia com água.

Caetana girou os olhos rapidamente pelo cômodo e perguntou:

— É da empregada da igreja? Tudo bem, agora me mostre onde é o meu. Preciso mergulhar numa banheira, com espuma.

— Este é o seu quarto, filha. Ali tem água fresquinha, para se lavar. A cidade está passando por racionamento de água. O prefeito liberou o carro-pipa à noite. É uma festa, então todo mundo corre para tomar banho.

Caetana ficou em silêncio por alguns segundos e voltou sorridente, agradecendo ao padre, como se tivesse adorado o lugar. Quando fechou a porta do quarto, fez cara de nojo. Desfez a cama, sacudiu a colcha que cobria o colchão, espalhando pó pelo cômodo. Examinou todos os móveis e depois se jogou na cama, onde dormiu até uma hora da tarde, quando foi chamada para o almoço.

Capítulo 15

Regina desceu do carro do tio esperançosa. Vestia-se de maneira simples: jeans, camiseta, tênis e uma bolsa atravessada no corpo. Como da primeira vez, apresentou-se em três agências de emprego. Na última, a moça da recepção, com muito boa vontade em auxiliá-la, indicou-lhe uma vaga numa fábrica.

— Aqui está o endereço, e sua entrevista está marcada para daqui a uma hora. Já estão avisados — indicou um envelope e recomendou: — Deve ser entregue no ato da entrevista. É a aprovação da agência. Boa sorte.

Regina saiu radiante da agência de emprego, um local apertado, com dois ventiladores, muitos armários e som de máquinas de datilografar que vinha de uma escola que ficava na sala ao lado e dividia o aluguel com a agência.

A jovem, certa de ter obtido a vaga, ganhou a rua e, em poucos minutos, localizou a fábrica de fraldas, onde fora indicada para trabalhar. Lá chegando, Regina se surpreendeu com a fila de moças. Eram mais de vinte candidatas, e ela ficou entre as quinze, dez, cinco e, por fim, colocou-se entre as três contratadas para o trabalho de produção.

Um homem magro, de andar apressado e rosto comprimido, do departamento pessoal, fez as primeiras recomendações:

— Parabéns! A senhorita passou nos testes e fará parte da nossa linha de produção. A empresa oferece salário fixo, vale-transporte e dispõe de refeitório, onde poderá aquecer a marmita que trouxer.

Regina não continha a alegria, sorria todo o tempo, feliz pelo dia de sorte, pelo emprego conquistado. Estava ansiosa para contar ao tio Luís o seu êxito.

— São sessenta dias de experiência; depois disso, a efetivação, com a anuência do seu supervisor — continuou o homem numa fala rápida, já ansioso em ter que repetir o mesmo para as outras contratadas. — Agora peço que vá ao segundo andar, na sala três; uma costureira que presta serviços para firma irá tirar suas medidas. Todas as funcionárias trabalham uniformizadas.

Lembrou-se de Danilo e teve vontade de participar-lhe a notícia, mas, quase no mesmo instante, veio à sua mente a imagem de Beto e seu sorriso desapareceu por completo.

Gildo estava muito feliz. Agora aparecia na agência bem vestido, de carro, e era, devido à sua nova aparência, muito mais bem tratado pelos sogros. O pai da moça, responsável pela construção dos cômodos no quintal da casa, antes só trabalhava nos fins de semana, mas agora, com o dinheiro do futuro genro saltando dos bolsos, o homem fazia questão de deixar de lado o noticiário noturno da televisão para adiantar a casa da filha.

O dinheiro que Gildo recebera de Beto, por intermédio de Vera Lúcia, sua prima, estava sendo muito bem esbanjado. Logo que o recebeu, já o colocou na mão da noiva, na frente da sogra, para que escolhessem o piso da casa. E adiantou o convite para a sogra:

— A senhora poderia fazer companhia à minha noiva na escolha do piso. Tem bom gosto. Com o trabalho na agência, não poderei acompanhá-la. Está muito corrido.

— Graças a Deus, meu filho. Pode deixar, vou cuidar disso.

Gildo ficou emocionado com o tratamento da sogra, bem diferente do que era antes.

Essa mudança também fora percebida pelos colegas e pelo dono da agência de carros onde trabalhava. Um dos amigos de Gildo, vendedor de carros e também seu padrinho de casamento, não conteve a inveja e foi falar com o dono da agência, chamando-o em particular:

— Viu só como o Gildo anda bem-arrumado?

— Agora ele está sob os cuidados da noiva. O Gildo mesmo me disse: a sogra prepara sua comida e a noiva está cuidando de suas roupas. O rapaz mora numa pensão.

— Sempre foi assim — interrompeu o rapaz, num tom de voz baixo — desde quando ele entrou aqui.

— É que está perto do casamento. Os cuidados aumentaram — fez uma pausa. — Você deveria fazer o mesmo. Pelo que sei só namora, vive com a família e na farra. Está precisando assumir compromissos. Quem sabe, se colocasse uma aliança no dedo da menina que está enrolando, ela não o trataria assim também.

— E o carro? Onde arrumou dinheiro para comprar um carro? O senhor sabe das nossas vendas, comissões, a dificuldade de tirar mais do que o fixo...

O dono fez uma pausa e perguntou erguendo os ombros:

— O que você está querendo dizer? — o homem não era um exemplo de empresário, mas podia-se dizer que estava entre os justos. Pagava no dia combinado, deixava clara a comissão devida aos funcionários. Em meio a tudo isso, não admitia ser passado para trás, e a conversa do funcionário o deixava encabulado.

— Pensa só: até três semanas atrás ele vendia a marmita dele para ter o dinheiro para condução. Não é um dos melhores vendedores. Há dois meses vive pelo fixo...

O rapaz foi assim, aos poucos, envenenando o dono da agência. Uma sombra escura tomou conta de todo o lado esquerdo do funcionário, soprando palavra por palavra, que ele reproduzia ao dono da concessionária de veículos.

— O que acha então que vem acontecendo? — perguntou o dono, já preocupado com a possibilidade de estar sendo enganado.

— Ele é muito simpático, recebe muitas ligações de pessoas interessadas em vender e comprar carros, conhece o mercado. Acho que pode estar dando informações de onde conseguir o melhor preço, descontos e ganhando com isso.

— Será? Ganhando como informante?

— Não vejo outra explicação. Ou então ele está omitindo o valor real da venda e faturando a mais — concluiu o rapaz envolvido por uma sombra ainda mais escura.

O então amigo de Gildo, depois de perceber o efeito de seus comentários, seguiu para o banheiro suando, sentindo um calor insuportável e sendo obrigado a tirar a camisa e lavar o rosto. Gildo chegou nessa hora e, vendo que o amigo passava mal, correu a ampará-lo.

— Gildo, acho que a pressão subiu — reclamou o rapaz e desmaiou.

Preocupado, Gildo apressou-se em carregá-lo nos braços. Passou pelo dono da agência e pediu:

— Ele não está bem. Eu o encontrei no banheiro passando mal. Posso levá-lo ao hospital?

— Claro, pode levar — respondeu num tom preocupado.

O dono do estabelecimento ficou encostado na coluna, pensativo, e, depois que Gildo desapareceu em uma das ruas, foi até o seu escritório e ligou para o contador:

— Boa tarde. Como vai, Antero? É o Peter, da agência de carros. Preciso de um favor. Vou dispensar um funcionário e preciso saber...

No hospital, depois do atendimento, o rapaz foi medicado e dispensado.

— Que susto, hein? — observou Gildo, animado pela recuperação do amigo.

— Obrigado. Nunca vou esquecer o que fez por mim.

— Sabe que sempre pode contar comigo. Somos amigos, não somos? Depois, você não pode perder o meu casamento, já que vai ser o meu padrinho — finalizou, sorrindo.

Caetana se recusou a lavar o rosto na bacia. Pediu água limpa e foi atendida prontamente pela empregada da paróquia, que fora solicitada pelo padre para auxiliá-la no que fosse preciso.

O padre contou com a presença do prefeito naquele almoço, e os dois a esperavam na mesa para o início da refeição. Caetana, como se não fosse acostumada à simplicidade de uma mesa, ignorou a falta de talheres para a salada e para o prato principal; no final, exigiu sobremesa e foi servida de um doce de leite, que não pôde criticar de tão bom que estava.

No período da tarde, escoltada pelo padre e pelo prefeito, os homens mais respeitados da cidade, Caetana percorreu toda a região, os pomares, e sentiu-se importante diante das observações de que era alvo. A mulher lutou para não lembrar da infância, da juventude. Não havia guardado boas lembranças, por isso sempre ressaltava as dificuldades enfrentadas.

O prefeito, sempre muito prestativo e astuto, dizia:

— Amiga do padre é nossa amiga. Dona Caetana tem o título de eleitor nesta cidade? — perguntou o político.

— Não. Há muito tempo transferi — respondeu ela com um ar de repulsa, e logo disfarçou: — É porque me casei, tive filhos, ou seja, minha vida ficou toda lá. Agora, com o falecimento do meu único parente... — fez um silêncio, que todos entenderam como sentimento pela perda.

— Então perdemos uma eleitora? — antes de obter a resposta, ele perguntou: — Seu marido trabalha em quê?

— É empresário. Tem uma frota de táxi — mentiu.

— E a doce Regina, está gostando da cidade?

Caetana admirou-se da pergunta, depois se lembrou da cidade minúscula, onde todos se conheciam, e respondeu:

— Conheceu Regina?

— Sim — adiantou o padre. — Regina era amiga da filha do prefeito.

— Foi à nossa casa algumas vezes, para fazer trabalhos de escola.

— Entendi. Minha sobrinha está lá — respondeu Caetana por fim. — Ainda muito jovem. Disse que não quer mais voltar aqui. Por isso fiz esse esforço para ajudá-la nesse impasse. Ela deixou tudo comigo: procuração e carta branca para tomar decisões. Não tem simpatia pelo lugar — riu e prosseguiu: — Com o tempo verá que não podemos desprezar as nossas origens.

— Então tem planos para a herança? — especulou o prefeito. — Ou pensa em deixar na cidade? Estava conversando com o padre; acho que o Ivo deixou muitos bens. A prefeitura tem interesse.

Caetana percebeu o empenho do prefeito e do padre naquela amizade e animou-se. Estava ansiosa em encontrar um interessado pelos bens de Ivo, tanto que já se preparava para comunicar o fato ao padre; no entanto, diante dos comentários do prefeito a favor da valorização dos bens, anunciou:

— Tenho um conhecido de posses em São Paulo, amigo de meu marido, também empresário, no ramo da construção, que se interessa pelas terras.

Caetana percebeu o ar preocupado do prefeito e do padre, já que os dois eram conservadores e desprezavam a ideia da modernidade na cidade. O prefeito explicou:

— Dona Caetana sabe que a política está na família há muitas gerações; vem desde o meu avô. Meu pai foi político e sou sucessor da minha cunhada; todos prezamos pela cidade tranquila. Não temos gosto pela modernidade e consideramos que isso pode fugir dos nossos controles, entende?

— Lógico, concordo com os senhores. Vejo que tem interesse, prefeito. Estou certa? — perguntou Caetana sorridente e olhando para o padre, que partilhava da mesma opinião e abria um sorriso com a resposta da mulher. — Posso vender para os senhores. Sinceramente, poderia doar à cidade que acolheu como ninguém toda minha família, mas penso na educação de minha sobrinha. O Ivo a tinha como filha, e devo aplicar o dinheiro em sua instrução.

Por fim, com o testemunho do padre, Caetana e o prefeito fecharam o acordo de venda da herança verbalmente, com o reconhecimento em cartório combinado para o dia seguinte. Melhor do que Caetana havia imaginado.

Já na volta, a caminho da paróquia, logo na esquina, puderam o prefeito, o padre e Caetana avistar o carro-pipa cercado de crianças que brincavam com a água. O padre sorriu, enquanto o prefeito estufou o peito, sentindo-se o responsável por aquela alegria. Caetana, num impulso, adiantou os passos em direção às crianças, tirou os sapatos, jogou-os na calçada e juntou-se a elas no meio da água que esguichava da mangueira.

Caetana parecia outra mulher, como se tivesse voltado à infância; sorria, pulava, olhava para o céu como se estivesse agradecida por aquele momento. Recordou-se da época em que, ainda com menos de dez anos, a irmã a levava para tomar banho de chuva. Menininha deixava-a no meio da rua, escondia-se atrás das árvores e, a cada vez que aparecia, Caetana abria um sorriso e corria para encontrá-la.

Em meio a essas lembranças, Caetana abriu os olhos e mirou uma árvore próxima que enfeitava a praça, quando se sentiu observada. Pôde ver Menininha, sua irmã, sorrindo. Caetana não controlou as lágrimas e correu para alcançá-la, como fazia quando criança, mas, ao se aproximar, ela já não estava mais lá.

Depois disso, Caetana apanhou seus sapatos e, acompanhada pelo padre, seguiu para a paróquia, sem dizer nada, mas com o rosto feliz.

Felipe, gentilmente, pegou uma das mãos de Menininha e a puxou.

— Vamos, é melhor a gente ir agora.

— Ela me viu — afirmou convicta, eufórica. — Eu percebi os olhos dela nos meus.

— Sim, ela sentiu você. Pode ser que nunca comente com ninguém o que aconteceu, mas vai se lembrar.

— Obrigada.

— Por quê? — perguntou Felipe sem entender o agradecimento.

— Por ter me proporcionado esse momento.

— Você precisa tirar da sua frente a visão errônea que tem de Caetana.

— Como? Ela está prestes a roubar o dinheiro que o Ivo deixou para Regina. Ambiciosa demais. Sempre foi assim, desde criança.

Felipe fez um gesto que a fez mudar de tom.

— Desculpe-me. Você tem razão. Não quero mais vê-la assim. — Foi tudo tão bonito agora há pouco — disse ela arrependida.

— Muitas coisas ainda estão por vir. E você vai entender tudo.

— Quando? Estou muito ansiosa. Há quanto tempo me promete isso?

— Só no momento em que estiver preparada. Tudo tem o seu tempo. Você não confia em mim? — Felipe observou o gesto positivo. — Pois, então, tenha paciência. Agora precisa voltar para a colônia. Acredita que recebi elogios de sua participação no curso sobre desapego?

O telefonema de Caetana, logo cedo, despertou a casa inteira. Luís a atendeu, ainda sonolento. Pensou que a esposa já estivesse na rodoviária, à sua espera, mas não, ainda estava no interior. Em uma ligação rápida, feita do telefone fixo do padre, ela disse que teria que ficar lá por mais um dia por conta do feriado, já que o cartório permaneceu fechado nos dias anteriores em razão da festa da padroeira da cidade.

— Por conta da santa da cidade ninguém casa, compra, vende, nada, Luís; não faz nada. Bom, hoje resolvo isso e amanhã cedo estarei em casa. E todos, como estão? — pôde ouvir Luís respirar lentamente, como se quisesse manifestar-se, no entanto, a mulher, como sempre agitada, antecipou a finalização da ligação, dizendo: — Que bom que estão todos bem. Até amanhã — e desligou.

Luís, agora cercado pelos filhos e sobrinha, informou:

— Era Caetana. Volta amanhã. Eu ia contar as novidades, falar do emprego novo de Regina, mas ela estava apressada. Mandou beijos para vocês — mentiu Luís, por fim, tentando acarinhar os ouvintes à sua volta.

Todos, no íntimo, já conheciam Caetana o bastante para saber o tom da conversa.

Regina, com o auxílio de Luís, preparou o café da manhã. Meia hora depois todos saíram de carona com o patriarca da família, cada um para o seu compromisso: Ana, para a escola; Gustavo, para o cursinho; Regina, para o seu primeiro dia no emprego.

Regina foi muito bem recebida em seu primeiro dia no trabalho. O homem do departamento de recursos humanos, responsável por sua aprovação, conduziu-a para o setor onde estavam à sua espera. Ela foi entregue a uma moça muito simpática, falante, que ficou meia hora transmitindo-lhe todos os trâmites da área.

— O alarme soa às onze e meia da manhã. Já deixou a sua marmita no refeitório? — observou a moça, que ao perceber a confirmação de Regina prosseguiu: — Ótimo. Dona Leila, a chefona, não gosta que saia durante o expediente. Diz que perde produção. Não pode conversar durante o turno, e o intervalo é de dez minutos a cada duas horas, para o café, banheiro e água. Ah! Não pode esquecer: hoje às três horas você tem que ir à costureira, no segundo andar, para ajustar o seu uniforme. Tem também os exames médicos necessários para sua contratação efetiva. Bom, acho que é isso. Se me lembrar de mais alguma coisa te aviso. Boa sorte!

— Obrigada — respondeu a moça, zonza com tanta informação.

— Agora me acompanhe. Vou lhe mostrar a sua máquina. Será responsável pelo remate das fraldas descartáveis. A esteira passa e você tem que visualizar se há algum fio solto, falha na costura; há uma quantidade que tem de ser vista por minutos, é a meta.

Em meio às palavras da moça, lançadas como uma metralhadora, Regina se viu diante de uma porta e, ao abri-la, deparou-se com uma sala repleta de mulheres e um barulho ensurdecedor. A moça a conduziu, finalmente, à sua posição e fez sinal para uma senhora de rosto murcho, já orientada a ensiná-la.

Às cinco da tarde soou o alarme. Regina viu todas saírem correndo e fez o mesmo. Era o fim do expediente. A jovem estava radiante com o trabalho. Não era ainda o dos seus sonhos, mas sentiu-se útil; teria o seu dinheiro e pretendia dar sequência aos seus estudos e se tornar uma professora. Andava assim pelas ruas, sonhando, planejando. Foi também quando veio a lembrança de Danilo, e um sorriso surgiu de imediato em seu rosto. Como estava a duas quadras do mercado, não deixou de ir até lá. Sua vontade era de procurá-lo e dizer que era inocente, que estava trabalhando e o amava muito. Já na frente do mercado, cheia de coragem para entrar, a moça viu Beto sorridente, descendo as escadas do mezanino, ao lado de Vera. Ao vê-lo, Regina mudou completamente, sentiu-se tão mal que saiu correndo e só parou quando se viu distante do local. Naquele dia teve a sensação de que não deveria voltar ao passado e procurar por Danilo, pois estaria encontrando o seu amor, mas Beto era como uma erva daninha e estaria sempre por perto.

Já a caminho da rodoviária, acompanhada do padre, Caetana passou em frente ao cemitério. Os dois iam a pé, seguidos por um menino arrastando a mala.

— Não irá visitar a cova do Ivo?

— Padre, não tenho condição de ver o meu primo assim. Prefiro guardar as boas lembranças que tenho dele vivo. Não esqueça a missa, padre.

— De forma alguma, minha filha.

Caetana parou em frente à porta do cemitério e ficou pensativa. O padre achou que iria entrar e abriu um sorriso. Caetana abriu a bolsa, tirou as velas que Regina havia dado para acender para Ivo e as jogou dentro do cemitério.

— O que é isso, filha? — perguntou o padre assustado.

— São velas paras as almas.

— Sim, eu sei, mas jogadas?

— Padre, não foi o senhor que destacou que não importa o valor do dinheiro, e sim a intenção? Pois então, lembrei-me das almas. Agora vamos, porque estou atrasada. Agora com a bolsa mais leve podemos andar mais rápido — olhou para trás e emendou: — Padre, que rapaz fraquinho. Poderia arrumar outro para trazer a mala, porque desse jeito eu chego primeiro a São Paulo.

O padre olhou para o céu e exclamou:

— Perdoe, senhor. Ela não sabe o que diz.

Caetana saiu do interior às oito da noite com tudo acertado: as terras vendidas para o prefeito e, dentro da bolsa, o extrato do banco já constando a quantia obtida com o negócio. Era meia-noite quando ligou para Luís e pediu, num tom ríspido, que fosse buscá-la às seis da manhã na rodoviária do Tietê. Não dormiu a viagem inteira imaginando o que poderia fazer com o dinheiro que agora possuía.

Luís, no percurso, adiantou a Caetana as novidades dos dias em que estivera fora; entre elas, o emprego de Regina. Caetana, para surpresa de Luís, sorriu.

— Que bom, uma moça na idade dela não deve ficar desocupada.

Chegou em casa agitada, como de costume, ordenando isso e aquilo. Regina já estava acordada, com a mesa de café pronta. Caetana recomendou à sobrinha:

— Espero que não se esqueça dos afazeres da casa. Sabe que não dou conta de tudo sozinha e preciso do seu auxílio.

— Lógico, tia, pode contar comigo. Trabalho um sábado sim, outro não, mas posso ajudar.

Luís não acreditou nos comentários de Caetana, mas não disse nada, apenas saiu da sala. O humor dela, como sempre, oscilava muito. De vez em quando ia ao banheiro e tirava do bolso o extrato do banco. Ao ver a quantia que agora possuía, abria um sorriso e saía de lá outra pessoa.

Quando Caetana se viu sozinha, correu para o telefone e ligou para Cleusa, sua amiga.

— Oi, sou eu, Caetana. Acorda, mulher, sempre dormindo!

— Ontem foi o meu plantão. Entro hoje às seis da tarde.

— Marcou com a mulher?

— Que mulher? — perguntou numa voz sonolenta.

— A que vai dar um jeito no meu filho. Você disse que ela é tiro e queda. Preciso encontrar com ela. O Gustavo deve ter alguma coisa ruim com ele. Como pode um jovem como ele não gostar de carro?

— Depois de amanhã. Marquei nesse dia, às dez horas, porque vi a lista e é sua folga também. A gente se encontra no terminal Princesa Isabel.

Caetana ouvia atentamente, sorrindo, as informações da amiga e não deixou de lançar o comentário:

— Podia ter marcado para hoje. Tenho que esperar dois dias ainda?!

No dia combinado com a amiga, Caetana deixou todos em casa dormindo e saiu. Chegou bem adiantada ao lugar marcado. Não queria arriscar em perder a consulta, já que havia esperado tanto tempo.

Cleusa, a amiga, chegou dez minutos antes do combinado e ainda teve que ouvir os comentários de Caetana:

— Nossa, pensei que não viesse.

— Cheguei mais cedo ainda.

— É verdade. Vamos tomar um café. Vi um lugar ali e fiquei com vontade. Estava só esperando você chegar.

Cleusa aproveitou a generosidade da amiga e foram saborear o café.

Capítulo 16

O telefone tocou quatro vezes até ser atendido por Beto.

— Alô.

— Bom dia, meu nome é Olavo, sou da firma Tetex Plastic. É do mercado Cardim?

— Sim, em que posso ajudá-lo?

— Desculpe-me incomodá-lo, mas preciso de referências de Regina, foi funcionária.

Silêncio.

— Alô? — perguntou Olavo.

— Pois não, o que precisa saber?

— Foi sua funcionária?

— Sim, foi minha funcionária.

— Busco referências dela. Por que não permaneceu na empresa?

— A empresa ficou muito pequena para ela. É uma pessoa confiável e tem ótima referência, pode acreditar. É doce, amável e competente — concluiu, deixando Olavo, do outro lado da linha, com um sorriso, certo de que estava fazendo uma ótima contratação para a firma.

— Muito obrigado. Ainda hoje recebo todos os documentos e será realizada a efetivação da moça — o homem estava disposto a torná-la funcionária efetiva antes mesmo do término dos dois meses de experiência, como anunciado em sua contratação. Fora levado ao seu conhecimento o entusiasmo da moça em aprender, a sua dedicação. Dessa forma, para agilizar, ele mesmo ligou para o mercado cujo nome constava no primeiro registro da moça.

Beto desligou e pousou o telefone em silêncio. Danilo e Vera entraram na sala e ela perguntou:

— Quem era? Estamos esperando um telefonema do fornecedor do Sul, o melhor preço de grãos que pesquisamos no mercado. É de grande importância essa ligação, não podemos perder esse negócio, já fizemos a planilha.

— Foi engano — respondeu o jovem, percebendo o olhar de decepção de Danilo, que ainda tinha esperança de vê-la novamente.

— Eu já liguei para lá e me disseram que hoje, ainda pela manhã, retornariam para o acerto da nossa proposta...

Danilo estava distante dos comentários de Vera. Sempre que o telefone tocava em sua sala, ele esperava ouvir a voz de Regina. Ficou alguns segundos preso em suas lembranças: o dia em que conheceu Regina, os momentos que passaram juntos. Levantou-se de repente, emocionado.

— Com licença. Conversamos depois. Tudo bem?

Já havia duas horas que Regina estava trabalhando quando foi chamada pelo departamento de recursos humanos. A moça falante, responsável por lhe apresentar o serviço, disse-lhe rindo que poderia ser referente à efetivação, o que deixou Regina radiante.

Ela estava gostando do trabalho, das amigas que havia feito, enfim, de tudo. É verdade que não conseguia esquecer Danilo e sempre se pegava pensando nele; não gostava de admitir, mas tinha saudade do mercado.

— Bom dia, senhorita Regina — cumprimentou o mesmo moço magro que a contratara.

— Bom dia! — respondeu, sem deixar de sorrir.

— Entre e feche a porta, por favor.

Regina obedeceu e se sentou na cadeira que tinha à frente da mesa, conforme indicado pelo encarregado de recursos humanos.

— Bom, quero dizer que gostamos muito do seu serviço, é muito inteligente, aprendeu com muita rapidez o trabalho, é dinâmica...

Fez uma pausa e pousou os olhos sobre o rosto sorridente de Regina, procurando as melhores palavras para dar sequência ao que tinha a dizer. Optou por ser rápido, sem mais rodeios:

— Regina, infelizmente, não será possível a sua efetivação na firma.

— Como?!

— Expliquei que seria contratada por dois meses para experiência...

— Sim, mas eu estou aqui há uma semana e você me disse que gostam do meu serviço — fez uma pausa: — Desculpe-me, mas me diga que é alguma brincadeira. Preciso deste emprego.

— A empresa não aceita pessoas como você.

Aquela frase caiu como uma bomba sobre a moça. De imediato, lembrou-se do incidente ocorrido no mercado, da acusação de roubo. Logo imaginou que teriam ligado para pedir referências, e agora a firma, sabendo de sua acusação, não queria contratá-la.

— Desculpe-me. Gostamos de você, e o seu departamento também é só elogios, mas não temos como efetivá-la. São normas da empresa.

Regina, já com lágrimas nos olhos, insistiu em saber o motivo, já certa do que tinha para ouvir.

— Você, Regina — entregou o papel para Regina e disse com dificuldade: — Você está grávida. Pelos exames, há três semanas.

Regina saiu da firma meia hora depois sem disfarçar a tristeza. Despediu-se das poucas amigas, agradeceu a todos pelo curto período juntos. Completamente desnorteada, a moça ficou na calçada sem saber o que fazer. Estava tão confusa que não conseguia conceber a ideia da gravidez.

Chegou em casa, que, por sorte, estava vazia. Correu ao banheiro, onde lavou o rosto. Quando se olhou no espelho, ficou assustada com a vermelhidão de seus olhos e chorou ainda mais. Foi ao quarto quase se arrastando, coração disparado. Jogou-se na cama e fechou os olhos.

Naquele momento, pediu para dormir e não acordar mais. Não teve a prece atendida. Pegou na bolsa o papel que recebera na empresa e que comprovava sua gravidez. Leu mais de uma vez sem compreender o que estava se passando. Foi naquele instante que decidiu não ficar em casa. Não podia deixar que a família a visse daquele jeito. Era certa a compreensão dos primos e do tio Luís, mas tinha certeza da rejeição da tia. Caetana, sem dúvida, implicaria com a sua segunda demissão em pouco tempo. E se soubesse que estava grávida, então?

Por isso, Regina resolveu sair, tomada de um impulso tão repentino que guardou o papel na primeira gaveta da cômoda sem se preocupar se poderia ser encontrado por outra pessoa.

Já na rua, respirou fundo. Pediu a Deus um caminho. Recordou-se de sua mãe e as lágrimas voltaram ainda mais intensas. Resolveu que não contaria nada para ninguém, agiria como se tudo estivesse normal. Lembrou-se de uma amiga da escola que dizia trabalhar sem registro há mais de dois anos. Pronto! Precisava arrumar um trabalho sem registro.

Mais de uma hora perambulando pela rua, Regina passou em frente a uma igreja e pensou em entrar. A princípio relutou, não tinha força para nada. Tomou coragem e, dentro da capela, ajoelhou-se em lágrimas. Era horário do almoço e não havia muitas pessoas.

Minutos depois, Regina foi envolvida por um silêncio, uma paz que fez seu choro cessar. Fechou os olhos e respirou fundo. Sentiu-se leve, tranquila.

— Minha filha, reaja, a vida não terminou em razão desses acontecimentos — murmurou Menininha no ouvido de Regina, ao mesmo tempo que a abraçava. — Você é muito mais forte do que imagina. Deus está dentro de você, nunca se esqueça ou duvide disso.

Depois de reconfortá-la, Menininha desfez o abraço e se afastou. Alguns passos adiante, já estava ao lado de Felipe.

— Obrigada, Felipe — agradeceu Menininha com a voz emocionada.

— Já é hora de você saber alguns fatos do passado. Vai entender melhor o que está acontecendo. A gente reencarna para ampliar a lucidez. Às vezes, o passado nos atormenta, por conta do remorso que carregamos na alma. Mas, quando entendemos que somos perfeitos em nosso grau de evolução, fica mais fácil nos perdoar e seguir em frente, sempre ligados no bem. Se passamos pelo que passamos, é porque escolhemos. Ainda hoje você saberá de algo que ampliará sua compreensão dos fatos.

Caetana voltou da consulta reclamando. Não dobrou nem a esquina da rua da casa da mulher e já começou a desabafar com Cleusa, sua amiga.

— Onde já se viu? Vim para ver o que de ruim acompanha o meu filho, e essa mulher veio com outra história.

— O que ela disse? — perguntou a outra, curiosa.

— Essa mulher é louca. Não me inventa mais dessas, Cleusa. Nem me conta. Ainda gastei, além do meu dia de folga, o dinheiro de dois dias de trabalho — fez uma pausa e prosseguiu: — Veio perguntar do meu marido. Se o Luís já foi embora com a loira, que ele um dia vai. Disse ter visto ele acompanhado dessa outra, que ela chegou a engravidar dele. Pode isso? O Luís tem os seus defeitos, mas é fiel.

E assim, percorreu o caminho todo de volta reclamando. Dentro do ônibus, não poupou a amiga, continuou a falar o quanto não havia gostado da mulher.

— Não disse nada que prestasse. E ainda por cima me pediu para rezar. Falou que o Gustavo vai precisar de prece. Ele precisa é de juízo, isso sim. Paguei uma fortuna para ouvir essas besteiras.

Em casa, logo que abriu a porta, Caetana jogou a bolsa sobre a mesa com toda a sua força. Estava revoltada por ter gastado o seu tempo e dinheiro com aquela mulher do outro lado da cidade. Na geladeira, havia um bilhete de Ana avisando que iria estudar com uma amiga. A casa estava em silêncio. Depois dos lances de escada, Caetana passou pelo quarto do filho e o viu dormindo. Num momento raro, esboçou um sorriso e aproximou-se do rapaz, passou a mão carinhosamente pelos seus cabelos e em seguida saiu, fechando a porta do quarto.

Decidida a tomar um banho e se jogar na cama, Caetana passou pelo quarto de Ana, agora ocupado por Regina. A cama estava desarrumada e, por isso, ela entrou para esticar a colcha. Sentiu um frio repentino, foi até a janela e puxou a cortina. Já estava saindo do quarto quando se lembrou das palavras da mulher.

— Seu marido amou uma loira. Foi muito feliz com ela. Essa amante ficou grávida do seu marido.

Caetana, nesse instante, riu e pensou alto:

— Quanta bobagem! Ainda paguei para ouvir isso.

Ela deu um passo para sair, quando viu uma peça de roupa no chão. Fez cara de brava e apanhou. Sentiu pena da sobrinha. Trabalhando fora, sem tempo de organizar seus pertences. Depois de dobrar a camiseta, Caetana foi acomodá-la na primeira gaveta da cômoda. Ao abri-la viu um papel dobrado e, curiosa, leu. Descobriu que Regina estava grávida e passou a dar crédito à mulher que havia consultado pela manhã.

Caetana ficou estática por alguns minutos, sentada na beira da cama, com o papel nas mãos, sem entender o que estava acontecendo. Por um momento pensou não ser de Regina e sim de uma amiga, tanto que voltou a ler o papel. Mas lá estava muito claro: sua sobrinha estava grávida e a data era recente. Foi também quando se deu conta de que Regina não estava mais namorando e que a mulher mencionara Luís.

A matriarca explodiu, já certa de tudo. Não pensava em mais nada além da ideia de a sobrinha estar de caso com seu marido e de que aquele relacionamento daria um fruto. Sentiu-se enganada, triste, desamparada. Tomada por uma fúria incontrolável, tirou todos os pertences da sobrinha do guarda-roupa e os acomodou de qualquer jeito na mala que tinha guardada debaixo da cama. Depois de feitas as malas, Caetana ficou sentada ali, remoendo a situação, pensando no quanto havia sido enganada.

Regina, cansada de perambular pelas ruas, resolveu voltar para casa mais cedo, e com uma desculpa pronta.

— Já em casa, Regina? — perguntou Caetana ao vê-la com uma voz serena, mas um rosto assustador.

— Oi, tia — disse sem jeito ao vê-la sentada em sua cama, ao lado da mala. — É, não estava me sentindo bem, então me dispensaram.

— Gravidez é assim mesmo, vai se acostumando — lançou de imediato, sem rodeios.

— Como?!

— Não se faça de sonsa, menina! — repreendeu-a, já alterando a voz. — Abri a porta da minha casa para uma destruidora de lar, da paz. Dei-lhe de tudo o que podia. Ingrata! Como pôde fazer isso?!

— Tia, eu... — já em lágrimas, sem conseguir falar, estava assustada com a voz alterada de Caetana, com o seu jeito agressivo.

— Você tem meia hora para deixar minha casa — fez uma pausa e aproximou-se de Regina. Vociferou olhando ainda mais firme o rosto assustado da moça: — Ou melhor, você vai desocupar minha casa agora. Agora, entendeu? Não quero mais você aqui — deu um tapa no rosto da jovem.

— Tia?!

— Some daqui, ingrata! Infeliz!

— Ouça-me — estava desesperada —, perdoe-me, eu não tenho para onde ir. Precisa me ouvir.

— Saia daqui, menina. Suma da minha frente! Eu não quero mais lembrar que você um dia existiu — gritou Caetana, enquanto a empurrava para fora do quarto junto com a mala. — E não quero saber de você procurando ninguém da minha família. Está entendido? Se fizer isso, você vai se arrepender. Não ouse querer me conhecer com raiva, garota. Suma de uma vez!

Capítulo 17

1841. Interior do Maranhão, período final da Balaiada. Época em que o algodão brasileiro foi depreciado em relação ao produzido fora do país. Muita rebelião, discussão.

Ivo era exemplo de um agricultor que resistia a esse acontecimento. Vivia de maneira honesta, numa casinha simples construída de taipas e instalada nas terras herdadas do pai. Estava em companhia de Caetana, sua esposa, e seus três filhos homens.

Tudo era muito modesto e rústico. O terreiro, como era chamado o espaço que cercava a casa, era de terra rachada, árida, sem condição de plantio, preenchido por meia dúzia de cabeças de gado magras que andavam com dificuldade entre algumas galinhas e um cachorro. Era tudo assim, misturado; todos soltos sob o céu aberto e azul, sem previsão de chuva. Era possível visualizar um riacho que corria um pouco distante da casa.

Ali, em época de chuva, quando enchia, era a alegria das famílias da região. No entanto, a chuva estava escassa, e aquelas águas não faziam a alegria do povo havia muito tempo.

Ivo não tinha condições de possuir escravos. Abrigava e escondia em suas terras um ou outro fujão em troca de mão de obra na roça. O algodão que o patriarca colhia de suas terras era moeda para trocar na cidade por alimento para sua família depois de horas sentado no lombo de um cavalo. E assim era a sua rotina, plantava com os filhos e depois colhia o algodão para comercialização, a preço baixo, em razão da desvalorização do produto. Ainda assim, voltava satisfeito, com o cavalo repleto de provisões para a família.

Regina, a caçula, a menina não desejada — já que a gravidez viera sem planos, sendo Deus considerado o feitor do crescimento da natalidade — chegou assim, em meio às dificuldades, numa família pobre que sobrevivia na roça, onde o plantio do algodão predominava.

No dia de seu nascimento, Caetana, exausta, esboçou um sorriso para o marido, que não deu importância para a esposa, apenas apanhou a menina dos braços da parteira e a levou para o quintal. Era noite, lua cheia, céu estrelado, e o homem, sempre seco e de poucas palavras, demonstrou sua alegria, dizendo:

— Obrigado, Deus. Chegou minha princesa.

Regina crescera naquele universo. Ficava com a mãe durante o dia, enquanto os irmãos saíam na companhia do pai para a roça. A menina usava sempre uma calça curta, confeccionada à mão por Caetana, herdada dos irmãos, e sem camisa. Os cabelos dourados eram sempre aparados, a exemplo dos irmãos.

Ivo, quase todas as noites, preparava a fogueira com a intenção de afastar os bichos e, nas raras noites frias, para aquecer a família, que passava horas apreciando-o. Caetana, ao lado do marido, no silêncio, enquanto os filhos corriam uns atrás dos outros. Regina, por se vestir igual aos irmãos, não era diferenciada por ser menina. De longe, sem camisa, parecia um menino.

Gustavo, o segundo filho do casal, percebeu algo diferente na irmã e, ao contar para os outros irmãos, começou a afastá-la das brincadeiras.

— O peito da Regina está estranho.

Caetana percebeu e levou a menina para dentro de casa. Era uma mulher quieta por conta do silêncio do marido, ainda assim só tinha olhos para o marido, e não havia percebido a modificação do corpo da filha, já no início da puberdade.

Depois desse dia, a menina não apareceu mais sem camisa; ainda que a criação a fizesse tirar a roupa, a mãe a obrigava a vestir novamente. Regina queria ser igual aos irmãos, não aceitava e não entendia ser diferente.

— Quero ficar sem camisa, tenho calor. Meus irmãos podem, e eu tenho que ficar coberta. Por quê?

Quando menstruou pela primeira vez, estava brincando com os irmãos, trepada num cajueiro, e Gustavo, mais uma vez, denunciou:

— Pai, corre, a Regina se cortou, está sangrando.

Foi uma correria. Regina começou a chorar, não entendia o que estava acontecendo. Caetana, em sua limitação, trancou-se no quarto com a filha e explicou o que estava havendo.

No dia seguinte, no café, numa mesa com tapioca, carne assada e ovos, cercada pelo pai e pelos irmãos, Regina apareceu num vestido, parecendo uma boneca, mas com andar masculino, adquirido do convívio com os irmãos. Todos riram. E a mocinha da família saiu correndo para o quarto. Voltou depois com os olhos inchados e nos trajes de sempre: uma calça curta e uma camisa surrada. Ninguém mais a fez colocar um vestido.

O caçula dos irmãos de Regina, Gildo, ficara cego. Nasceu com a visão comprometida e, com o passar dos anos, perdeu-a por completo. Isso não o tornava diferente dos outros; era um gordinho esperto, atento, conhecia as pessoas a distância, sabia quem se aproximava, onde estava, conhecia a trilha da roça para casa como ninguém. Prova desse conhecimento todo, Gildo era o responsável por ir da roça para casa, acompanhado de um jumento, para pegar o almoço.

Esta era a rotina: Ivo olhava para o céu, calculava a posição do sol na imensidão azul e definia o horário do almoço; depois, dispensava Gildo das tarefas e o fazia ir buscar a refeição. O mocinho, já nos seus quinze anos, chegava na companhia do jumento e sentava-se no alpendre aonde Regina vinha com o seu prato pronto. Ali o rapaz almoçava sozinho, sentado no chão, rodeado de passarinhos que beliscavam o seu prato, enquanto Caetana preparava as cuias com as refeições que seriam levadas para a roça por Gildo.

Regina, cansada da vida tediosa ao lado da mãe, de lidar com o forno de lenha, um dia escondeu-se em um dos balaios que iam pendurados no jumento e voltou com Gildo para a roça. Só foi descoberta quando já estava lá. Mas a menina ficou feliz mesmo com as chamadas do pai.

À noite, quando chegou, Caetana estava se desmanchando em lágrimas, pois não sabia do paradeiro da menina. Quando a viu, correu para abraçá-la.

No dia seguinte, quando Ivo e os filhos seguiam para a roça, Regina correu para acompanhá-los, e não teve quem tirasse aquilo de sua cabeça. Ivo, percebendo o gênio difícil da filha, aceitou levá-la. Ao chegar lá, ele deu tudo o que era tarefa difícil para a menina, que não se recusou a fazer nada. Mais tarde, Ivo montou no jumento para ir buscar o almoço e revelou para a mulher que não tinha o que fazer com Regina. Quando a menina colocava algo na cabeça, não tinha quem mudasse.

O que quebrava a rotina da família era a missa celebrada pelo padre Afonso. Não era perto o lugar; dava uma hora de caminhada até a igreja pequena, feita de uma armação precária revestida de barro. Padre Afonso era novo e muito querido por todos. Já estava na região havia dois anos, e era responsável por casamentos, extrema-unções, batizados e visitas aos fiéis e, por isso, as missas eram quinzenais.

O padre era de um apetite admirável e tinha muito apreço por Ivo, que o presenteava com raras frutas que cultivava em seu quintal. Por essa amizade, padre Afonso confiou a Ivo uma tarefa: buscar em uma cidade vizinha uma de suas sobrinhas, Menininha. Ela era bonita, o padre vivia fazendo propaganda: filha de sua irmã, que vinha passar férias ao seu lado.

Diante da recusa de Ivo em cumprir a tarefa, o padre argumentou que não podia deixar os fiéis e se ausentar da comunidade, mas que confiava somente a ele, um homem casado, responsável e leal, a tarefa de buscar a sua sobrinha, e a mais ninguém.

— Ela vem também para trazer umas encomendas que pedi para minha irmã — dizia o padre, rindo e sempre lambendo os lábios, o que dava a entender que a tal encomenda tinha algo a ver com comida.

Incentivado por Caetana, Ivo resolveu cumprir a solicitação do padre. Antes de partir, o patriarca distribuiu tarefas aos filhos moços, recomendações para não deixar de cuidar da esposa e da filha. Partiu contrariado, coração partido em deixar a família, mas feliz por prestar ajuda ao padre, que a seu ver era o mesmo que ceder a Deus. E o padre estava certo ao tecer elogios a Ivo, só não se lembrou de que ele era um homem de carne e osso, frágil a tentações.

Menininha era uma jovem bonita, cheia de desejos, e não uma garotinha, como havia relatado. Ivo entregou a moça para o padre, que, eufórico, não percebeu a troca de olhares entre os dois.

Ivo, se já era silencioso e muito distante, tornou-se ainda mais. A chegada à sua casa foi de muita alegria, pois a esposa e os filhos estavam com muitas saudades. Regina havia, inclusive, marcado com um risco o tronco de uma mangueira que ficava no terreiro no dia da viagem do pai e, todas as manhãs durante os sete dias da sua ausência, ia até o local e destacava mais um risco.

Caetana, na ocasião da viagem do marido, não deixou de ir à igreja no domingo. A matriarca da família percebeu os olhares de Maurício, seu filho mais velho, para Vera, filha de um fazendeiro da região. A missa servia para os jovens se encontrar, ainda que sem oportunidades de contato, pois sempre eram vigiados pelos olhos atentos dos pais.

Vera era uma moça bonita, filha única, tratada a mimos pelo pai viúvo, que já não tinha muito dinheiro por conta da queda do preço do algodão. O velho havia adquirido muitos empréstimos e, com a queda na venda do produto, passara a se desfazer dos escravos e de parte das terras, mas, ainda assim, gozava de prestígio e era muito respeitado na cidade.

Com a chegada do marido, Caetana adiantou o que presenciara entre o primogênito e a filha do fazendeiro local em sua ausência. Ivo também percebeu a troca de olhares de Maurício com Vera, as conversas rápidas quando ninguém estava por perto. Diante disso, concluiu que o filho, agora com dezoito anos, já era um homem, precisava constituir sua família, e ele o ajudaria naquilo. Em conversa com o pai da moça, na presença do padre, ficou tudo acertado — ou negociado, como era dito na época.

Maurício e Vera casaram-se três domingos depois, com uma festa grande na propriedade do pai da moça que foi financiada por Ivo, que dispunha de mais dinheiro. No final da tarde, entre lágrimas de tristeza do fazendeiro, Vera seguiu com Regina em um cavalo puxado por Maurício, ao lado dos outros integrantes da sua família. Depois de casada, moraria no sítio com a família do marido em um quarto fornecido pelo sogro.

Vera, antes tratada como uma princesa, sem a preocupação de ter que fazer nada, agora sentia-se na obrigação de ajudar a sogra e a cunhada nas tarefas da casa.

Depois da noite de núpcias, a moça amou ainda mais o marido e não queria desapontá-lo, por isso não ficou de braços cruzados. Ajudava a sogra na preparação do almoço e depois cuidava do quarto da melhor forma. Teve muita dificuldade no início, e até fora vítima das risadas maldosas de Regina, mas também do apoio e incentivo da sogra, que a aconselhava em um tom paciente:

— Não se apoquente. Regina é uma criança ainda.

As duas riam sem perceber a ira de Regina.

Em meio a tudo isso, Ivo resistia às investidas de Menininha. A sobrinha do padre declarou-se apaixonada por ele, e não escondeu isso do amado. Confessou o quanto o amava, o quanto o desejava. Falou, em lágrimas, que ainda guardava vivas as lembranças de quando o conhecera, de como foi feliz na viagem de sua casa até a casa do tio. A moça não perdeu a oportunidade quando o viu sozinho no casamento de Maurício e Vera, e foi abordá-lo.

— Deixe disso, menina, sou um homem casado. Tenho mulher e filhos.

— E eu tenho amor por você.

— Loucura, moça. Nunca vai ser possível algo entre a gente. Nunca! Deus é maior que qualquer tentação.

— Ainda me lembro do seu olhar de desejo sobre mim.

— Isso não é nada bonito vindo de uma moça que é sobrinha do padre.

A moça, ousada, roubou-lhe um beijo, que o deixou desconcertado e também mais apaixonado.

Menininha, carregando uma sombrinha que combinava com o vestido, apareceu na casa de Ivo na companhia do padre semanas depois do casamento de Maurício e Vera. Foi simpática, divertiu a todos com as novidades de sua terra, suas aventuras, limitadas às moças da sua idade, o que encheu Caetana e Vera de graça, e despertou em Regina a vontade de ser igual a ela.

O padre resolveu ir embora antes de Ivo chegar, para tristeza de Menininha, que desejava vê-lo.

— Olhe só. Menininha não é de fazer as visitas comigo, prefere os periódicos que chegam de sua cidade, mas hoje, quando comentei que passaria por aqui, arrumou-se toda e disse que me acompanharia — contou o padre, na varanda, ao se despedir de Caetana, Vera e Regina, as únicas na casa, já que os homens estavam na roça.

— É que eu queria agradecer mais uma vez o senhor Ivo — Menininha fez uma pausa, enquanto olhava a esposa, a nora e a filha do homem que amava, esperando seus comentários. — No casamento foi tão rápido, ele estava tão ocupado, não consegui falar direito — seu sorriso foi acompanhado por todos na varanda onde estavam. — Queria conhecer a família dele também. Um homem tão cortês não poderia ter uma família diferente. Pude comprovar isso esta tarde.

Regina, naquela tarde, deitada na rede, não pensou em outra coisa. Queria ser igual à Menininha. Ter sua beleza, gentileza, roupas, tanto que manifestou essa vontade, durante o jantar, quando todos estavam sentados à mesa. Até Vera, que convivia há pouco tempo com a cunhada riu e fez o comentário:

— Não me esqueço do dia que vim para cá. Você, Regina, sentada à mesa, chupando laranja com casca e tudo.

— Eu gosto, qual o problema?

Mais risos.

— Você é diferente, filha. Não tem a educação nem a criação da moça da cidade — explicou Ivo. — Foi criada neste sertão...

Regina ficou séria, observando todos rindo dela.

No dia seguinte, Caetana resolveu conversar com a filha, pois considerou muito severo o tratamento dispensado à moça na noite anterior. Ressaltou o quanto era bonita, que podia, sim, ser uma moça fina. E disse que prestasse atenção em Vera, sua cunhada, no quanto era educada, prestativa, delicada.

Regina ouviu a tudo contrariada, mas depois tratou de prestar atenção na cunhada. Tentava imitá-la na gentileza, na cordialidade, mas era rústica, tinha o jeito masculinizado dos irmãos, comia com as mãos, com a cuia apoiada nas pernas, não sabia se sentar à mesa, sujava os cabelos com as carcaças da galinha cozida. Enfim, suas tentativas eram frustradas; todos acabavam rindo de sua forma estranha de se portar à mesa, ou do tom em que falava com os irmãos e com o pai. Às vezes imitava Vera e tentava conversar baixo, num tom moderado, no entanto ouvia:

— O que disse, menina?

— Falou o quê? Fala para dentro, não entendo nada. Parece que está triste.

— Ou com fome — completava outro, rindo.

Regina ficava nervosa e saía gritando, num andar apressado.

Quando Caetana se viu sozinha com a filha, tratou de pedir ajuda para a nora. Relatou o que vinha acontecendo; Regina já era uma mocinha e precisava de auxílio no jeito de lidar, de vestir, e, se tivesse algum vestido que não usasse mais, que desse a sua filha para melhorar a aparência.

Vera ouviu tudo em silêncio, num jeito respeitoso à mãe do marido, enquanto Regina sorria, certa da sua melhora como moça.

Caetana fez isso já no silêncio da noite, quando os homens já haviam se recolhido, e, na sequência, foi se deitar. Regina seguiu a cunhada até a porta do quarto dela, estava certa de que teria os melhores vestidos da cunhada, e ouviu o comentário de Vera, bem baixinho, para não ser ouvida pela casa.

— Esquece. Não tenho vestido que sirva em você.

— Mas minha mãe pediu os que não servem mais. Não precisa ser novo.

— Nem um novo operaria um milagre em você. Deixa de ser invejosa. Querer ser o que não é, o que não pode.

— Eu vi a quantidade de vestidos que você tem, não custa.

— Já disse, não tenho — entrou no quarto e, antes de fechar a porta, finalizou: — Prefiro dar os meus vestidos para as vacas mastigarem e deitarem em cima a ter que dar um para você. E mais uma coisa: não quero você dentro do meu quarto.

Vera falou e bateu a porta na cara de Regina.

Dois dias depois, quando Vera acordou e abriu a janela do seu quarto, pôde ver parte de seus vestidos jogados no terreiro, sendo mastigados e pisoteados pelas vacas magras de Ivo. Ao longe, trepada num dos galhos de uma mangueira, estava Regina, sorridente, acenando para a cunhada.

Vera soltou um grito que fez Caetana largar as roupas que separava para lavar no rio. A matriarca saiu correndo para ver o que acontecia com a nora. Na cozinha, encontrou Vera chorando, berrando de forma descontrolada, enquanto Regina mantinha-se encostada no portal, com o pé direito apoiado no joelho esquerdo. Tinha manga até os cabelos, as mãos lambuzadas, e um ar de contentamento no rosto.

— Dona Caetana, a Regina estragou todos os meus vestidos.

— Minha filha, não chore. O que houve? — perguntou Caetana, tentando acalmá-la.

— Mãe, ela está doida, não vejo outra explicação. Pediu para eu colocar os vestidos no sol. Foi o que eu fiz. Só que as vacas do pai alcançaram a cerca — justificava Regina querendo rir. — Desculpa, cunhada, a culpa foi minha mesmo, eu coloquei e nem lembrei que as vacas podiam pegar. Olha que cabeça!

— Sua mentirosa. Não pedi nada para você. Está mentindo.

— Mentirosa, não! — retrucou Regina.

Caetana ficava entre as duas, dividida, cada uma com o seu argumento. A muito custo conseguiu acalmar a situação. Conhecedora do gênio difícil da filha, foi ao terreiro e recolheu os vestidos pisoteados, prometendo à nora que os deixaria perfeitos.

Vera foi encontrar Maurício no caminho do trabalho, antes que ele chegasse em casa, já pronta para contar a sua versão dos fatos. O primogênito de Ivo apressou os passos e chegou antes do pai e dos irmãos. Estava bravo, irritado.

— Mãe, cadê a Regina?

— Meu filho, ela deve estar no galinheiro, pedi para pegar...

Ele já estava longe.

Minutos depois, era possível ouvir os gritos de Regina.

Da janela de seu quarto, Vera pôde ver e ouvir a cunhada apanhando do irmão e acenou para Regina. A cena a fez parar de chorar. Sentiu-se vingada.

Regina apareceu em casa mancando, sem poder sentar-se. Ivo, que chegou mais tarde naquele dia, estranhou os passos tortos da filha, mas a moça, com medo do irmão mais velho, não ousou contar sobre a surra que levara.

No dia seguinte, quando Regina se viu sozinha com Vera, disparou:

— Isso não fica assim. Meu irmão nunca levantou a mão para mim.

— Por isso é essa cobrinha.

— Você vai embora desta casa. Escreve o que estou lhe dizendo. E não vai demorar.

— Vai me pôr para fora? — debochou a cunhada, rindo.

— Não duvide.

— Ele me ama. Coloca quem quer que seja, mas não a mim.

Regina já estava saindo quando ouviu aquilo. Voltou e concluiu:

— Realmente. Ele a ama. Ao contrário do seu pai, que trocou você por um monte de algodão.

— Como?!

— Isso mesmo. Trocou você por algodão. Todo mundo sabe que aquele velho é um falido, sem dinheiro, que está vendendo tudo o que pode para se livrar das dívidas.

— Mentira!

— É o que o povo anda dizendo por aí — riu e foi saindo, antes de desaparecer da vista da cunhada, completou da porta: — Como você vale pouco! Trocada por algodão, algo tão sem valor hoje em dia.

Se Regina não tivesse corrido, receberia uma moringa de barro na cabeça. Vera espumava de ódio.

Capítulo 18

Ivo não queria, resistiu o quanto pôde, mas só o olhar de Menininha era capaz de dobrá-lo. Tanto a moça fez que acabou conseguindo o que queria. Dormiram uma noite juntos, para desespero de Caetana e dos filhos, que passaram a noite em claro preocupados com Ivo.

— Fui fazer um serviço para o padre, mulher. Nada aconteceu — Ivo desconversou, juntou-se aos filhos e seguiram para a roça.

E os encontros aconteceram outras vezes durante um mês. Ivo chegou a pegar um terço do dinheiro que recebeu da venda de parte de suas terras para presentear a sobrinha do padre. Para Caetana, explicou que a situação ruim pedia aquele negócio, e a venda das terras não era tão rentável como esperava, pois não havia conseguido muito dinheiro. Caetana lamentou, porém não tocou mais no assunto.

Menininha, acompanhada pelo padre, apareceu numa visita surpresa na casa de Ivo. Escolheram propositalmente um sábado à tarde, quando sabia que encontraria Ivo.

— Minha sobrinha já deseja voltar. Veio só se despedir.

— E volta sozinha? — adiantou Ivo num tom preocupado.

— Ela me falou que volta com um primo. Por falar nisso, ando tão ocupado que não conheci ainda esse moço. Eu não o conheço, é parente do meu cunhado.

— Perigoso uma moça sozinha com um rapaz — argumentou Ivo, demonstrando claramente o seu ciúme.

Quando Menininha viu Ivo sozinho no terreiro, pensativo, aproveitou para abordá-lo:

— Vem comigo? — pediu, amorosa, levantando a barra do vestido. — Não tem primo nenhum — ela sorriu. — Eu vi como ficou incomodado com a minha partida. Venha comigo, começar uma nova vida, só a gente.

— Você é louca! — exclamou, rindo e sentindo um calor percorrer o seu corpo ao sentir a mão da moça em seu braço.

— Eu lhe desafio.

— Não posso.

— Gostou do vestido? Aquele tecido que você me deu. Olha que bonito!

Menininha encostou os lábios de leve no rosto de Ivo.

Caetana, da janela da cozinha, pôde ver e ouvir a conversa e ficou atordoada. A mulher, paralisada, passou a mão pelo vestido. Era simples, todo colorido com remendos de várias cores e tecidos. Lembrou-se de que Regina também necessitava de roupas. Foi, naquele momento, tomada por uma tristeza. Não conseguia tirar da cabeça o que presenciara, tanto que ficou distante, ausente dos assuntos e, quando perguntaram o que havia acontecido, respondeu que uma dor de cabeça a incomodava e nada mais.

A visita já havia ido embora e os filhos se recolhido quando Caetana foi conversar com o marido. Ivo estava sozinho no terreiro, fumava um cigarro de palha, e a esposa chegou para sondá-lo:

— Acho a sobrinha do padre tão ousada. Uma moça muito liberal, doidivanas. Não deixaria minha filha assim, entregue ao mundo.

— Prefere assim, como a Regina, xucra?

— Homem, é sua filha. Como pode dizer isso?

Ele respirou fundo. Estava extremamente farto daquela vida. Não tinha medo do trabalho, no entanto, sentia um vazio com a família, algo que não tinha ao lado de Menininha, com o seu amor, com o seu carinho. Foi nesse instante que o agricultor percebeu que nunca amara Caetana.

O silêncio foi quebrado por Caetana, que acumulava tristeza diante da indiferença do marido:

— Por que será que ela gostou tanto da nossa casa? Veio nos visitar, se despedir...

— Será que não tem outro assunto? — explodiu Ivo.

Foi o necessário para Caetana também retrucar no mesmo tom:

— O que está acontecendo? Pode me explicar?

— Não me amole, mulher.

Silêncio.

— Como fui boba — murmurou Caetana.

— O que disse?

— Sempre soube de seus casos por aí — Ivo tentou interromper, mas Caetana prosseguiu, manifestando tudo o que estava entalado em sua garganta. — Sou mulher, durmo com você, senti sua ausência. Só hoje, vendo a sobrinha do padre, eu compreendi a situação. Você me traiu com ela.

— Quanta besteira! Do que está falando?

— Você já voltou diferente da viagem quando foi buscá-la. Sempre fazendo serviços para o padre, dormindo fora. Hoje eu vi como ela te abordou, rodando em volta do seu corpo como uma serpente, enfeitiçando você. Não a coloquei para fora por respeito ao padre, ou por medo, ou ainda por não querer acreditar no que estava vendo.

— Você está louca! Eu jamais me interessaria por ela. Uma menina...

— Eu vi vocês conversando. Eu a vi tocando você, e vi a sua satisfação. O vestido, presente seu. Juntei tudo. Quando veio aqui nos visitar, agora me recordo do ar de decepção dela em ter que ir embora sem te ver.

— Você está fantasiando. Sobrinha do padre. Presenteei a moça, sim, porque sempre foi muito fina, delicada com a nossa família.

— Ivo! — quase gritando, depois tomada de uma voz serena, como se fosse compreensiva: — Vejo em seus olhos que você a ama. Não tem ideia de como isso é triste para mim. Eu sei o que é um olhar apaixonado diante de um amor. Eu vi isso nos olhos daquela menina.

Pausa.

— Eu vou embora com ela. Amanhã cedo — disse Ivo.

Ele baixou a cabeça e pôde sentir Caetana esmurrando o seu braço enquanto chorava. Fazia num gesto contido, como se não quisesse machucá-lo e, ao mesmo tempo, não quisesse ser ouvida pela casa. Depois, exausta, sem ter provocado qualquer reação no marido, Caetana levantou-se e o questionou:

— Vai mesmo trocar sua família por uma aventura?

Não houve resposta. Ivo tinha a cabeça voltada para as estrelas. Caetana cruzou os braços e saiu.

Uma hora se passou e Ivo permanecia no terreiro. Caetana voltou e insistiu:

— É isso mesmo que quer?

— Eu gosto daquela moça, é algo mais forte. Não vou ser feliz sem ela, sabendo que...

Caetana sentiu como se tivesse levado uma facada nas costas. Jamais pensara que ouviria aquelas palavras do marido. Bem amargurada, vaticinou:

— Você não vai ser feliz com ela. Não permitirei, enquanto puder, Ivo. Você e Menininha não serão felizes. E, se viver, será um velho cheio de remorso, amargo, infeliz e solitário. Eu prometo.

Meia hora depois, de sua janela, Caetana pegou a espingarda e mirou em Ivo. Foram dois disparos, e o homem caiu.

O barulho fez a casa se levantar. Caetana teve tempo de acomodar a arma num baú, onde estava, e se juntar aos filhos. Gustavo apareceu e deu a notícia da morte de Ivo.

— Meu Deus! — Caetana exclamou, fingida. — Tomei o chá e dormi como uma pedra. Não o vi saindo. Ivo estava muito agoniado essa noite. Comentou que tomaria um ar — fez uma pausa. — Olha, ontem mesmo ele me acordou, disse que estava ouvindo um barulho. Eu aconselhei que não fosse, porque era bobagem...

Por fim, todos concluíram que havia sido alguma emboscada. Era comum vaqueiros rondarem as propriedades para roubar cabeças de gado. Deduziram que Ivo tinha reagido a alguma ação desse tipo.

No enterro, Menininha, mais abatida do que a viúva, foi dar os pêsames a Caetana e Regina. A esposa de Ivo se afastou, ignorando-a. Regina achou aquilo estranho e perguntou por que havia feito aquela desfeita com a sobrinha do padre.

Caetana justificou-se, com um sorriso contido:

— Eles eram amantes.

Daquele dia em diante, Regina passou a odiar Menininha.

Passados os dias, Caetana tratou de mexer nos pertences de Ivo. Na partilhas dos bens, a viúva deu a cada um dos filhos um presente. Para Gildo, o filho cego, deu um relógio de bolso, com corda e detalhes em ouro, que fora do seu sogro, pai de Ivo. Era o presente mais valioso, e Caetana se justificou com a deficiência do rapaz; em seu julgamento, era o que mais precisava.

De todos os itens distribuídos, o relógio era o bem maior, o mais desejado. Teria sido do avô de Ivo antes de ser de seu pai, e era de grande valia em razão do ouro que continha.

Regina, que sofria a rejeição de Maurício, seu irmão, e o deboche de Vera, sua cunhada, viu nitidamente os olhos ambiciosos do casal sobre o objeto. Sabia que o irmão queria o relógio e se considerava merecedor dele, pois era o primogênito, casado, e agora, com a morte do pai, o homem da casa, o novo chefe da família. Regina o observou de longe e pôde ver seus olhos cheios de lágrimas, assim como os de Vera, que o acompanhava até o terreiro, onde desabafou.

Regina também tinha interesse na peça, mas não se sentiu lesada porque passara a pertencer a Gildo. Tanto é que se juntou a Gustavo para comemorar o presente.

Entre os irmãos, Gustavo era o menos ambicioso. Paciente, ele descreveu para o irmão cego a peça, relatou, com todos os detalhes, o formato, do que era composta; já a sua importância, essa Gildo sabia de cor e salteado, pois crescera escutando o pai contar as várias histórias que envolviam aquela joia.

Gildo ficou todo pomposo. Guardou a joia no bolso, onde o acompanhava para onde ia. À noite, acomodava o relógio num baú que tinha no quarto, mas, quando acordava, corria até o móvel, tateava até encontrá-lo, e depois o acomodava no bolso.

Regina percebeu o distanciamento de Maurício, a forma rude como tratava Gildo. Ainda não havia perdoado o irmão mais velho pela surra, pelo desprezo, e atribuía tudo aquilo a Vera. Tinha certeza de que a cunhada estava influenciando sua maneira de agir.

Por conta da transparente ambição de Maurício, Regina armou um plano para se ver livre de Vera e também do irmão, o que não foi difícil, pois surgiu uma oportunidade dias depois.

Gildo, por cuidado à herança, confiou a Regina a joia que fora do avô. A moça já vinha matutando um meio de se vingar do irmão mais velho, por isso deixou propositalmente a peça sobre um móvel da casa. Maurício não resistiu; a ambição foi decisiva e ele sucumbiu à tentação: pegou o relógio e o acomodou no bolso. Escondeu ali e resolveu não contar para ninguém. Tudo observado a distância por Regina.

Depois de muito pensar, Regina, para imprimir veracidade ao fato, vestiu-se com as roupas de Maurício e entrou no quarto de Gildo. Fez tudo em silêncio, quando o irmão estava deitado. Ardilosa, ao sair, fez barulho para ser notada. Gildo despertou e perguntou:

— Quem está aí? — fez uma pausa e, com a respiração rápida, concluiu: — Maurício, é você que está aí? O que quer a essa hora, homem?

Pronto! Era tudo o que Regina queria: passar-se por Maurício e deixar Gildo ciente disso. Logo depois que saiu do quarto do irmão, Regina correu para trocar a roupa e foi escondê-la.

Quando Gildo deu-se pela falta do relógio, logo pela manhã, não atribuiu o sumiço ao irmão mais velho. Recorreu a Regina, que o convenceu de que tinha devolvido a peça no dia anterior — o que, de fato, ela deveria ter feito, mas preferiu ficar com o objeto para aguçar a ambição de Maurício.

Por conta disso, Gildo pensou ter guardado num lugar que estava longe de seu tato. Pediu a ajuda de Gustavo, que o auxiliou prontamente. Reviraram o quarto. Regina participou da operação, mostrou-se disposta a achar o objeto. Quando a moça se viu sozinha com Gildo, lançou o comentário venenoso:

— Estranho esse relógio ter desaparecido de dentro do seu quarto. Só poderia estar aqui.

— Será que eu perdi? Sou um desastrado mesmo. A mãe não devia ter confiado a mim essa joia.

— Com você está em ótimas mãos, mano. Cadê o Maurício que não vem ajudar na busca?

— O Maurício esteve no meu quarto ontem à noite – relatou, em tom ingênuo.

— Maurício?!

— Sim, notei-o aqui. Não fez barulho, não quis incomodar.

— Tem certeza? – especulou Regina.

— Não me engano. Sei quando a pessoa está perto de mim e quem é. Tenho o faro apurado e senti o cheiro da roupa.

Por fim, Gildo concluiu que havia perdido o presente herdado do pai. Chateado, preferiu não tocar mais no assunto, assim como todos na casa, menos Regina, que estava prestes a colocar seus planos em prática.

O ódio que transbordava de Regina atingiu aos poucos o ingênuo Gildo. Ela nutria por Maurício e pela cunhada uma sede de vingança e usou Gildo para puni-los.

Uma semana depois, ela começou a envenenar o irmão cego com suas palavras em doses homeopáticas, mas fatais. Fez comentários maldosos sobre Maurício e a cunhada, que de início não eram aceitos por Gildo.

— Vera me trata muito bem. Não tenho o que falar dela.

— Ela o ignora, nem fala com você. Já peguei ela rindo de você várias vezes. E o Maurício ajuda no deboche. Lembro quando você ganhou o relógio, eles ficaram longe, balançando a cabeça.

— Porque eu não sei ver horas, porque não enxergo. É isso? — emendou, num tom triste.

— Eu não ia lhe contar, mas agora... Bem, depois do que eu descobri...

— Descobriu? — houve uma pausa, interrompida pelo rapaz ansioso. — Fala logo, o que foi? — perguntou impaciente à irmã.

Regina chamou o irmão até o celeiro, onde dissera ter visto Maurício com o relógio. A moça contou a sua versão dos fatos: fora ao local apanhar uma foice, a pedido da mãe, quando encontrou Maurício apreciando a joia.

— Não pode ser... — murmurou o rapaz, não querendo acreditar.

— É a verdade, meu irmão. Não queria lhe dizer isso — fez uma pausa. — Eu pedi para Maurício devolver, mas a Vera disse que não, que o venderia para comprar vestidos novos. Insistiu que você não precisava de relógio. Falou assim, toda debochada: "Para que ele quer um relógio? Não sabe nem ver as horas! Vai acabar perdendo por aí."

Gildo ficou visivelmente triste e acreditou na história narrada por Regina. E ela, por sua vez, disfarçando a sua conquista, deu sequência ao plano.

— Você tem que reagir. Não pode baixar a cabeça para ele, não. Só porque o Maurício é mais velho, casado, agora fica bancando o chefe da casa. Ele se vê no direito de mandar nos outros, de tomar posse dos bens que não são dele.

— Tem razão. Não vai ficar assim.

Regina conversou com Gildo durante o tempo suficiente de induzi-lo a intimar o irmão. A moça foi até uma prateleira de madeira torta, apanhou uma espingarda, que estava escondida entre os montes de algodão, e entregou ao irmão.

— Era do pai. Peguei no quarto da mãe sem ela ver. Agora está em suas mãos.

Gildo se assustou quando percebeu que tinha uma arma em mãos. Recusou-se categoricamente a pôr fim na vida de Maurício por conta de um relógio, mas Regina riu e o convenceu de que era só para impor respeito, mostrar quem mandava, e o convenceu finalmente, informando que não havia munição na arma.

Aproveitando a raiva do irmão que acreditava ter sido enganado, Gildo aceitou que Regina chamasse Maurício na casa para uma conversa ali, no celeiro.

Regina chegou à porta do quarto do irmão sorridente, apesar da cara amarrada da cunhada ao vê-la, onde sua entrada fora proibida dias atrás.

— O Gildo está chamando você no celeiro.

Maurício alegou que não podia ir naquela hora, mas Regina insistiu e ressaltou a urgência. Maurício olhou para a mulher e saiu a contragosto ao encontro de Gildo. Regina saiu logo atrás, saltitante, lançando seu veneno:

— O Gildo falou que você roubou o relógio dele.

— Que absurdo! — defendeu-se, já bravo. — De onde tirou isso?

— Foi o que eu disse, mas...

Maurício apressou os passos, deixando Regina para trás, tanto que a moça viu o quanto ele estava nervoso e resolveu voltar para casa.

Minutos depois, ouviu-se um tiro. Regina estava na cozinha com a mãe, as duas saíram correndo; o mesmo fez Gustavo, que estava dando sobras de comida para o cachorro. Vera, que estava no quarto, também saiu em disparada.

Gildo, com a espingarda na mão, desesperado, enquanto Maurício estava estendido no chão, sangue manchando a camisa.

— Diz para ele, mãe, eu não fiz por mal — sussurrou Maurício, com a cabeça apoiada no colo da esposa. Depois fechou os olhos, para sempre.

Regina correu até Gildo, e o afastou da vista dos outros.

— O que aconteceu? — perguntou Gildo, tremendo.

— Eu é que pergunto — retorquiu Regina, forçando um tom bravo.

— Você garantiu que não estava com munição.

— E não estava — mentiu Regina, disfarçando a felicidade de ter conseguido ainda mais do que queria. — O que você fez?

— Eu apertei o gatilho. Brigamos, ele me ofendeu, eu atirei na direção da voz. Eu não vi, mas estava nervoso, tive a sensação de que ele ia me bater com uma pá.

— Estúpido! Espera. Vamos pensar — fez uma pausa e sentenciou: — É melhor você fugir. Corre, antes que chegue o delegado com os homens da chefatura de polícia.

Gildo ficou indeciso, mas acabou obedecendo à irmã. Pegou a trilha que fazia para a roça, que conhecia como ninguém e desapareceu para nunca mais voltar.

Quase um mês já havia se passado desde o ocorrido. As mulheres da casa vestiam preto em sinal de luto.

— Parece que não vou mais tirar essa roupa do corpo. Marido, filho... e Gildo, onde será que está, Meu Deus?

Vera não agia diferente, chorava, pedia a Deus para ir ao encontro do marido.

Regina, numa dessas cenas, pegou um facão, entregou para a cunhada e alertou:

— Para não dizer que nunca te dei nada. Pega esta faca e vai de uma vez. Mas faça lá fora, não quero ficar limpando cozinha.

Gustavo, apoiado pelas ideias de Regina, contratou alguns homens para ajudar na roça; em troca, tinham terra para acomodar suas famílias. E assim a vida foi tendo sequência.

Regina odiava fingir o luto pelo irmão, assim como já não aguentava mais as lágrimas de Vera, por isso mandou um recado ao pai da moça para que fosse até o sítio.

Dias depois, o velho chegou ainda mais malvestido do que da última vez que a família o tinha visto. Vivia só, na casa principal, com um quintal limitado, pois perdera quase toda a propriedade para pagar suas dívidas. Não tinha muito ânimo, escondia as dores que sentia pelo corpo, que acabaram sendo reveladas para Regina. Simpática, a filha de Caetana puxou o velho sozinho para conversar no pomar seco, carente de água, onde acabou por convencê-lo a levar Vera de volta para sua casa.

— Acho melhor para o senhor que Vera volte a morar na cidade, em sua companhia. A sua saúde já está escorrendo das mãos, e ter a sua única filha por perto pode amenizar o seu sofrimento.

— Acho que tem razão, mocinha. Tão nova e com tanta sabedoria.

— Pois então — interrompeu a moça, mostrando seriedade na conversa. — Será melhor ainda para Vera. Imagina essa moça aqui, em meio a essa história toda, nesse sofrimento. Não é justo afogar a juventude dela nesse mato, sem vida. Depois, tenho um irmão solteiro, sua filha viúva, sem filhos, o povo pode maldar. Acho ainda mais fácil conseguir um pretendente ao seu lado.

— Uma moça mexida? Não acredito que alguém possa olhar para ela de novo.

— Bobagem desse povo.

O pai de Vera voltou para a sala, juntando-se aos demais moradores, e anunciou que Vera voltaria para a cidade.

Caetana era submissa à sua dor, não tinha palavra para nada. Sentia uma dor muito maior por ter perdido o filho e pelo desaparecimento do outro do que pela morte do marido. Diante da notícia, coube a ela ajudar Vera a arrumar suas coisas.

Regina nada fez, ficou de braços cruzados, indo do quarto onde as mulheres arrumavam as bagagens para a sala, onde estava o pai de Vera. Estava estourando fogos por dentro em pensar que se livraria da rival, e pôde ver a tristeza de Vera ao ir embora.

Vera despediu-se da sogra num choro alto, sentido. O mesmo aconteceu com o cunhado. Já estava na soleira quando Regina aproximou-se, instigando:

— Não vai me dar um abraço, cunhada? — no abraço, ao pé do ouvido, Regina cochichou, sorrindo: — Não disse que você ia embora desta casa? Eu avisei.

Depois de desfeito o abraço, Regina falou alto, para que todos ouvissem:

— Não se esquece da gente, volte sempre que quiser, cunhada. A casa é sua também.

Caetana, Gustavo e Regina ficaram ali na escada, vendo a dificuldade de Vera subir no cavalo, em lágrimas. Depois, o velho acenou para a família e saiu puxando o cavalo com a filha montada, rumo à cidade.

Meses se passaram, e a rotina parecia se apossar novamente da vida de cada um no sítio. Caetana, nos afazeres da casa, na arrumação das comidas para alimentar os homens da roça, contava com o auxílio de Regina. Gustavo era responsável por controlar os homens na roça e vinha desempenhando bem o papel que lhe fora atribuído.

O jovem Luís chegou naquela época ao sítio. Era meio-dia, Caetana estava estendendo roupas sobre as pedras, quando levantou a vista e se deparou com o jovem sorridente sobre um cavalo magro. Era nítida a beleza do rapaz escondida pelos maus-tratos e acasos da vida. Logo, o rapaz estava fazendo uma refeição oferecida pela dona da casa, de pé, com a cuia na mão, enquanto contava sua história.

Luís tivera fortuna ainda jovem, resultado de uma herança adquirida do avô, mas perdera com a mesma facilidade que ganhara. Agora vivia mundo afora, laçando gado perdido, trabalhando em roça ou no que fosse preciso.

O que fizera o jovem ficar com a família até a noite eram notícias de Gildo. Dissera tê-lo visto numa cidade distante, na direção do Ceará. Convenceu a todos que era o desaparecido, pois pôde descrevê-lo com toda precisão.

Regina duvidou. Mais tarde, foi ter diretamente com Luís, quando o viu acomodado na rede que a família lhe oferecera para passar a noite. Asseverou:

— Não acredito em você.

— Não estou pedido para acreditar — replicou sem interesse em prolongar o assunto, o que deixou Regina irritada. — A moça não é obrigada a acreditar, se é isso que quer.

— Toda a cidade sabe o que aconteceu aqui. É provável que o senhor tenha ouvido a história e se aproveitado disso para se infiltrar em nossas terras.

— A moça é imaginativa — observou, rindo. — Se me dá licença, preciso descansar o corpo.

Regina saiu bufando e voltou quando ele a chamou novamente.

— Acho que a mocinha não gostou da minha pessoa. Só para constar, vou ficar. Seu irmão, moço distinto, ofereceu-me emprego e estou precisando. A senhora sua mãe é uma santa mulher, tem um tempero que eu nunca tinha experimentado neste Brasil.

Os dias passaram e, embora Regina deixasse claro que não gostava de Luís, o rapaz foi ganhando a simpatia não só de Gustavo, mas também de Caetana. Não demorou, Luís deixou a rede da varanda onde dormia para fazer companhia a Caetana em sua cama. Regina não aprovou, mas nada pôde fazer, a não ser aceitar o novo companheiro da mãe. Gustavo não se manifestava a favor nem contra, respeitava as decisões da mãe.

Caetana assumiu o romance com Luís, ainda que fosse mais novo, e não só o levou para dentro de casa, como também o fez acompanhar a família nas celebrações do padre Afonso.

Regina o enfrentava e, certa noite, voltou ao assunto que não engoliu:

— Minha mãe é uma cega.

— A moça não me acha bonito? Não concordo com a moça. Caetana não é cega; tanto que viu minha beleza.

— Como pôde acreditar num sujeito como você? Chegou com uma história, foi ficando, apossou-se da varanda, do quarto da minha mãe...

— Do lar da família, da confiança do seu irmão, do coração da sua mãe. A moça deveria ser mais educada, dizer as palavras mais bonitas, condizentes com a sua beleza.

— Ridículo é o que você é.

— Bonita.

— Como?

— Você é bonita. Meio indomada também, parece uma égua braba — elogiou, sorrindo.

Regina foi para cima de Luís, que a segurou nos braços e a beijou. Depois, ele desfez o beijo e ficou segurando a moça pelos braços, enquanto a olhava fixamente nos olhos. Regina, pela primeira vez, sentiu medo.

Luís a largou e constatou num sorriso sedutor:

— O que falta para a moça é amor. É isso, carece de amor como esta terra carece de água. Tenha uma boa noite.

Desde então, passaram a se encontrar às escondidas. Sempre no meio da noite, atrás da casa ou longe dela para não levantar suspeitas. Regina parecia outra pessoa, descobriu que o coração podia dar saltos quando estava ao lado de Luís, que as pernas tremiam quando os olhos dele pousavam sobre os dela.

Luís levou o romance com Caetana e Regina por exatos dois meses. Numa manhã, no meio do café, o forasteiro anunciou sua partida, pegando todos de surpresa. Gustavo, que estava gostando das suas ideias, da sua força para lidar com a terra, não pôde acreditar. Com Caetana não foi diferente; lamentou em voz alta a notícia, que foi rebatida por Luís:

— Não sou de ninguém, minha senhora. Sou do mundo — justificou, rindo.

Caetana, em lágrimas, ao lado de Gustavo, implorava pela permanência do jovem, que se mantinha resistente em sua decisão, tanto que não falava nada, apenas preparava o cavalo, agora mais forte, de pelos viçosos e brilhantes, para a viagem.

Regina, que assistia a tudo calada, resolveu quebrar o silêncio. A moça sentiu-se atordoada e, no horário da partida de Luís, sem rodeios, revelou o segredo, fazendo acréscimos:

— Eu vou com você, Luís.

— Como?! — perguntou Caetana sem conseguir assimilar o que ouvia.

— Tenho que acompanhar o Luís. Eu estou esperando um filho dele, mãe.

A partir daquele momento, Caetana não conseguiu ouvir mais nada. Desmaiou nos braços do filho e, ao abrir os olhos, soube que Regina havia subido no lombo do cavalo com Luís e partido. Desesperada, corpo trêmulo, disparou:

— Nunca mais na minha vida quero ver essa menina. A partir de hoje esse nome não será mais pronunciado nesta casa. Como pôde fazer isso comigo? Ela me traiu. Que seja muito infeliz!

Capítulo 19

De volta a 1987. Gustavo acordou com o barulho dos trovões. Saltou da cama e, descalço, correu para fechar a janela do quarto. Saiu no corredor e pôde ver a vidraça do quarto da sua mãe aberta. Saiu em disparada para fechá-la. Ao passar pelo corredor, viu Caetana no quarto de Ana, que estava sendo ocupado por Regina. Sorridente, ainda sentindo o corpo pesado e cansado, Gustavo disse, assim que entrou no cômodo:

— Oi, mãe — observou a mulher séria, olhando para o horizonte. — Tive um sonho que me pareceu tão real. O pai, a senhora, a Regina estavam lá. Tinha mais algumas pessoas, só não recordo quem eram. Nunca foi tão verdadeiro, a ponto de conseguir ver com tanta clareza tudo o que estava acontecendo. Agora não tenho tanta certeza dos detalhes, mas eu estava lá também. Era como se a gente vivesse num sítio, outras roupas, muito calor...

— Sonho é bobagem — desdenhou num tom nervoso. — Você e essa mania de sonhos.

Gustavo, por conhecer o humor da mãe, não deu importância aos comentários, e prosseguiu:

— Cadê a Regina, mãe? Preciso conversar com ela, contar-lhe o que eu sonhei. Nunca foi tão claro. Acredita que Regina era minha irmã? Por isso somos tão unidos.

— Nunca mais na minha vida quero ver essa menina. A partir de hoje, esse nome não será mais pronunciado nesta casa. Ela me traiu. Que seja muito infeliz!

Gustavo, naquele instante, sentiu um arrepio que o fez tremer, mas acreditou que fosse por causa do vento gelado que vinha lá de fora, acompanhado de chuva.

Caetana, fria, pensava:

"Cleusa tinha razão; a amiga dela é boa. Não dei crédito quando disse, mas estava certa. Luís tem um caso com uma loira, minha sobrinha, e terão um filho. Meu Deus!"

No astral, Felipe deu a Menininha tempo de se recompor, pois estava emocionada.

— Não posso acreditar que...

— Que tudo isso aconteceu? — perguntou Felipe com ar de riso.

— Não. Que eu tenha feito isso. Ter me apaixonado por Ivo, um homem casado. Eu causei o desequilíbrio daquela família. Meu Deus!

— Não pense assim. Lembre-se que sua vida não terminou com a morte de Ivo. Foi escolha dele aceitá-la como amante. Vivia deprimido num casamento que não suportava mais e, de repente, você apareceu.

— Fiz muito mal àquela gente. Sinto-me tão culpada.

— Está esquecendo que voltou muito próxima das mulheres que a odiaram. Na maioria das vezes, voltamos no seio familiar, ou entre pessoas com quem nos relacionamos e afetamos de maneira positiva ou negativa. Você voltou como irmã de Caetana e mãe de Regina. Soube dar amor a quem um dia a odiou e desprezou.

— Agora entendo o porquê do ciúme de Caetana quando me apaixonei por Ivo. Caetana era tão pequena e já muito determinada. Tratou logo de apresentar uma professora para Ivo e fez com que os dois se casassem. Mas ela, ainda assim, embora tenha se distanciado com o casamento, sempre me tratou bem.

— Ela a perdoou de coração. Não admitiu a sua união com Ivo de início, mas sempre quis seu bem.

— E, quanto a Regina e Ivo, sempre deixou claro o seu ódio por eles.

— Regina não parou por aí, até onde você viu. É o que posso adiantar — Felipe fez uma pausa, observou os olhos emocionados de Menininha e prosseguiu: — Você nunca aceitou o amor de Ivo. Nem mesmo quando os dois estavam sozinhos e não tinham nenhum impedimento.

— É verdade. Lembro quando ele propôs. Achei que o tempo já havia passado para nós. Não tinha cabimento viver um amor àquela altura dos acontecimentos.

— Você cumpriu o combinado antes de voltar à Terra.

— Eu?

— Sim. Voltou disposta a amar quem um dia a odiou e ajudar Ivo a cumprir com o que ele se propôs.

— Solidão?

— Foi solitário. Casou-se, mas não teve filhos. Depois de sua morte, sentiu-se responsável pelas atitudes de Regina, o que justifica o amor que teve pela jovem nessa passagem. Bem, agora chega! Você ficará um bom tempo sem acompanhar a trajetória deles lá na Terra. Essa amostra foi para você começar a ter uma percepção maior do que viveu, do que está por vir e como poderá voltar.

Regina entrou com as malas no primeiro ônibus que passou no ponto, sem nem olhar o itinerário. Tentava disfarçar as lágrimas para não despertar a curiosidade dos outros passageiros. Olhou através da janela, a chuva intensa embaçando a visão. Estava completamente desnorteada, sem saber o que fazer, sem lugar para morar, sem dinheiro, desempregada e, ainda por cima, tentava assimilar a ideia da gravidez.

Lembrou-se de sua mãe, de Ivo, sentiu um nó na garganta. Como desejou tê-los vivos, ao seu lado. Pensou em procurar o tio Luís, mas as palavras de Caetana estavam ainda vivas em sua memória e temia o que poderia vir a fazer.

"E não quero saber de você procurando ninguém da minha família. Está entendido? Se fizer isso, você vai se arrepender. Não ouse querer me conhecer com raiva, garota. Suma de uma vez!"

Cada palavra de Caetana ainda martelava em sua cabeça quando se viu diante do mercado. Pensou em Danilo e ficou mais calma.

A chuva já estava fraca quando, tomada por uma coragem que desconhecia, pediu a uma das moças do atendimento para falar com Danilo.

A moça era nova e não conhecia Regina. Por ser recém-contratada, reportou-se direto a Vera para anunciar a moça.

Vera desceu apressada, minutos depois. Arregalou os olhos quando viu Regina com os olhos inchados e a mala do lado. Mostrou-se simpática, com a intenção de auxiliá-la no que precisasse. Vera ainda acarinhou o rosto da jovem com sua mão espalmada, de unhas compridas, esmaltadas de uma cor extravagante para o seu tom de pele.

Regina não percebeu, mas naqueles poucos minutos de conversa, Vera não tirava os olhos dos vidros do mezanino, onde estava instalado o escritório de Danilo, pois temia serem vistas ali.

O jovem ainda guardava o amor adormecido por Regina. Por isso, Vera foi ágil, pediu licença e prometeu que ajudaria a moça, mas ela deveria aguardá-la ali. Antes de subir, afastou Regina para um canto, longe dos olhos de quem estivesse no mezanino.

— Fique calma, minha querida. Você não está sozinha. Vou ajudá-la. Agora pare de chorar, respire fundo — fez uma pausa. — Vai ficar tudo bem.

Vera chegou ao escritório esbaforida, subiu de dois em dois os degraus da escada. Precisava correr. Ao abrir a porta, onde tencionava pegar a bolsa, deu de cara com Danilo saindo.

— Regina está lá na loja? Eu a vi daqui da minha sala.

— Sim — respondeu secamente, tentando pensar rapidamente em uma desculpa. Fez uma careta e disparou: — Danilo, parece que não conhece ex-funcionários. Acham que a firma é uma mãe para eles. Ela veio pedir dinheiro.

— Como?! — exclamou Danilo decepcionado, pois estava certo de que Regina estava à sua procura.

— Pois é, parece que brigou com a família, está sem onde morar — foi falando e observando a expressão do rosto de Danilo, depois acrescentou: — Parece que se envolveu com gente barra-pesada, sabe?

— Manda embora daqui. Não tem que dar dinheiro coisa nenhuma.

— Também pensei nisso, mas depois, para não arruinar a imagem do mercado diante dos fregueses, já que ela está irredutível, vou dar um agrado e ela desaparece.

— Chama a polícia — ordenou, numa voz triste.

— Não! Imagina o escândalo. Hoje é o dia do lançamento da nossa promoção que está um sucesso, pode olhar lá fora. Isso não cairia bem. Ela é muito rebelde, pode fazer um escarcéu.

— Está certo. Faça o que achar melhor.

Vera assentiu e apanhou a bolsa. Depois de fechar a porta, sorriu.

Danilo não se segurou. Quando chegou à porta do mercado, o máximo que viu foi Regina acomodada no banco de trás de um táxi e com a cabeça no ombro de Vera.

Por um tempo, no caminho da loja movimentada, cheia de funcionários e clientes, até sua sala, Danilo ficou pensando em Regina e não conseguia acreditar que a doce menina de quem tanto gostava havia se transformado na pessoa maquiavélica descrita por Vera. Só restou ao jovem respirar fundo e dar sequência ao seu trabalho. O resto da tarde foi uma tortura, pois ansiou contato com Vera para saber notícias.

Vera levou Regina para o seu apartamento. Não queria a aproximação dela e Danilo, por isso preferiu cuidar de tudo, dar apoio à menina. Sabia que, se virasse as costas, Regina daria um jeito de procurar Danilo. E outro assunto deixou Vera ainda mais preocupada: o fato de Regina estar grávida.

— De quanto tempo?

— Três semanas, foi o que eu descobri na firma onde estava...

— Sei, sei, você falou — interrompeu num tom impaciente, mas logo disfarçou. — O que pretende fazer?

— Preciso falar com Danilo. Ele tem que saber...

Vera fez uma pausa, lembrou-se do tempo que estavam afastados, do plano de sedução de Beto. Concluiu antes de Regina, dentro da sua ingenuidade, quem era o pai da criança.

— Há quanto tempo não vê Danilo? Sim, porque...

Regina estava tão atordoada com todos aqueles acontecimentos, que não atribuiu a paternidade de sua criança a outra pessoa além de Danilo. Só então, com o questionamento de Vera, deu-se conta de que estava grávida de Beto.

— Não pode ser. Meu Deus! Isso deve ser um castigo — deduziu, chorando. — Beto é o pai do meu filho!

— Vocês saíram? — perguntou Vera num tom incrédulo. — Não posso acreditar que você estava namorando com Danilo e o traiu com Beto — questionou séria, mas agradecendo aos céus pela novidade. — O Danilo te amava tanto, como pôde fazer isso? — insistiu no intuito de torturar a moça.

— Eu... eu não queria. Amo o Danilo. Gosto demais dele ainda — fez uma pausa, secou as lágrimas e, recuperando a respiração, prosseguiu: — Já tínhamos terminado o nosso namoro, depois daquele episódio horrível — Regina observou a cara de Vera pedindo que continuasse: — O Beto chegou dizendo que queria me ajudar, me convidou para sair. Fui resistente. Ansiava pelos seus telefonemas, Vera, dando notícias, mas não aconteceu. Uma noite ele apareceu. Foi tão gentil, me levou para jantar, a noite se estendeu... — começou a chorar. — Eu não me lembro do que aconteceu. Sou fraca por bebidas...

— Minha querida, você não tem o hábito de beber. Fique tranquila. Pare de chorar. Agora descanse um pouco. Tome um banho e deite-se. Tente esquecer esse dia. Eu vou ajudá-la, já não lhe disse? Então, confie em mim — apanhou a bolsa e a chave do apartamento.

— Vai sair?

— Sim. Eu vou sair. Não se importa se eu trancar a porta e levar as chaves, não é? Não tenho cópia. Depois, todos sabem que moro sozinha aqui, me respeitam, só que ainda não a conhecem. Há também umas vizinhas bisbilhoteiras, não quero que venham aqui importuná-la.

Regina conseguiu rir, depois foi em direção a Vera e a abraçou:

— Muito obrigada. Mesmo com tudo que aconteceu, com as provas contra mim, você se mostrou minha amiga.

Vera desfez o abraço e emendou:

— Deixa disso. Vá tomar um banho e se sentirá bem melhor.

Vera ficou observando-a enquanto ia para o banheiro e saiu. Desceu de escadas. Não quis usar o elevador, ainda que morasse no oitavo andar. Preferiu ir pensando no que fazer para ajustar aquela situação. Cogitou a possibilidade de Regina correr para Danilo e anunciar a gravidez. Vera o conhecia, ele assumiria.

E se desse dinheiro para ela voltar para sua cidade? Não, logo a ideia passou. Lembrou-se com alegria que o pai daquela criança era Beto, o que poderia mudar toda a situação. Apressada, apanhou as fichas telefônicas que tinha na bolsa e lançou no aparelho público. Depois de quatro chamadas, uma voz sonolenta atendeu.

— Alô? Quem ousa ligar de madrugada para a casa dos outros? Que falta de educação!

— Beto, meu querido. Sou eu, Vera Lúcia. Tenho uma novidade para você.

— Não tenho interesse em suas novidades. Estou muito ocupado...

— Encontro você daqui a uma hora na padaria que fica na esquina do seu prédio — ouviu-o resmungar mais alguma coisa, o que a fez disparar: — É melhor ir, ou prefere saber por outra pessoa que será papai?

Regina agiu conforme a recomendação de Vera. Depois de tomar banho, passou rapidamente os olhos pelo pequeno apartamento preenchido de móveis simples. Regina apanhou uma cama de abrir e fechar que estava atrás do guarda-roupa e a montou no quarto. Deitou-se e, muito cansada, logo adormeceu.

Acordou com a campainha insistente. Foi logo ver quem era, pensou ser Vera, mas lembrou que a dona do apartamento havia levado as chaves. Diante disso, ficou assustada, então permaneceu calada.

Depois do silêncio, ouviu a voz de um homem chamar por Vera.

— Vera, sou eu. Vai me dizer que se esqueceu do nosso encontro. Abre a porta. Estou louco para te ver, meu amor — fez uma pausa e depois iniciou o chamado, ignorando a campainha e batendo com a mão fechada na porta. — Vera, não vai abrir? Já não tenho mais uma hora, agora só cinquenta minutos.

Regina, assustada, encheu-se de coragem e, vagarosamente, encostou-se à porta. Ficou na ponta dos pés e pôde ver pelo olho mágico. Viu claramente quem era e ficou muito surpresa, embora o tivesse visto poucas vezes. Afastou-se da porta, levou a mão ao peito, depois voltou a espiar e viu mais uma vez Maurício, com rosas na mão.

Vera estava esparramada numa cadeira na calçada da padaria. Esperava ansiosa pela chegada de Beto. Pediu um refrigerante e um lanche, e nem havia recebido o pedido quando ele chegou apressado.

Beto não conseguia disfarçar sua aflição. Os olhos estavam inchados. Não acreditou mesmo depois de Vera contar, em detalhes, o que havia acontecido com Regina.

— Grávida de um filho meu? Não é possível. Só ficamos uma noite.

— O que já é o suficiente. Acho melhor já ir pensando no casamento. Vai se apressando, logo começa a aparecer a barriga. Ah! Não me chame para madrinha. Estou sem grana para presente.

— Você deve estar de brincadeira! Não vou me casar com ela.

— Não é o que ela deve esperar de você — deu uma pequena pausa e riu. — Fez mal para a moça do interior, rapaz, agora tem que reparar — insinuou, em um tom de deboche.

— Isso, ria e tripudie agora. Você deve estar adorando essa situação. Só assim terá o Danilo livre para você.

— Você caprichou na parte do plano. Nem pedi tudo isso, mas já...

— Não vou me casar — interrompeu, irritado. — Não posso. Tenho uma proposta de viagem da minha irmã. Vou para a Inglaterra estudar. Meu cunhado está vendo com uns amigos.

— O Maurício conseguiu uma bolsa para você? — perguntou em tom de ciúmes, pois Maurício, nos vários encontros que tiveram, não fora capaz de ofertar nem um passeio a Campos do Jordão, mas para o "cunhado-problema" conseguira uma viagem ao exterior.

— Conseguiu, está quase certo — murmurou. — Isso não pode estar acontecendo.

— Bem, o recado está dado — alertou, apanhando a bolsa e levantando-se da mesa, esquecendo-se do pedido que fizera ao garçom. — Só adianto que não tenho como hospedar a mãe do seu filho na minha casa por muito tempo.

Antes de sair concluiu:

— Faça o seguinte: case-se e leve a sua família para a Inglaterra.

Maurício chegou cansado, frustrado por não ter se encontrado com Vera e mais ainda por ouvir sobre o assunto que predominava em suas noites, durante o jantar: Beto.

Suzana estava radiante com a proposta de Maurício. A mulher sentia-se mãe de Beto, por isso se preocupava com o rapaz. Inclusive chegou a pensar que ele tomaria juízo quando assumira os negócios no mercado, na ausência de Danilo. No entanto, de uma hora para outra, sem que Suzana pudesse compreender, Beto desprezou o cargo e retornou à vida boêmia que levava antes: a troca do dia pela noite, o prazer pelos jogos. Com tudo isso, perdeu o dinheiro que havia herdado e já estava falido, vivendo de empréstimos da irmã e do primo Danilo.

— Fico tão feliz! Essa viagem fará muito bem ao Beto.

— Espero que tome juízo de uma vez — tornou Maurício, em um tom rude que Suzana desconhecia. — Beto não é mais uma criança, ainda que você o trate como uma. O seu irmão é um homem. O que tem feito na vida? Nada. Tenho uns contatos na Inglaterra. Um curso por lá, moradia, a promessa de um emprego... quem sabe isso ajuste Beto com relação ao que quer na vida.

Suzana ignorou as críticas ao irmão e agradeceu ao marido. Toda carinhosa e nitidamente feliz da vida, saltou no colo dele, comemorando.

— Meu querido, então já está tudo certo? Não posso nem acreditar.

— Embarca daqui a três dias — Maurício ficou sério e disse, olhando nos olhos da esposa: — Pelo nosso casamento. Só por isso.

— Não entendi.

— Entenda como quiser, Suzana — desfez o contato com a esposa e levantou-se. Caminhou até o portal com destino ao quarto e prosseguiu: — A distância fará bem. Já está na hora de você ter olhos para outras coisas. É uma mulher casada.

— Parece até que não me importo com o nosso casamento. Está com ciúme?

— Não — riu. — Só acho que tem uma vida diferente agora.

— Você me conheceu assim, sabia do meu irmão, da nossa ligação, que temos um ao outro. Nossa família é pequena. Tenho que participar — contrapôs Suzana.

— Participar, mas não viver a vida dele. Sabe que eu temo que você venha fazer uma besteira a qualquer momento por conta desse zelo que tem. Como disse, é seu irmão, não filho. Agora, boa noite, tive um dia cheio e ainda preciso ler um relatório antes de dormir.

Desapareceu da sala de jantar. Suzana se jogou entre as almofadas, onde ficou pensativa, só com a luz do abajur, até que adormeceu. Foi acordada pelo som do interfone. Antes de atender, ainda sonolenta, olhou o relógio: uma da manhã.

Suzana ouviu a voz fina do porteiro e uma música sertaneja no fundo quando Beto foi anunciado. O rapaz entrou na sala alucinado.

— O que houve, o que aconteceu?

— Fiz uma besteira, eu...

— Me conta, o que fez, meu irmão? — perguntou Suzana, visivelmente preocupada. — Meu Deus do céu, o que foi que aconteceu? Estou com um pressentimento...

— Eu...

— Fala de uma vez.

— Eu engravidei uma moça do mercado. Funcionária.

— Como pôde fazer isso?! Bem, logo vi que aquela seriedade toda era de se desconfiar. O Danilo já sabe?

— Não. Ela nem trabalha mais no mercado. Acho melhor que nem saiba disso. Preciso da sua ajuda. Não sei o que fazer, nem como agir — sua voz estava embargada. Tinha um nó na garganta que só aumentava na presença da irmã. — Não estou preparado para ser pai. Sou muito jovem.

— Poderia ter pensado nisso antes. Justo agora que está tudo certo para a sua viagem à Inglaterra. Maurício confirmou agora pouco, durante o jantar, que já acertou o seu embarque.

— Eu vou.

Suzana fez silêncio. Pensou na vida do irmão com um filho para cuidar, pensou ainda nele vivendo na Inglaterra e, nessa segunda opção, imaginou o quanto ele poderia ser feliz, realizado. Foi refletindo sobre isso que saiu apressada da sala, voltando logo em seguida com o talão de cheques nas mãos. Trêmula, a mulher preencheu o valor e deu ao irmão.

— O que é isso?

— Sei que está sem dinheiro. Pega. Vai consertar isso de uma vez.

— O que está sugerindo? Que eu dê para ela desaparecer? Quando a criança nascer, tenho certeza, vai aparecer de novo, vai pedir ajuda de custo, nome, mais dinheiro. Vou ser o homem mais infeliz do mundo.

— Foi o que eu pensei, meu irmão. Será infeliz assumindo esse filho. Você vai para a Inglaterra. Porém, antes vai pôr um ponto final nessa situação.

— Como?! Mesmo que eu vá para a Inglaterra, ela não vai me dar paz. Sabe como me encontrar, logo vai começar a me chantagear...

— Você não vai ter esse filho — concluiu numa voz grave. — Não vai! — Suzana observou o rosto silencioso do irmão e prosseguiu: — Você vai levar essa moça para fazer um aborto. Tem que ser rápido porque a sua viagem será daqui a três dias.

Beto sorriu com a alternativa.

Capítulo 20

Regina ficou muito surpresa com a visita de Beto no meio do dia. A moça arrumava suas roupas numa gaveta do guarda-roupa, cedida por Vera. Naquele dia, estava mais pensativa, triste, sem rumo, sem entender o que estava acontecendo em sua vida, sem saber que caminho percorrer.

Vera, antes de sair, dissera, nas entrelinhas, que não poderia tê-la em seu apartamento por muito tempo. No entanto, sentindo o quanto havia sido ríspida e, no intuito de amenizar a grosseria, ofereceu à moça uma gaveta.

Beto chegou desconcertado, nervoso, suando e sem saber como proceder. A beleza de Regina fez o rapaz repensar seus planos. Viu na gravidez dela a chance de tê-la ao seu lado, mas um filho não estava na lista de seus objetivos. Sonhava de olhos abertos com a viagem à Inglaterra. Foi pensando assim que o jovem, depois de cinco minutos de uma conversa tímida, chegou ao ponto que queria.

— Estive pensando, acho que não podemos ter esse filho — Beto verbalizou isso se aproximando de Regina. A moça, temerosa, recuou.

— Não foi planejado. Eu, sinceramente... — sentiu a voz falhar. Procurou se segurar para não chorar na frente de Beto.

— Eu vou viajar. Não acho bom você ficar aqui, sozinha, desamparada, sem família e grávida...

— Tenho pensado muito sobre isso. Já me passou tanta besteira pela cabeça.

Beto respirou fundo e fez a oferta. Foi todo jeitoso, expôs claramente o que queria. Sem a criança, poderiam ser livres. Não podiam nem tinham condições, naquela ocasião, de criar um filho.

Regina permaneceu quieta, olhos voltados para o chão, já seduzida pelos argumentos de Beto. Ela sabia que não tinha condições de ter a criança, não tinha estrutura para cuidar dela. Lembrou-se de tia Caetana, da força de sua ira. Da vergonha que sentia. Agradeceu em silêncio por sua mãe e Ivo não estarem vivos. Alheio aos pensamentos dela, Beto disparava argumentos com o intuito de convencê-la a não ter a criança.

— Se tiver essa criança, quem vai cuidar? Vai precisar trabalhar. Depois, não poderá contar comigo, estarei fora do país.

— Está certo — murmurou, indiferente, tomada por uma tristeza nunca antes experimentada.

Beto sentiu a respiração acelerada.

— Tenho o dinheiro e conheço um lugar para acabar com isso.

— Me dá dez minutos, vou me trocar e vamos...

— Agora?!

— Não quero mais pensar no assunto. Já que não tem condição de me ajudar a criar...

Uma hora depois, Beto estacionou o carro em frente a uma padaria com salas comerciais no segundo andar. Uma delas tinha uma placa de datilografia à porta, para a qual Beto apontou.

— É aquela ali. Já me informei. Em duas horas estará de volta. Eu não vou com você porque tenho um compromisso.

Tirou o cheque do bolso e deu para a moça. Estava no nome de Maurício, cunhado de Beto:

— Pode ir, vai dar tudo certo — disse ele, por fim.

Permaneceu dentro do carro, apenas vendo Regina desaparecer pelas escadas estreitas com destino ao segundo andar. Depois, acelerou o carro, certo de que tudo estava resolvido. Sentiu-se aliviado. Agora só tinha que se preocupar com a sua viagem para fora do país.

Regina chegou apreensiva ao lugar. Foi recebida por uma moça que fez algumas perguntas, como se ela estivesse interessada no curso de datilografia. Em meio às perguntas, descobriu que Regina estava grávida e percebeu o seu interesse.

A escola de datilografia era de fachada. Muitas moças procuravam a escola já sabendo o que queriam. A moça da recepção lançava a pergunta se estavam grávidas e dali em diante o questionário era outro.

Regina foi conduzida para o interior da sala. Uma porta lateral foi aberta e ela adentrou uma sala miúda, onde havia mais duas moças. Uma delas estava acompanhada por um rapaz aflito, que não parava de consultar o relógio; a outra moça, tranquila, parecia estar em um consultório dentário, folheava uma revista.

Uma mulher séria apareceu de outro cômodo, que Regina nem fazia ideia que existia, e anunciou:

— Regina, pode me acompanhar? Chegou a sua vez.

Menininha ficou nitidamente aflita ao saber da atitude de Regina. Felipe procurou acalmá-la.

— Calma. Ela tem livre-arbítrio. A situação estava programada, e a decisão está nas mãos dela.

— Não! Tenho que fazer algo. Aprendi recentemente que o aborto pode resultar em traumas para quem faz, para quem o propõe e para quem o executa.

— As consequências são diversas. Um espírito é impedido de vir à vida. Quem se propõe a isso coloca em risco a própria vida, embora cada caso seja único e não caiba a mim ou a você julgar a atitude de nossos amigos encarnados.

— Meu Deus! Precisamos fazer algo. Impedir isso.

— Só quem vive a situação pode tomar a decisão. Não podemos criticar e nem recriminar. Temos que orientar, indicar as possíveis consequências dos atos praticados. Não se desespere. Vamos orar, ter bons pensamentos. É o que nos resta daqui.

Gildo perdeu o emprego e a credibilidade na casa dos sogros. O casamento vinha se aproximando, e o dinheiro adquirido com as armações de Vera acabando. A indenização obtida da rescisão de contrato com a loja de automóveis só deu para comprar o resto dos materiais de construção faltantes. Percebendo a falta de dinheiro, o sogro deixou de se dedicar à obra do puxadinho e voltou a assistir aos seus noticiários noturnos. A sogra tornou a falar mal dele para a filha e, muitas vezes, os comentários eram grosseiros e na frente dele.

O rapaz até que procurou emprego como vendedor em outras lojas, mas não conseguiu. Foi obrigado a vender o carro para pagar algumas dívidas, e o que restou guardou no bolso para o aluguel. Pensou em pedir para morar na casa que estava construindo no quintal dos sogros, mas a sogra, ao perceber o interesse do rapaz, logo anunciou que não queria filha falada na rua. Só moraria em sua casa quando casados.

Sem saída, Gildo mudou-se para um quartinho no quintal de uma viúva na mesma rua da pensão, e o motivo da troca era o valor: metade do preço.

Com a data do casamento se aproximando, sem emprego, Gildo começou a notar a oposição dos sogros ao casamento. Pensou até em mudar de ramo, mas não estava numa boa maré, não tinha sucesso em suas buscas de emprego.

A noiva era apaixonadíssima, amava o rapaz de todo jeito. Por ela, morariam no quartinho alugado no quintal da viúva, mas a moça devia respeito aos pais, e o seu amor não era forte o bastante para afrontá-los. Diante de tudo isso, a noiva vivia dividida: ora aliada aos pais, ora confortando o noivo.

Gildo já atribuía a má fase a um castigo por ter feito o que fez com Regina. Tinha até pesadelos com a moça. Um dia chegou a vê-la como irmã, recebendo uma arma de suas mãos. Acordou assustado, sem entender o que estava havendo. Foi em um desses dias, pressionado pela sogra para comprar os móveis da casa nova, que Gildo resolveu procurar Vera, sua prima. Primeiro rondou o mercado, mas ficou com receio de ver Regina ou de ser reconhecido por alguém pela armadilha em que fizera a moça cair para pegar o envelope.

Gildo manteve-se distante, vendo a movimentação, pensando em como abordaria a prima. Resolveu esperar por ela em sua casa. Ansiava encontrar na prima uma ajuda, uma indicação para um emprego. Pensando nisso, desceu do ônibus e ficou em frente ao prédio, esperando por Vera.

— Regina, é a sua vez — pausa — Regina? É você, moça? — perguntou a mulher de cabelos curtos, loiros, com um jaleco branco solto sobre o jeans. Olhou para o rosto tenso de Regina e prosseguiu: — Regina é o seu nome? É sua vez, o médico...

— Não! — gritou Regina.

Apanhou a ficha que tinha nas mãos da mulher e saiu correndo. A atendente, pega de surpresa, só foi atrás dela depois de um tempo, o suficiente para perdê-la de vista. Ainda chegou à calçada, porém não a viu mais.

Regina saiu na rua, dobrou a primeira esquina e entrou numa loja de departamentos. Ouviu a voz no autofalante dizer: "Vendedora Ida, Ivo a aguarda no balcão de atendimento. Vendedora Ida..."

Regina parou em um dos corredores, respirou fundo e sentiu uma lágrima rolar pelo rosto. Sentiu saudades de Ivo, das conversas que tinham no decorrer da tarde.

— Tudo bem, moça? — perguntou uma vendedora toda vestida de vermelho, com uma maquiagem forte.

— Sim — respondeu Regina com ar de riso. — Agora está tudo bem, obrigada.

Minutos depois, saiu da loja em direção ao ponto de ônibus. Não sabia onde estava ao certo. Um jovem que estava no ponto a orientou quanto ao ônibus que poderia pegar para retornar ao bairro de Vera.

Regina entrou no ônibus e sentou-se do lado do corredor. Sentia-se leve, apesar dos vários problemas. Não sabia o que era certo fazer naquele momento; a única certeza que tinha é a que teria o seu filho.

Com esse pensamento desceu do ônibus. Estava disposta a contar a Vera o episódio anterior, sugerido por Beto. Acreditava que Vera fosse sua amiga e a recriminaria pelo gesto, mas ficaria a seu lado ao saber da sua decisão. Sentia que teria esse apoio de Vera.

Regina olhou para um lado da avenida do prédio de Vera para atravessar e, esperando um carro passar, viu alguém que marcara sua vida: Gildo.

Ela não sabia o seu nome, vira-o num momento de desespero, mas, ao vê-lo com aquela roupa social, secando o suor com a gravata, teve certeza: era o homem que havia furtado o envelope. Sentiu a perna tremer de medo. Ingênua, a moça chegou a pensar:

"Então é isso, ele me levou o envelope quando eu trabalhava no mercado. Deve querer fazer o mesmo com Vera. Sabe que ela trabalha no mercado, é funcionária de confiança, deve ter seguido... Meu Deus, permita que eu esteja enganada. Ele pode querer fazer o pior com a Vera. Não deixe isso acontecer. Ela tem sido tão boa comigo."

Regina observou Gildo do outro lado da rua arrumando as meias brancas, que contrastavam com a calça social preta, e teve a certeza de que era o ladrão.

"Já sei, vou avisar a Vera. Ela, com sorte, irá trabalhar até mais tarde, e eu a pegarei no mercado. Deus ajude que eu a encontre."

Estava se dirigindo a um orelhão quando bateu um vento, o que a fez virar o rosto na direção de Gildo, do outro lado da calçada. Nesse instante, viu claramente Gildo abordando Vera.

Regina notou-se fraca, sem força. Tinha a intenção de gritar, mas não conseguiu. Restou à moça apressar os passos na direção de Vera e ajudá-la no que fosse possível, e mais: delatar quem era o rapaz.

Preparada para atravessar a rua, Regina esperou um ônibus passar, seguido de um caminhão, momento em que viu Vera sorrindo para Gildo, e percebeu que eram conhecidos. O medo aumentou.

— Menininha, você não podia ter feito isso — Felipe a repreendeu.

— Feito o que, assoprado? Fiz e não me arrependo. Estava na hora de Regina ver quem é essa aí. Não gosto dela. Acho que é coisa de outra vida mesmo.

Felipe balançou a cabeça com ar sério.

— Não sei por que você é tão teimosa. Parece que de nada adianta instruí-la. Exerça o amor, esse é o sentimento verdadeiro que se pode sentir por alguém.

— Obrigada — interrompeu Menininha.

— Por quê?

— Primeiro por ter paciência comigo — fez uma pausa e prosseguiu: — E também por ter despertado minha menina sobre o que ia fazer.

Felipe riu e acrescentou:

— Nada fiz, foi decisão dela. Quantas vezes tenho de dizer que a vida segue o seu curso, assim como as pessoas, pelo livre-arbítrio? Há situações pelas quais temos de passar, e ninguém pode passar por nós. Não duvide disso. A verdade pode tardar, mas aparece.

— E o amor prevalece.

— Isso mesmo — assentiu rindo, aplaudindo e repetindo: — O amor prevalece.

Temerosa, Regina recuou alguns passos para não ser vista. Assistiu, de longe, ao encontro de Vera e Gildo. Só quando o rapaz veio em sua direção, para o ponto de ônibus onde esperaria sua condução, e teve certeza de que Vera tinha ido para casa, Regina atravessou a rua.

Resolveu esperar uns minutos antes de subir. Não queria que Vera soubesse que tinha sido vista. Ela conversou com o porteiro e, no meio da conversa, perguntou se ele conhecia o rapaz que estava naquele instante com Vera. O porteiro não fez rodeios:

— É primo da dona Vera. Não saía daqui quando a mãe dela era viva. Vinha sempre na hora do jantar.

— A Vera já comentou de um primo que vinha, mas logo mudou de assunto. Sabe o nome dele?

— Não. Quando assumi a portaria, o outro funcionário avisou que ele tinha acesso livre aqui. Por isso só dizia boa noite, até logo. Nossa conversa nunca se estendeu. Vez ou outra a gente falava de futebol, mas é só.

Regina subiu as escadas de acesso ao apartamento lentamente, enquanto refletia sobre os últimos acontecimentos. Foi ali que começou a perder a sua ingenuidade em acreditar nas pessoas. Lembrou-se do dia que fora assaltada. O envelope aparecera em sua bolsa, e ela pôde rever a reação fria de Vera diante da situação.

Ela custou a concluir que fora vítima de uma cilada, talvez porque acreditasse na amizade de Vera e não conseguisse imaginar o real motivo da armação montada pelos primos.

Quando finalmente chegou ao apartamento, Vera a recebeu sorridente. Durante a tarde havia conversado com Beto e já fazia ideia do que havia se passado. Vera pensou, ao vê-la entrar:

"Vou dar uma semana para se recuperar do aborto e vou devolvê-la para o interior, de onde nunca deveria ter saído." E riu: "O único inconveniente foi essa visita inesperada de Gildo. Bom, acho que posso ficar tranquila. Já o orientei para não aparecer por aqui. Assim não corre o risco de ver a caipira."

— Oi, cheguei mais cedo. Pedi para sair antes do expediente para ver minha hóspede. Vejo que está bem, saiu um pouquinho de casa. Tudo bem com você, minha flor?

— Sim — Regina não conseguia olhar para Vera, mas decidiu pela paciência. Não poderia ir embora no meio da noite. — Só um pouco de dor de cabeça, um pouco de náusea.

Vera atribuiu os sintomas ao aborto. E Regina não tocou no assunto.

— Deite-se. Vai se sentir melhor. Repouso sempre é um santo remédio, minha mãe já dizia isso. Vou tomar banho. Procure descansar um pouco. Depois, vou preparar um caldo quente e forte. Tenho certeza que vai se sentir melhor.

Regina ficou imaginando até onde ela sabia da sua história. A moça ainda pensou que Vera, pelo tratamento que vinha lhe dando, já era conhecedora dos planos de Beto.

Mas, Regina, enfim, já não era mais a mesma moça inocente, crente na amizade de um desconhecido. Estava decepcionada e certa de que estava sendo traída.

Ouvindo o barulho do chuveiro ligado, Regina começou a pensar que não poderia ficar de braços cruzados. Provaria o vínculo de Vera com o assaltante e a denunciaria. Só não sabia como poderia fazer aquilo.

Aproveitou aquele instante sozinha e começou a vasculhar os pertences de Vera. Tinha por certo que encontraria algo a seu favor. Procurou ficar atenta ao barulho do chuveiro e, quando desligado, seria o sinal de que teria de parar a busca. No entanto, não percebeu a porta do banheiro se abrindo e Vera apareceu no meio da sala.

— Está procurando alguma coisa, Regina?

Ela virou-se e viu Vera enrolada em uma toalha. Observou o interior do banheiro: o chuveiro ligado.

Beto estava feliz demais, soltava fogos por dentro de alegria. Depois de levar Regina para o local onde seria realizado o aborto, o rapaz, sem sentir remorso algum, passou algumas horas no clube, jogando tênis, e até ligou para Vera a fim de contar a novidade.

Depois, já ao entardecer, seguiu para o mercado para ver o primo. Havia muitos dias que não passava por lá, mas isso não significava que não via mais Danilo, pois sempre o encontrava na casa de Suzana ou em algum barzinho no início da noite.

O moço, como de costume, entrou no mercado direto no corredor de frios e saboreou um iogurte. Depois, sem cerimônias, jogou o frasco sobre a caixa de leite. Um funcionário foi imediatamente recolher, e Beto, indiferente, seguiu para o escritório para ver o primo.

— Boa tarde! — saudou ao abrir a porta. — Ou melhor, noite. Já é tarde e você aqui, ainda trabalhando?

— É, fiquei um pouco mais hoje — respondeu, ao cumprimentar sorridente o primo. — A Vera saiu mais cedo...

Beto sabia, tinha conversado com ela e até mencionara o aborto, pedindo que desse uma ajuda para a moça.

— Foi mais cedo embora? Que chefe bondoso!

— Problemas particulares.

— Amor, quem sabe — debochou Beto.

— Será? Bom, se for, fará bem a ela — silêncio. — Sabe, sinto a falta de um amor na minha vida — fez uma pausa. — Tenho que lhe confessar uma coisa, algo que luto para não revelar nem a mim mesmo, mas, para você, que é mais que um primo, é um amigo, um irmão, tenho que falar. Preciso dividir isso com alguém, e você é o mais indicado — Danilo observou o sorriso de Beto e concluiu: — Ainda gosto da Regina.

— Você está louco! — o sorriso desapareceu por completo. Passou a mão pelos cabelos, nitidamente agitado. — Aquela que o roubou?

— Sim, gosto dela. O meu amor é muito mais forte. Já houve dias em que, se eu soubesse o seu telefone ou endereço, eu a procuraria.

— Ela te roubou. Precisa esquecê-la.

— Esteve aqui esses dias. A Vera disse que era para pedir dinheiro.

— Conversou com ela?

— Não. A Vera cuidou de tudo — fez uma pausa, levantou a cabeça como se o gesto impedisse que uma lágrima o traísse. — O que posso fazer? Ainda gosto dela. É como se fosse outra pessoa essa que roubou e veio pedir dinheiro. Definitivamente, não é a mesma mulher.

Beto ficou pensativo. Gostava demais do primo e jamais poderia dizer a ele que Regina fizera naquela tarde um aborto de um filho seu. Danilo não o perdoaria por aquela traição. Beto compreendeu naquele instante que fora uma loucura ter saído com Regina e, consequentemente, tê-la engravidado. Estava tão entretido em seus pensamentos que não percebeu a pergunta de Danilo, que precisou repetir:

— Animado com a viagem? Suzana parece que vai junto com você. Está toda ansiosa. Passou hoje por aqui e contou que foi fazer umas compras.

— Só podia ser minha irmã.

— É isso mesmo que quer? Eu o tenho como irmão, Beto. Se resolver ficar, sei lá, a gente pode pensar num negócio para você.

— Não — sentiu-se pesado, tomado por uma culpa que não havia experimentado ainda. — O melhor que tenho a fazer agora é viver um tempo em outro país, longe daqui.

— Vou sentir sua falta.

— Eu também — respondeu com sinceridade.

Capítulo 21

Vera arrumou a toalha na altura do seio, que havia escorregado com os passos que dera até a sala, e repetiu a pergunta a Regina:

— Está procurando alguma coisa?

Regina, procurando manter a calma, apanhou um livro que estava no chão e respondeu:

— Estava vendo, ou melhor, procurando este livro. Desculpe-me, é que eu o vi aqui.

— Ah! São livros espíritas. Gosta? São seus. Pode pegar — caminhou até o centro da sala e indicou o monte de livros que preenchia o vão entre a estante e a parede. — Eram da minha mãe. Herança. Foi o que me deixou: livros espíritas e uma lista de contas de remédios para pagar na farmácia. Recebia uma aposentadoria irrisória, mas gastava o pouco dinheiro com besteiras. Era diabética, hipertensa, tomava remédios controlados, e não teve coragem de me dizer a verdade, só soube quando morreu. Tem mais alguns pertences dela na dispensa, eu reservei para jogar fora, doar, ainda não tive tempo para fazer isso — finalizou o relato, rindo.

Regina percebeu o quanto Vera era fria, por isso sorriu e entrou no ritmo da dona da casa.

— Obrigada pelos livros. Adorei.

— Menina, esqueci o xampu. Comprei um hoje e, pelo que disseram, faz milagre. Vou deixar no banheiro, se quiser pode usar. Será que pode lavar a cabeça?

— Por que não poderia?

Vera perguntou por saber do aborto, por isso teria que ter, durante alguns dias, determinados cuidados, mas interpretou a pergunta da moça como vergonha, medo de se abrir, por isso não insistiu no assunto, só respondeu:

— É porque não lavo os cabelos todos os dias. Se for igual a mim, e se hoje for o dia, use.

— Obrigada.

Regina agradeceu e esperou que ela entrasse novamente no banheiro, agora com o frasco na mão. Constatou que estava na casa do inimigo, que teria de dormir com as costas viradas para a parede e com os olhos bem abertos. Todo cuidado seria pouco.

No dia seguinte, Regina retomou a busca. Primeiro certificou-se, pela janela, de que Vera saíra em direção ao ponto de ônibus. De lá, pôde vê-la embarcar no ônibus em direção ao trabalho.

Quando se viu sozinha, certa de que não estaria sendo observada, foi até a porta, verificou o trinco e a chave com duas voltas, e começou a busca. Passara a noite pensando em como poderia provar o vínculo de Vera com o assaltante cujo nome nem sabia. Foi então que se lembrou do porteiro:

"É primo da dona Vera. Não saía daqui quando a mãe dela era viva. Vinha sempre na hora do jantar..."

Se era parente, poderia encontrá-lo em álbuns de família. Comemorou sozinha ao pensar naquilo.

A moça vasculhou gavetas, sacolas, prateleiras, até que encontrou uma caixa com várias fotos. Muitos rostos, muita gente desconhecida. Via o rosto de Vera mais jovem, sorridente, fazendo pose.

Uma em especial lhe chamou a atenção. A foto mostrava Vera na praia, abraçada com três rapazes, entre eles, Gildo, mais moço, de sunga azul, pernas cruzadas. Era ele, o rapaz do assalto.

Regina teve certeza ao ver aquela foto. Sentiu-se vitoriosa e, ao virar a foto, leu os dizeres: *"para nossa prima querida, Verinha, lembrança da Praia Grande, 1978, dos primos Américo, Gildo e Fábio."*

Leu mais uma vez e ficou pensando que nome levava o gordinho de sunga azul. E falou em voz alta:

— Qual será o seu nome? Américo, Gildo ou Fábio?

Apressada, guardou a foto no bolso e tratou de arrumar todas as caixas em seus devidos lugares. Ficou uma hora pensando o que poderia fazer com aquela foto. Estava exausta, passara a manhã naquela busca e sentiu a necessidade de tomar um ar na rua, espairecer...

O porteiro, ao vê-la passar, gritou seu nome:

— Regina, lembrei como a mãe da dona Vera o chamava. O primo da dona Vera.

— Sério? — perguntou sorrindo. Depois tentou disfarçar o interesse. — Bobagem, foi só curiosidade do momento.

— Perguntou para dona Vera?

— Não. Sou amiga dela, mas ela não gosta de falar da família. Eu respeito — mentiu Regina. — Prefiro até que nem toque nesse assunto com ela.

— Lógico. A senhora, desculpe, a senhorita é bem simpática. Dona Vera não olha nem na nossa cara. Quando tem alguma conta, ela passa aqui e pega como um furacão, lendo para ver se é dela mesmo. E *ai* se não for...

Regina ficou lembrando o tratamento que Vera dispensava aos funcionários no mercado, quando o porteiro a chamou para realidade, continuando:

— Dico, ela o chamava de Dico. Como era simpática a mãe da dona Vera, sempre cumprimentava a gente. Lembrei-me disso porque ela, um dia, foi ao mercado e na volta me contou que faria bolinho de carne moída com creme de cebola, uma coisa assim, que era o prato predileto do Dico. Ela até me deu um para experimentar.

Regina estava longe em seus pensamentos. Aquela informação de nada servira em sua busca. Pediu licença e saiu, avistou uma praça onde havia algumas crianças brincando e se pegou acariciando a própria barriga. Logo seu bebê estaria no mundo, passeando na praça... mas que praça? O seu futuro era tão incerto. Noutro momento, Regina viu duas meninas conversando, quase discutindo.

— Pode me devolver, é meu.

— Como seu? A gente combinou que se conseguisse seria das duas. Depois, ele gosta de mim.

— Como sabe?

— Olha o jeito que ele me olha, não sai de perto de mim.

— Nas aulas de matemática, porque ele não sabe nada. Só por isso. Sobre música ele fala comigo. Temos gostos iguais. Acho provável que ele venha a me namorar. Por isso, a agenda de telefone com o número dele é minha, só minha. Não vou deixar você ficar...

Regina riu, distraída. "Será que são irmãs, amigas? Agora rivais", pensou Regina que, naquele momento de descontração, foi surpreendida por duas palavras em que não havia pensado ainda: agenda telefônica.

Mais que depressa, ela passou correndo pela portaria, sem olhar para os lados, tanto que o porteiro comentou com o outro morador:

— Até agora há pouco era uma simpatia. Agora, morando com quem está, já pegou o jeito. Viu só como passou por aqui? Nem "oi" disse. Foi só lhe contar...

Regina entrou no apartamento afoita, olhando cada canto, recapitulando que lugares não haviam sido vasculhados ainda. Agora, diferentemente da busca que fazia pelo álbum de família, procurava a agenda telefônica.

A moça, certa de que conseguiria o telefone do primo de Vera, o suposto assaltante, vasculhou o quarto dela onde pôde. Teve êxito em encontrar umas duas agendas telefônicas. Folheou apressada à procura de Américo, Gildo, Fábio e também do apelido que o porteiro mencionara, no entanto, não encontrou nada.

Cansada, Regina foi tomar água quando seus olhos pousaram no quarto que ficava grudado à área de serviço, chamado de dispensa. Lembrou-se dos pertences que foram da mãe de Vera.

"Lógico! A Vera comentou que estavam aqui os objetos da mãe, para separar o que teria de doar e jogar fora", pensou.

Não demorou até encontrar um caderno de receitas. Nas últimas páginas, continha uma relação desordenada de telefones, entre eles, um número acompanhado dos dizeres "Dico, sobrinho". O coração de Regina disparou.

Suzana estava dividida entre os preparativos da viagem de Beto à Inglaterra e a desocupação do imóvel que fora de seus avós. Esta última tarefa, atribuída a ela por Danilo, vinha sendo há muito tempo adiada.

"Suzana, não é possível que ainda não tenha achado algum lugar que queira os móveis. Precisamos da casa livre para começar a demolição. Combinamos que essa tarefa seria sua, você mesma se prontificou a fazer isso. Já combinei com a empresa para demolir a casa na semana que vem."

As palavras de Danilo ainda estavam frescas na memória de Suzana quando abriu o portão, dois dias depois da intimação do primo. Agora, diferentemente da primeira vez que estivera no local para acesso aos móveis, Suzana solicitou três homens para retirar a mobília e deu todas as chaves que tinha para abrir os cômodos.

Estava bem vestida, e os óculos escuros disfarçavam as lágrimas que escorriam por seu rosto. Eram muitas as recordações; ela não se sentia forte o bastante para entrar na mansão, então deu a um dos rapazes a chave e o orientou a recolher todos os móveis.

Ficou de costas durante a operação, sentada em um banquinho de madeira, onde Afonso costumava se sentar, ao lado do leão de cimento.

— Dona Suzana — chamou um dos homens responsáveis pela retirada dos móveis.

— Sim.

— Tem uns móveis que não saem do lugar. Não tem quem levante. Já tentei, mas não consigo.

— Falaram o mesmo da outra vez. São móveis antigos, madeira pura. Essa casa está fechada há tanto tempo, desocupada desde a morte dos meus avós, não sei como não foi assaltada — depois de um curto silêncio, continuou em um tom divertido: — Se bem que estão em três homens, fortes. Que móveis são esses? Será que eu mesma terei que entrar e pegar? — sentiu-se tão mexida em falar isso, mas havia prometido para si mesma que não entraria na casa, para não ter mais recordações dolorosas se ao menos tivesse a certeza de que teria o carinho de Afonso e Nora. Fez uma pausa para tomar coragem, depois instruiu: — Vamos lá dentro.

Suzana tomou a frente dos homens e chegou a passos lentos ao interior da casa, encarando cada um dos objetos que ainda estavam cobertos por lençóis. Sentiu um aperto no coração por não encontrar Nora, sua avó, com o bolo pronto, acompanhado por um café. Percebeu-se rindo ao lembrar-se do avô Afonso sentando no sofá, com os jornais entre as mãos, reclamando da política, do calor, do frio...

— Meu vovô. Tudo ainda está do jeito que o senhor deixou — Suzana falou em voz alta.

Os rapazes à sua volta nada entenderam, tanto que um deles tomou a iniciativa:

— Olha só isso aqui, dona Suzana — observou ao conduzi-la ao cômodo do lado, numa saleta onde Afonso e Nora, sua esposa, recebiam seus convidados. O rapaz pegou numa ponta do sofá e fez força ao levantar, sem sucesso. — Veja a senhora mesmo como está pesado. Não tem quem levante.

Afonso que estava ali o tempo todo, nitidamente feliz, levantou-se com dificuldade do sofá e correu em direção à neta, anunciando:

— Nora, corre aqui. Veja quem chegou! Nossa neta, Suzana — virando-se para ela, o velho médico reclamou:

— Veja, minha neta, estão mexendo nas nossas coisas, levando os nossos móveis daqui. Não sei para onde. Não sei quem autorizou. Deve ter sido o seu irmão. O Beto é um irresponsável, sempre aprontando das suas. Vê se pode, agora, ele querer vender os nossos pertences? Só não vende sua avó e eu porque estamos velhos e sem valor — resmungou, num tom divertido.

Regina percebeu suas mãos trêmulas com o caderno de receitas na mão. Rapidamente arrancou a folha em que constava o telefone de Dico e guardou no bolso.

Dez minutos depois, munida de fichas telefônicas, discava aquele número de um orelhão. Enquanto ouvia o sinal de chamada, pensou por qual nome começar. Havia quatro: Américo, Gildo, Fábio e Dico. Quem seria Dico, o rapaz da foto, responsável pelo assalto?

Regina estava atrapalhada quando a ficha caiu, e pôde ouvir uma voz autoritária do outro lado.

— Alô?

— Alô. Por favor — disse enfiando mais uma ficha no aparelho de telefone instalado na calçada do açougue. Viu mais duas moças na fila e virou-se para o interior da cabine, onde se concentrou para continuar sua investigação: — O Dico está?

— Não tem ninguém com esse nome.

Regina percebeu que a mulher iria desligar e interrompeu:

— O Fábio?

— Não conheço nenhum Fábio. Com quem deseja falar afinal, moça? Se for brincadeira vamos ficar por aqui mesmo, não tenho tempo.

— Não. Desculpe-me, estou procurando um amigo da minha irmã. Estou preparando uma festa surpresa para ela. Peguei essa agenda na bolsa dela, veja só — riu, ao perceber que a mulher do outro lado da linha acreditou na sua desculpa de improviso. "Gildo, Américo?" Pensou antes de prosseguir:

— Na verdade preciso falar com o Gildo.

— Não está mais aqui.

Bingo!

— Não?! — Regina apertou a mão no gancho do fone. Por um instante percebeu alguns comentários das pessoas que estavam aguardando sua vez. — O Gildo não está mais aí? A senhora é esposa dele?

— Não! Deus me livre. Sou dona da pensão. Ele se mudou daqui faz pouco tempo, foi para a concorrente. Uma viúva que aluga uns quartinhos mais baratos. Só que não oferece café da manhã nem almoço. Um horror o lugar.

Regina, desinteressada pelos comentários da dona da pensão, quis ter mais certeza de que Gildo era Dico, o assaltante, e fez a próxima pergunta:

— Que espertinho esse moço. Faz tempo que eu não o vejo. Tem mais contato com a minha irmã, é amigo dela. Minha irmã o chama de Dico, gordinho. Ele ainda é gordinho?

— Dico? Não sei se tem apelidos. O Gildo continua gordinho, com aquela cara de peteca, traje social, acho até que dorme assim, com a gravata encardida de suor. Não tem outro igual. Só o Gildo com aquelas mazelas.

— Pena que mudou. Teria como me... — comentou já com a certeza de Dico e Gildo serem a mesma pessoa.

— Olha, como é muito simpática, pode deixar recado que eu passo. Só não abusa. Um ou dois eu posso passar para o Gildo. Qual o seu nome, moça?

— Volto a ligar. A senhora me desculpe, mas tem uma fila enorme, estou num orelhão. Minhas fichas estão acabando.

E, assim, Regina desfez a ligação e já com um destino certo: ir ao encontro de Danilo.

— Suzana? — insistiu Afonso na frente da neta. — Está me ouvindo?

— Afonso, meu velho — disse Nora, paciente, olhos rasos de lágrimas, apreciando a beleza de Suzana. — Ela não está nos vendo nem ouvindo.

— Como não?! — perguntou, atordoado.

Nora ficou paralisada diante da neta. Como Suzana ficara bonita, altiva. Nora, gentilmente, passou a mão direita nos cabelos da neta. Depois desceu suavemente pelo ombro e braços, e ficou surpresa ao ver a aliança no anular esquerdo.

— Veja, meu velho, Suzana está casada. Que Deus a proteja!

— Casada?! Nem nos convidou? Que decepção!

— Quando vai entender o que aconteceu com a gente, meu velho? Quanto tempo ficará por aqui, desta forma.

— Aqui é a minha casa, ninguém me tira nem leva nada daqui.

Afonso falou aquilo com tanta revolta que fez o vento fechar uma das janelas da sala, fazendo o sol desaparecer de repente.

Suzana, que momentos antes estava envolvida por grande tranquilidade, foi surpreendida pelo fechamento da janela. E com o susto, resolveu sair apressada.

— Vamos embora. A gente volta outro dia. Podem levar o que conseguiram. Vou contratar uma pessoa especializada para desmontar se for o caso e volto a chamá-los. Desculpe--me, não sabia dessa dificuldade. Da outra vez, os rapazes reclamaram da mesma forma.

Depois que os homens saíram, Suzana deu uma última olhada na casa e, muito triste, fechou a porta.

Do interior do imóvel, Afonso observou as duas voltas da chave e comentou com Nora:

— Veja isso, a gente deu de tudo para ela, e é assim que nos trata? Ignora-nos, finge que não existimos mais, entra na nossa casa, pega o que acha por direito e ainda tranca a porta. Quer nos manter reféns. É verdade que se casou? Não convidou a gente, quanta desfeita, minha velha.

— Nós estávamos presentes no casamento da nossa neta. Estávamos em suas lembranças, assim como estamos guardados em seu coração, em sua memória. Chegará o dia em que conseguirá ver isso. Não quero que demore muito. Não sei se vou aguentar — Nora lamentou-se, desaparecendo da sala em seguida.

Regina, depois de constatar que Gildo era primo de Vera, saiu em disparada até o mercado. Segurou-se ao chegar ao local. Não queria encontrar Vera, pois estava muito decepcionada, havia entregado sua vida nas mãos da outra. Julgava que a funcionária do mercado, por ser próxima de Danilo, fosse facilitar o encontro entre os dois. Acreditava que tinha Vera como aliada, porém, diante dos fatos apurados, soube que não a tinha como amiga. Pensando nisso, Regina permaneceu do outro lado da rua, ansiosa, consultando o relógio.

Não demorou e a moça viu Vera sair em direção ao ponto do ônibus. Sentiu que tinha chegado a hora. Foi até a calçada para entrar no mercado, mas lembrou que poderia ser reconhecida e não desejava que Vera soubesse daquela visita. Então, aguardou mais uns minutos e pôde ver Danilo saindo em direção ao estacionamento. Regina sentiu o coração aos saltos, pernas trêmulas ao vê-lo.

Danilo pegava a chave do carro no bolso da calça social, quando Regina se aproximou.

— Danilo?

O moço virou-se rapidamente e ficou paralisado ao vê-la. Sentiu-se tomado de uma emoção, mas conseguiu disfarçar, pois ainda estava envenenado pelas palavras de Vera.

Diante do silêncio, Regina o fitou por alguns segundos. Pôde sentir o seu perfume, o que a encorajou a prosseguir:

— Preciso conversar com você. Será que podemos...

— Precisa de mais dinheiro? — indagou rispidamente.

— Como?!

— Dinheiro! Não é essa intenção que tem sempre que vem ao mercado?

— Não! Eu nunca vim aqui pedir dinheiro.

Danilo sorriu e, irônico, completou:

— Esqueci que o plano do envelope não deu certo. Parece que nada vem dando certo para você, na sua vida. Nem sua família a quis por perto.

— Foi armação da Vera — explodiu.

— Armação? Foi o que disse? Agora você conseguiu me surpreender ainda mais. Não é na casa dela que você tem vivido? Muita ingratidão sua.

Regina já pensava em desistir, percebeu o quanto Danilo estava magoado. Abaixou a cabeça e pensou se contar o que sabia a ele era o mesmo melhor a ser feito. Ficou um tempo distante, quando, de repente, começou a prestar atenção no que Danilo dizia.

— O que você fez com a gente? Tínhamos tudo para dar certo.

Regina permaneceu quieta. Sua vontade era revelar seu amor, mas, temerosa, não o fez. Fez-se silêncio e ela se encorajou a jogar as cartas que tinha nas mangas. Mostrou a ele a foto.

— O que é isso? Vera mais três amigos — Danilo virou a foto e no verso leu lentamente, em voz alta: "Para nossa prima querida, Verinha, lembrança da Praia Grande, 1978, dos primos Américo, Gildo e Fábio" — Danilo riu e continuou: — O que tem demais isso?

— Veja este aqui, de sunga azul ao lado de Vera — Regina apontou para Gildo.

Danilo sentiu o corpo de Regina mais próximo ao seu e ficou hipnotizado pelo seu jeito, seu cheiro. Nesse momento o rapaz ficou olhando atentamente a moça explicar.

— É o primo de Vera. Ele... — Regina sentiu dificuldade para falar, mas continuou: — Ele que me assaltou, roubou o envelope...

— Espere um pouco, eu não posso acreditar no que estou ouvindo. Você está...

— Vera e o primo armaram para a gente. Ele roubou o envelope e não sei como foi parar...

— Isso deve ser fantasia da sua cabeça — murmurou.

— Por que faria isso, por qual motivo?

— Não sei — Regina não admitiu, mas já sustentava a ideia de que Vera bolara aquele plano pela paixão que nutria por Danilo.

Danilo ficou inconformado. Tinha Vera como seu braço direito. Não poderia admitir que fosse vítima de tamanha traição.

— Você sabe o quanto é grave essa acusação? Não é uma pessoa parecida e você se confundiu?

— Não! — soltou, agitada — É ele, sim. Eu o vi na portaria com Vera, fiquei na dúvida, então o vi limpando o suor com a gravata, como fez durante o assalto. Era ele. Depois encontrei a foto e tive a certeza. Consegui um telefone que é da pensão onde ele morava — fez uma pausa. — Não acha estranho aquele envelope ter aparecido na minha bolsa?

— Espere um pouco — Danilo passou as mãos nos cabelos e começou a se convencer de que Regina estava certa. — Você disse que tem o telefone do primo dela?

— Sim, tenho.

Danilo a pegou pela mão e saiu puxando-a.

— O que vai fazer? — ela perguntou.

Danilo voltou ao mercado. Tinham acabado de fechá-lo, só havia o segurança. No escritório, Danilo discou o número indicado e orientou Regina a marcar um encontro com Gildo.

— Alô!

— Alô. Oi, sou amiga do Gildo. Conversamos esta tarde.

— Sim, lembro. Desligou de repente.

— Desculpe-me, é que minhas fichas acabaram. Disse que poderia deixar recado.

— Só não abusa.

— Não — Regina sorriu e prosseguiu: — Pode avisá-lo para... Ou melhor, será que pode me passar o endereço, eu prefiro ir até a pensão, se não se incomodar. Gostaria de conhecê-la também, foi tão simpática comigo.

Assim, Regina conseguiu o endereço. Finalizou ainda dizendo para avisá-lo que iria vê-lo no dia seguinte, período da tarde, que a esperasse.

Antes de desligar, a dona da pensão gritou.

— Qual seu nome, moça? Como vou deixar um recado assim, sem ao menos saber...

— Bia — mentiu.

A ligação foi desfeita.

Regina ficou tímida ao perceber que estava sendo observada por Danilo.

— Você me desculpa? — sussurrou. — Fui um estúpido...

— Não quero que você se adiante em pedir desculpas. Quero provar que fomos vítimas dessa armação.

— Não preciso saber de nada. Não quero, não vejo mais importância. O que me relatou já basta. Eu não deveria ter dado crédito àquele episódio, deveria ter ouvido você...

— Eu quero esclarecer tudo isso — adiantou-se a moça. — Quero que você tenha essa confirmação dele.

Regina calou-se, o silêncio foi rompido por Danilo, olhando nos olhos dela.

— Eu a amo, já lhe disse isso?

A moça corou e um sorriso apareceu, naquele momento, em seu rosto. Abaixou os olhos e, instantes depois, percebeu a mão de Danilo levantando o seu queixo. O beijo aconteceu logo depois.

Danilo deixou Regina na casa de Vera já perto das dez da noite. Muito astuto, combinou com a moça que não revelasse nada e fingisse manter a amizade. Antecipou que não precisava mais ir adiante, que queria assumi-la e a única coisa que importava era que Regina estava certa da verdade e queria mostrar isso a ele.

— Onde esteve? Já estava preocupada — inquiriu Vera, ao vê-la abrir a porta do apartamento.

— Desculpe-me, Vera. Estava procurando emprego — mentiu Regina. — Pensei em ligar no mercado, só que...

— Melhor não. Danilo ainda está muito sentido com toda a história.

Regina virou-se de costas para Vera ao fechar a porta e sorriu, lembrando-se do encontro que tivera.

No dia seguinte, conforme combinado com Danilo, Regina o encontrou a duas quadras do mercado. Meia hora depois, estavam na pensão.

A dona da pensão os recebeu toda simpática e os acomodou em um sofá surrado para esperar por Gildo, que apareceu minutos depois.

Entrou na pensão esbaforido. Estava com traje social, como sempre, e já suando bicas. Havia recebido o recado no dia anterior. Achou estranho, já que não conhecia nenhuma Bia, mas a curiosidade era maior e resolveu ir à pensão.

Regina ficou com medo ao vê-lo entrar, falante.

— Boa tarde. Estou com uma fome. Procurar emprego não é fácil. Como está difícil! — Gildo parou no momento em que viu Regina em pé, à sua frente. Não teve tempo de ver Danilo, pois a moça se colocou bem à frente do dono do mercado.

Gildo, nervoso ao reconhecê-la, saiu correndo. Regina e Danilo foram atrás, mas não tiveram como alcançá-lo. Ágil, ele entrou num táxi e partiu. A dona da pensão apareceu pouco depois, carregando uma bandeja nas mãos com duas xícaras de café.

Danilo, depois daquela cena, teve certeza: Gildo armara uma cilada para Regina em parceria com Vera. Só não entendia o motivo. Enquanto assistia ao desespero de Regina ao ver Gildo se distanciando no táxi, Danilo recapitulou a descrição do jovem gordo, usando traje social e todas as outras características registradas no Boletim de Ocorrência. Restou ao jovem empresário abraçá-la.

Vera estava incomodada com a ausência de Danilo. Entrou na sala do dono do mercado e, depois de certificar-se de que estava sozinha, consultou a agenda do chefe.

"Onde ele foi? Que reunião é essa que eu não tinha conhecimento?"

Não encontrou nada que revelasse o seu paradeiro. Cansada de pensar no assunto, resolveu dar uma volta no mercado. Ansiava encontrar Danilo e, se ficasse na loja, entre as prateleiras, poderia vê-lo logo na entrada.

Vera não gostou de ver o segurança da noite conversando com a empacotadeira. Arrogante e mostrando superioridade, Vera foi logo questionando o rapaz sobre o que fazia por ali, à luz do dia.

— Tenho um casamento, troquei com o dia...

— Emendou o serviço? Passou a noite acordado e está agora prestando serviço de dia. Não gosto, já pedi para não fazer isso. Precisa descansar. Se bem que deve dormir a noite toda. Não tem movimento.

— Não. Essa noite foi bem agitada. E eu não durmo, não. Pode confiar. Tive que abrir a porta duas vezes essa noite.

— Agitada a noite? Por quê? Para quem abriu a porta?

— Chegou um caminhão de fornecedor. O rapaz explicou que havia se perdido.

— Você abriu? Não interessa a desculpa. Podia ser um assaltante. Um absurdo! Já avisei que a entrega é só no horário comercial. Depois me passa o nome do fornecedor. Preciso adverti-lo sobre esse procedimento. E, se eu souber que está abrindo o mercado à noite para entrega, vai para rua — fez uma careta e saiu andando. Voltou depois de dois passos com a seguinte pergunta: — Você mencionou que abriu a porta duas vezes, não vai me dizer que a segunda vez foi para um fornecedor também.

— Não, dona Vera. Foi para o seu Danilo.

— Danilo?! — perguntou, surpresa. — Como? Quando fui embora ele comentou que estava de saída também.

— E não estava sozinho. Tinha uma moça com ele. Não tenho bem certeza, vi por pouco segundos, acho que era a

Regina, aquela moça que trabalhou uns meses aqui. A ladra — murmurou a última palavra como se fosse um assunto proibido.

— Regina? — Vera precisou se apoiar em uma das prateleiras.

— Sim. Não tenho bem certeza, foi rápido, eles logo foram para o escritório...

O segurança continuou falando, mas Vera estava distante, preocupada. "A caipira no mercado, com Danilo. Ela mentiu para mim, disse que estava procurando emprego".

Não demorou e Vera avistou um táxi parar no meio-fio, em frente ao mercado. Dele saltou Gildo, esbaforido, secando-se com a gravata.

— Vera, você não tem ideia de quem foi até a pensão me procurar: a Regina — desabafou Gildo num tom nervoso, sem se preocupar com as recomendações da prima, de ser discreto, não telefonar, não aparecer no mercado...

— A Regina o procurou? — Vera ficou paralisada. O que mais faltava lhe acontecer?

— Sim, a moça do envelope — exclamou, no meio do mercado.

— Já entendi, seu estúpido! — falou Vera, num tom baixo, puxando o primo para a rua. — Está maluco? Já não pedi para não aparecer aqui.

— Ela pode estar com a polícia — Gildo respirou fundo, buscando mais ar, e disparou: — Ontem recebi um recado estranho da dona da pensão onde eu morava. Disse que uma tal de Bia queria falar comigo. Confesso que fiquei curioso para saber quem era. Depois, achei que você tivesse inventado esse nome, sei lá, já que ficou de achar uma colocação para mim com os seus amigos. Não foi isso que combinamos quando nos vimos na frente do seu prédio?

— Foi o erro. Ela deve ter visto a gente junto. Lógico!

— Estava confiante de que fosse você com alguma proposta de emprego para mim — continuou Gildo, avesso às conclusões de Vera. — Meu casamento está se aproximando. Preciso de trabalho. Agora mais essa, a moça me perseguindo. O que eu faço? E se a polícia já estiver atrás de mim? Da gente?

Vera levantou os olhos para fitá-lo quando ouviu a última frase: "Da gente?" Depois de um silêncio curto, relatou:

— Já sei o que vou fazer. Não tem outro jeito.

— Sério? — perguntou, abrindo um sorriso que se ausentara de seu rosto desde que vira Regina. De repente, esquivou-se de um inseto que o rondava. — Esqueci a minha fórmula em casa. Esses bichos! Minha noiva fez uma mistura poderosa, uma espirrada e eles estão longe. Já sabe mesmo o que fazer para frear a loirinha?

— Sim, já sei o que fazer. Vai ser decisivo. Como eu não pensei nisso antes?

Capítulo 22

Danilo acalmou Regina, levou-a para uma lanchonete, longe da pensão. Carinhoso, ele a abraçou e procurou tranquilizá-la.

— Não se preocupe, hoje eu não posso, mas tomarei as medidas cabíveis. Tenho um amigo policial. Vou denunciá-lo.

— Estou com medo.

— Não tenha. Não demora e esse rapaz conta tudo.

Danilo apertou a moça contra o seu corpo e ficou em silêncio.

O medo de Regina não se resumia a Gildo, era a sua gravidez também que a incomodava. Não tivera oportunidade nem coragem de informar Danilo da sua situação. Vivia uma fase turbulenta pelas circunstâncias, mas serena por estarem juntos. Pensou em falar a verdade, até ensaiou, mas não arriscou revelar, considerou que seria sinônimo da separação.

E assim vinha sendo os seus pensamentos, oscilando se contava a verdade ou não. Tomada por uma força, resolveu, em meio a todo aquele carinho oferecido, comunicá-lo da gravidez.

— Preciso revelar algo — fitou o rosto sereno de Danilo. — Estou grávida.

A intenção da moça era contar que fora seduzida por Beto e engravidara, mas a euforia e a emoção de Danilo não deixaram espaço para a verdade. Restou à moça, encabulada, festejar de forma tímida a sua gravidez.

— Não posso acreditar. Não sabe como me faz feliz essa notícia. Regina, por que não me disse antes? — perguntou e ansiosamente a beijou, lançando, na sequência, uma nova pergunta: — Tem feito pré-natal? Meu Deus, que alegria! Quando ia me contar? Como me faz feliz, moça.

Regina prometeu para si mesma falar a verdade, não sabia como nem de que forma.

Danilo deixou Regina perto do apartamento de Vera, duas quadras antes para evitar serem vistos por algum conhecido que levasse a informação a Vera. O moço partiu com a promessa de que, no dia seguinte, tudo seria esclarecido.

— Arruma tudo que é seu, pega um táxi e vai para o meu apartamento. Você não passa mais nenhuma noite aqui.

Regina saltou do carro de Danilo confiante, sorridente, mesmo diante dos problemas que vinha enfrentando. Viu o carro do empresário desaparecer em uma das ruas paralelas à avenida principal e seguiu o seu trajeto. Não deixou de olhar para o céu e agradecer a Deus por ter colocado Danilo novamente em seu caminho, em seus braços.

Foi assim, andando lentamente, sem pressa. Sozinha, ainda conversava com Deus para ajudá-la a contar a verdade para Danilo. Como o amava, não deseja prosseguir com a mentira.

Foi nesse ínterim que um carro de polícia passou por Regina, do outro lado da avenida principal. Ela estava tão eufórica que não percebeu ser observada pelo motorista e pelo passageiro, ambos policiais fardados. O carro de polícia acionou a sirene e acelerou, despertando a atenção das pessoas que passavam pela rua. Pouco depois, o carro fez o contorno e parou quase sobre a calçada, a pouca distância de Regina. O moço forte, uniformizado, que ocupava o banco do passageiro, chamou:

— Regina?

— Sim — apressou em confirmar, estava nitidamente assustada.

O jovem desceu do carro, que permaneceu ligado, e perguntou em tom severo ao abrir a porta traseira:

— Pode nos acompanhar até a delegacia?

Vera não desprezou a ideia que teve ao ver o primo repelindo o inseto. Rapidamente, mandou que ele voltasse para casa e a aguardasse. Assim fez o rapaz, que, como um robô, atravessou a rua e subiu no ônibus que acabava de parar no ponto. Gildo não sabia, mas estava entregando sua vida nas mãos da prima.

Ágil, Vera entrou rapidamente em uma pet shop que ficava ao lado da padaria. Depois de um tempo examinando os produtos, que ia de animais aos mais variados acessórios para mantê-los, já certa dos seus planos, perguntou a um dos vendedores se tinham disponíveis abelhas para vender. Este, por sua vez, estranhou o pedido e alegou não ter. Vera explicou, pacientemente, o motivo da procura.

— Meu pai tem um sítio, muitas árvores, e quer cultivar abelhas. Ele tem até caixinhas prontas. Adora, domina o assunto.

O dono, que ficava no caixa, não deixou de ouvir a conversa e confirmou o que o vendedor dissera, mas disse que sabia quem poderia arrumar.

— Tenho um amigo que tem. O pai dele vende mel. Não comercializa abelhas, só o mel, mas acho que não vai se incomodar em...

Uma hora depois, Vera saiu da loja indicada, nas mãos uma caixinha apropriada com três abelhas. Na calçada, consultou o relógio. "Preciso correr, não posso esperar mais. Já demorei muito para conseguir estas abelhas." Pegou um táxi com destino onde Gildo morava.

Vera chegou procurando o primo já tarde da noite. Nas mãos, além da bolsa, uma sacola que ela segurava como se fosse uma criança. Estava toda simpática. A viúva, dona do imóvel, levou-a pelo corredor estreito e úmido até o quartinho de Gildo, que a recebeu sorridente, certo de que a prima trazia a solução do problema que estava enfrentando.

O rapaz, com meia dúzia de palavras e poucos gestos, mostrou o quarto apertado e abarrotado de móveis onde morava. Simples, avesso ao ar de desprezo de Vera, se justificou:

— É por pouco tempo prima, logo me caso. Já lhe contei que o meu sogro fez um puxadinho?

— Já, já contou, sim — interrompeu Vera, impaciente. Completou na sequência: — Estou querendo um pouco de água.

Imediatamente, Gildo apontou uma pia encardida, onde Vera teve a sensação de que era usada não só para lavar as louças, mas também para banhar o rosto e escovar os dentes. Sentiu nojo.

— Vou preparar um suco para nós. Assim podemos relaxar depois do dia agitado que vivemos. Trouxe um suco do mercado que você vai gostar.

— É mesmo? — perguntou ansioso, como uma criança.

— Sim. Só peço que não fique em cima. Deixa eu fazer o suco para ver se você descobre.

Gildo adorou a ideia. Vera pensou:

"Como é idiota. Preciso me livrar dele o quanto antes. Não posso deixar essa prova de bandeja para Regina. Não posso."

Vera preparou um suco e despejou em um dos copos um pó calmante que havia comprado um dia antes na farmácia; ela costumava fazer uso do medicamento para dormir. Mexeu com a colher e deu para o primo, que se mantinha distante, ansioso para provar o suco.

— Uva! — disse Gildo. — Fácil, lógico que ia acertar.

— Dico, sabia que ia gostar. Minha mãe falava que era o seu predileto.

— Dico. Você nunca mais me chamou pelo apelido — observou numa voz emocionada. — Sinto tanta falta da tia.

"Logo você estará com ela, Dico. Toma esse suco direitinho, toma."

Gildo tomou todo o suco e perguntou:

— O que vai fazer? Você disse que já sabe o que fazer para a gente se livrar dessa situação. Da loira.

— Vou lhe contar — contornou os olhos pelo cômodo e perguntou: — Dico, posso usar o banheiro?

— Sim. Fica lá fora, perto do tanque. Toma cuidado, prima, porque não tem luz.

— Sem problemas — saiu fazendo caretas.

Vera voltou dez minutos depois, tempo suficiente para encontrar o primo caído sobre a cama, todo desajeitado. Muito apressada, ela o puxou de um lado, depois de outro e o arrumou na cama, estreita demais para o corpo pesado dele. Abriu a sacola e tirou a caixinha. Pegou o resto de suco que tinha sobre a pia e, com um dedo, lambuzou os lábios de Gildo, adormecido como uma rocha.

Depois, cuidadosamente, Vera abriu a caixa e colocou as abelhas sobre o rosto do primo. Friamente, testemunhou as abelhas brincarem sobre os lábios do primo. Por fim, fechou a porta com cuidado e saiu.

"Pronto, resolvido", pensou rindo. "Lembranças para mamãe, primo."

Regina pensou em sair correndo quando o policial a abordou. Mas olhou o rapaz fardado, armado, com o outro na direção e, sem outra opção e tomada pelo nervosismo, entrou no carro.

Chegando à delegacia, sem saber o que estava ocorrendo, foi conduzida para a sala do delegado. Era um homem robusto, calvo, de óculos, que foi logo dizendo:

— O que está havendo? Estou na hora do cafezinho — fez uma pausa e olhou para Regina mais atentamente. — Quem é a moça? Parece que eu a conheço.

— É a moça da foto — adiantou um dos policiais. — Estávamos fazendo a ronda quando a vimos numa avenida perto do...

— Regina?! — perguntou o delegado eufórico. — Sente-se, moça.

— Desculpe-me, mas não estou entendo o que está havendo, por que estou aqui — Regina sentiu um nó na garganta, o medo, que vinha acompanhando desde que fora abordada pelos policiais, parecia aumentar.

O delegado soltou uma risada estranha e tratou de explicar.

— Está sendo procurada, moça. Não tem ideia do que fez de errado?

— Não, eu não fiz nada de errado — Regina lembrou-se de repente do envelope que havia sido encontrado em sua bolsa. Pensou nisso e levantou-se agarrada na bolsa, temerosa.

— Sente-se, moça. Não fez nada demais. Fique tranquila. Pelo menos que a gente saiba — brincou o delegado soltando uma risada divertida, acompanhado pelos outros dois policiais.

Regina manteve-se séria.

— Conhece alguém com o nome de Luís?

— Sim, meu tio — disse prontamente.

— Ele é um velho conhecido. Já teve ponto em frente a esta delegacia. Um homem honesto. Um grande amigo, o seu tio. Ele deu queixa de seu desaparecimento. Deixou comigo uma foto. Minha equipe tinha uma cópia. Tivemos sorte em encontrá-la tão rápido.

Regina sorriu aliviada e também feliz pela preocupação do tio. O delegado, ainda falando, pegou o telefone e perguntou por Luís.

— Não está, quem deseja? — perguntou Caetana. A mulher vestia um moletom frouxo, meias coloridas e no momento em que falava procurava o brinco de uma das orelhas. — Está trabalhando, é alguma corrida?

— Não, é da delegacia.

— Aconteceu alguma coisa com o meu marido? Moço, me fala logo, sem rodeios. Não suporto suspense.

— Não, minha senhora.

— Caetana é o meu nome. Pode falar — disse, num tom bravo.

— Dona Caetana, o motivo da minha ligação é que encontramos a sobrinha dele, ou melhor, de vocês. Regina está na minha frente. O Luís deu queixa do seu desaparecimento.

— Estranho. O Luís não deve ter dado baixa — mentiu Caetana enquanto apertava o gancho do telefone com raiva. — Ela esteve em casa ontem.

— A Regina? — perguntou surpreso.

— Sim. Jantou com a gente e tudo. Meu marido é muito preocupado. Regina é assim mesmo. Some, depois aparece quando a água passa dos joelhos.

— Bom, pensei...

— Pensou errado. Libere a moça, delegado. O meu marido é muito preocupado e sem motivo. Fique certo de que vou conversar a respeito com ele. Depois, a Regina sabe onde moramos, se quiser pode nos procurar, como fez ontem.

— Não quer vir buscá-la? Já é tarde.

— Não! — respondeu num tom que assustou o delegado. — Não posso, estou indo para o meu trabalho. Ela tem casa, tem família, deixe-a em paz, é o que sempre falo para o Luís.

A conversa durou alguns minutos, até que o delegado a liberou. Já era tarde e, sem condução, Regina chegou ao apartamento de Vera no carro da polícia. O porteiro correu até a portaria para saber o que estava acontecendo e pensou: "É bem parente da dona Vera. O que será que a moça aprontou? Melhor não dar nem confiança, vai saber o que é".

Regina saltou do carro da polícia e, de um telefone público, conversou com Danilo. O rapaz insistiu em ir buscá-la, ressaltou o risco de ela ficar no apartamento de Vera, mas Regina não aceitou que ele fosse.

Quando finalizou a ligação, voltou para o prédio, disse "boa noite" ao porteiro e subiu as escadas correndo. Abriu a porta com cuidado. Sentiu um frio na barriga. Lembrou-se das palavras de Danilo: "Prefiro ir buscá-la. O rapaz, o Gildo, já deve ter comunicado Vera que você o descobriu".

Regina se encheu de coragem e entrou no apartamento. Vera não estava. Tomou banho e apressou-se em se deitar. Dormiu muito mal, teve pesadelos, viu quando Vera chegou, tomou banho e apagou todas as luzes.

No dia seguinte, pela manhã, o encontro entre Regina e Vera foi inevitável. Regina, já com sua mala pronta para ir embora, estava confiante de que, com o testemunho de Gildo, conseguiria provar a sua inocência. Inclusive havia pedido a Danilo que só comentasse sobre o namoro reatado depois daquilo. O rapaz concordou.

O início da conversa foi de ironia, de insinuações. Regina, a certa altura, anunciou sua partida.

— Vou embora. Muito obrigada por tudo.

— Reatou com a família? — perguntou Vera, já certa do relacionamento da moça com Danilo.

— Sim, reatei — Regina pensou em Danilo e o filho que esperava como família.

Houve uma pausa e Vera, já ciente da voz ativa com Danilo, falou:

— Vamos ser diretas. Regina, esse emprego é muito importante para mim, assim como o seu amor por Danilo.

— Imagino como seja forte, resistente, seu amor pelo emprego. Digo isso porque o meu amor por ele vem sobrevivendo a alguns atentados.

— Gosto do que faço. Não me vejo em outro lugar. Vou precisar da sua ajuda para permanecer por lá.

Naquele instante, Regina percebeu que Vera já sabia de tudo. Da retomada de seu romance com Danilo, de que Gildo, o seu primo, era o responsável pelo assalto, e de que Danilo era conhecedor de tudo.

— Isso não cabe a mim.

— Um homem apaixonado ouve...

— Já disse, não compete a mim.

— Sejamos francas, quando estava na rua, ao relento, fui eu quem lhe estendeu a mão.

— Sou muito grata, mas...

— Depois, como bem conheço o Danilo, ele não gostaria de saber que você engravidou de Beto. Os dois são como irmãos. Não sei nem o que faria se soubesse.

— Também não sei se ele gostaria de saber que a funcionária do mercado é amante do marido da prima dele.

— Como?!

— Você tem um caso com o Maurício.

Vera foi pega de surpresa. Não imaginava que alguém soubesse de seu envolvimento com o marido de Suzana. Ainda assim, respirou fundo e não abaixou a cabeça. Continuou no mesmo tom:

— Para você ver que somos produtos da mesma prateleira.

— Pode ser que sim. Da mesma prateleira, mas não o mesmo produto. Tenho valores, amor, compaixão, lealdade e muitos outros ingredientes que não existem na sua composição.

Encerrou o assunto e saiu levando seus pertences.

Beto embarcou para a Inglaterra naquela manhã. Danilo e Suzana o levaram para o aeroporto. Os minutos que antecederam a partida do rapaz à Europa foram repletos de abraços, beijos. Ficaram, os três, muito unidos. Na despedida, depois de anunciado o voo, houve um abraço entre os três. De longe, pôde ser visto com muita tristeza, como uma partida sem volta.

Suzana, com lágrimas nos olhos, viu o irmão se afastar no corredor com destino ao embarque. A moça encontrou apoio no ombro de Danilo, no momento em que pensava:

"Meu Deus, permita que eu tenha feito a coisa certa. Perdoe-me por ter patrocinado o aborto do filho do meu irmão. Vejo sorrindo e vejo que fiz o melhor para Beto, por sua felicidade. É muito jovem para assumir uma paternidade."

A moça desabou a chorar. Danilo abraçou a prima e a confortou com o seu carinho.

Danilo, naquele momento, também envolvido pelo silêncio da ocasião, pensou se seu coração suportaria tanta emoção. Estava feliz pela volta de Regina ao seu convívio, aos seus braços e ao seu coração, mas também estava muito sentido em ver o Beto, o primo que ele tinha como um irmão, indo viver longe.

Beto, antes de virar e desaparecer de vez das vistas do primo e da irmã, parou e acenou pela última vez. Sentia-se sinceramente agradecido pelo gesto da irmã, pelo segredo confidenciado. Era notório nos olhos de Beto, ao olhar Danilo, o remorso que sentia por tê-lo traído. Temia que Danilo viesse a descobrir o seu envolvimento com Regina, e por isso pediu sigilo a Suzana. Beto não contou a irmã quem era a moça que engravidara, limitou-se a dizer que era funcionária de Danilo, nada mais.

Na volta do aeroporto, já no carro, Suzana se mantinha em silêncio. Danilo resolveu rompê-lo. Havia prometido a Regina que só revelaria o romance dos dois quando conseguisse provar sua inocência, quando fosse possível ter de Gildo a confissão do crime e, por fim, comprovada a sua inocência. Ainda assim, não se aguentou e, com a intenção de animar a prima, anunciou:

— Vou me casar.

Suzana recebeu a notícia como um choque, tamanha foi a sua surpresa. Depois desatou a rir, nitidamente feliz. A surpresa veio quando Danilo revelou que Regina era a noiva. Não houve objeção de Suzana, pelo contrário, demonstrou-se animada, dispôs-se, inclusive, a ajudá-los com os preparativos. Como uma criança diante de um brinquedo, Suzana ficou toda animada com a notícia.

— Ela está grávida.

Suzana ficou emocionada, muda. Passou a mão carinhosamente pelo rosto do primo e desejou-lhe sorte.

— Obrigado. Fui mais rápido que você, prima. Já está na hora de aparecer uma criança nesta família. Trate de preparar os seus com Maurício.

Suzana riu e falou num tom baixo:

— Que seja bem-vinda essa criança! Que Deus a abençoe! — a moça sentiu vontade de chorar ao se lembrar de Beto, da gravidez da tal moça com que se envolvera.

Depois, Suzana se animou, foi até sua casa falando sobre os preparativos da festa e Danilo disse:

— Já combinei com a construtora. A demolição começará em breve. Espero que esteja tudo pronto para isso, que você já tenha conseguido achar um tempo em sua agenda para tirar os móveis.

Suzana riu e percebeu que teria que apressar a retirada do resto dos móveis.

Danilo chegou ao mercado e encontrou com Maurício em um dos corredores, como se estivesse escondido. Estranhou ver o marido da prima por ali, naquele horário, e foi cumprimentá-lo.

— Você por aqui, Maurício? A Suzana disse que não poderia ir com a gente para o aeroporto porque tinha uma reunião.

— É verdade, é que...

Uma funcionária do mercado apareceu na hora e o interrompeu:

— A Vera ainda não chegou. Virá só no período da tarde.

— Vera? Estava procurando por ela? — perguntou Danilo.

Desconcertado, mas não o bastante para que Danilo percebesse, Maurício prosseguiu:

— Estava querendo uma ajuda dela. Acho que fui muito severo dia desses com a Suzana, nós brigamos. Coisas de casal. Suzana sempre fala de Vera com tanta amizade, que resolvi procurá-la a fim de obter algumas sugestões para amenizar a situação.

Danilo se convenceu com a resposta. Conversaram por mais alguns minutos e Maurício foi embora.

Dez minutos depois, quando Danilo estava sozinho em seu escritório, Regina chegou de mala e tudo. Levantou-se eufórico, apressou-se em beijá-la. Adiantou ter contado para a prima sobre os dois, sobre o filho. Regina ficou visivelmente nervosa. A moça planejava desvendar a armação de Vera e Gildo, revelar que estava grávida, mas Danilo não era o pai; no entanto, diante do conhecimento de Suzana, Regina já temia não conseguir reverter a situação.

— Não fique brava. Só disse que vou me casar.

— Casar?! — perguntou Regina.

— Sim. Aceita se casar comigo?

Regina o abraçou. Ficou emocionada, ensaiou contar sobre sua gravidez, mas Danilo demonstrou em seu discurso o amor que sentia por ela e pela criança de tal forma que não conseguiu desfazer a situação.

— Quero provar minha inocência primeiro, Danilo. Quero deixar claro que não fui eu quem roubou o envelope. Que foi uma armação...

Danilo aproximou-se dela, calou-a com um beijo, depois declarou:

— Não me interessa mais, não me importo em saber isso ou aquilo. Não percebe? Quero ficar com você e pronto. É a mulher que eu amo — fez uma pausa, consultou o relógio e acrescentou: — Bom, a essa hora, a polícia já deve ter pegado o Gildo. Vamos ligar para aquele meu amigo policial, que informou já terem saído para o local onde ele mora. A essa hora já deve estar sendo interrogado.

— Deus ajude que dê tudo certo.

Danilo pegou o telefone, discou o número, identificou--se, pediu para falar com o tal amigo da delegacia. A conversa durou menos de dois minutos. Regina ficou aflita com as caras e perguntas de Danilo. Por fim, quando o rapaz descansou o fone no aparelho, estava pálido, e disse na sequência:

— Ele... ele morreu. Encontraram o Gildo morto.

— Morreu?! — perguntou Vera, simulando surpresa com a notícia recebida no portão do condomínio onde morava.

— Sim. Eu mesma o encontrei morto. Foi horrível — relatou a moça jovem, loira, de beleza bem superior a Gildo.

— Você é...

— Noiva dele.

— Meu Deus. O Dico. Como foi, morreu do quê?

— Ele era alérgico a insetos. Corria de abelha. Em casa a gente até achava exagero dele. Pensávamos que era trauma porque ele nos contou ter sido internado quando foi picado por uma abelha — a moça começou a chorar. — Não sei como, ele era tão cuidadoso. Quando tem que ser, não tem jeito. Ele foi picado por abelhas, estava dormindo, parece que não teve como pedir socorro.

— Estava dormindo?

— Encontrei-o caído no chão. Não consegui ajuda. Morreu asfixiado.

— Não me conta mais nada. Prefiro a imagem dele vivo. Não sei como você está em pé!

— A gente se descobre forte nessas ocasiões. Parece que era alguma coisa, fui bem cedo à casa dele — sentiu um nó na garganta que a impediu de continuar. Respirou fundo e prosseguiu: — Vou tratar dos papéis. Meu pai está na delegacia me esperando, parece que queria fazer algumas perguntas, ainda não sei o que é ao certo — olhou ao redor e comentou: — Já tinha passado de carro por aqui, o Gildo me falou que morava nesse prédio. Resolvi avisá-la pessoalmente.

— Fez bem, obrigada. Estou em choque com isso tudo.

— Ele gostava muito de você. Os convites chegaram ontem à tarde, não tive nem tempo de mostrar para ele como ficaram. Tinha a lista dele para preencher. Não havia muitos nomes da parte dele — a moça desatou a chorar. — Não tinha muitos parentes, nem amigos.

Vera a abraçou, demonstrando sentimento pela situação.

— Eu trouxe o seu convite. Sei lá, para guardar de lembrança — prosseguiu a noiva. — Bem, preciso ir, o corpo já seguiu.

Vera já não ouvia mais nada. Pensava em seu plano, como dera certo. Agora Danilo e Regina não teriam provas para acusá-la. Não poderiam incriminá-la pelos atos de seu primo.

— Foi um prazer conhecê-la — disse a noiva de Gildo. Depois, bem desnorteada, concluiu: — Meus pais estão muito tristes. Gostavam muito do Gildo. Minha mãe, desde a hora que dei a notícia, não para de chorar. Tinha-o como filho.

"A velha o tratava como um bicho. Bem se diz, quer ser bom? Então morra ou mude", pensou Vera.

Finalizaram o encontro com um abraço. De um lado, a noiva de Gildo, com sentimentos de viúva, chorava desesperadamente; do outro lado, Vera sorria, friamente.

Quando Vera observou a noiva distante, olhou mais atentamente o convite e o jogou no lixo que tinha na rua, desdenhando em voz alta:

— Que cafona!

Danilo explicou toda a informação que havia obtido de seu amigo na delegacia. Em resumo, pelo apurado com o futuro sogro, Gildo era um santo homem. Estava desempregado e era honesto, sem nenhum antecedente criminal nem nada que comprovasse alguma marginalidade.

Regina ficou desesperada. Não acreditava na possibilidade de não conseguir provar sua inocência.

— O rapaz morreu picado por uma abelha. Era alérgico, não conseguiu ajuda.

— Foi ele, Danilo, ele quem me roubou — gritou Regina.

— Eu sei, meu bem. Acredito em você. Eu vi como ele ficou ao vê-la. Saiu correndo. As características dele estão coerentes com o Boletim de Ocorrência. Pode reconhecê-lo, mas não acho viável agora.

— Tem razão, está morto. Do que adianta? — lamentou, num tom triste.

— Ei, moça — disse Danilo rindo, provocando Regina. — Eu acredito em você, digo isso desde quando trouxe essa história para mim. Vamos esquecer esse assunto, o que acha? Chega disso, vamos ocupar nossas mentes com outras coisas.

— E a Vera, o que vai fazer?

— Demiti-la — respondeu categoricamente.

— Não tem motivo. Não comprovamos o vínculo dela com Gildo, além do parentesco. Seria injustiça dispensá-la por uma suposição — ponderou Regina, já temerosa com o que Vera conhecia do seu passado, do seu envolvimento com Beto. — Depois, você comentou que ela é uma ótima funcionária.

Regina observou o silêncio de Danilo enquanto pensava:

"Vera conseguiu. Armou com o Gildo para me incriminar. Com a morte dele, não será possível culpá-la de ter colocado o envelope na minha bolsa. Ela sabe do meu envolvimento com Beto e não me dará paz se for demitida."

— Você está certa. Não vou demitir a Vera. Deixemos tudo como está. Você foi vítima. Ou melhor, fomos vítimas. Vera continua sendo minha funcionária, nada mais.

Regina respirou aliviada.

— Agora, eu quero que se concentre em nosso casamento. E prepare-se, vou levá-la a um lugar muito especial — Danilo parou de falar e fitou o brilho dos olhos de Regina.

Capítulo 23

Uma semana depois, do outro lado da rua, em frente à casa, Regina era carinhosamente abraçada por Danilo. O jovem, bonito e bem vestido, falava alto, ditava seus planos, traçava suas intenções e incluía em suas conquistas a futura esposa.

— Olhe ali, meu amor — apontando para a casa que era invadida pelos tratores. — Veja só esse terreno, tem mais de mil metros quadrados. Vamos construir nossa casa nesse espaço.

— Nossa casa? — perguntou a moça sorrindo, tentando conter a emoção que sentia em estar nos braços do jovem e fazer parte de seus sonhos.

— É. Nossa casa — fez uma pausa, desfez o abraço e sem tirar os olhos dos olhos de Regina, o jovem pegou do bolso uma caixinha e de lá tirou um par de alianças. Sério, contrastando com o sorriso da moça, propôs: — Você aceita se casar comigo?

— Vamos ficar noivos?! Aqui, assim? — ela replicou, contendo a emoção da surpresa...

Recapitulando o início desta história, Danilo falou, emocionado, sobre a casa onde nascera e fora criado pelos avós. Em seguida mostrou a planta do futuro lar e finalizou:

— Seremos muito felizes aqui, meu amor.

Regina nada disse. Apenas pensou, aflita:

"Mas, até quando?"

Suzana chegou de carro nesse momento, seguida por um caminhão. Danilo desfez o abraço e foi ao seu encontro. Depois das apresentações, embora já se conhecessem, Regina agora era anunciada como noiva, e Suzana a recebeu de braços abertos, elogiando o anel de noivado e ressaltando a beleza da jovem. Comentou, ainda, a ausência de Beto, e como ele estaria feliz com a notícia do casamento. Regina disfarçou o incômodo que sentiu ao ouvir o nome do rapaz. Depois, Suzana, aflita, disparou para o primo.

— Já começaram a derrubar tudo?

— É o que pode ser visto.

— Não tirei todos os móveis.

— Não?! — perguntou Danilo. — Não pedi que retirasse tudo?

Suzana explicou o que aconteceu na última vez em que estivera na casa, a dificuldade de levar os móveis. Regina chegou a concordar com Suzana quanto ao peso dos móveis e, por serem muito antigos, feitos por renomado artesão italiano, era difícil transportá-los. Danilo ouviu tudo em silêncio, depois pediu as chaves da casa e, sozinho, como pediu à prima e à futura mulher, seguiu para a casa que fora dos avós.

— Meu neto — surpreendeu-se Afonso quando viu Danilo aproximando-se da casa. — Nora, pega meus óculos. Abre a porta para ele, o que está esperando, mulher?

Nora, emocionada, com uma das mãos suspensa na altura do peito, não conseguiu dizer nada. Apenas apreciou o que estava por acontecer.

Danilo, depois de duas voltas na chave, entrou na sala e foi tomado por várias lembranças da época que havia morado naquela casa.

— Vô Afonso, vó Nora — respirou fundo, depois disse com dificuldade: — Sei que estão aqui.

— Você ouviu, Nora? — comemorou Afonso. — Ele está vendo a gente. Pode nos ouvir. E você querendo me convencer do contrário, que a gente não pode ser visto. Veja ele conversando com a gente — Afonso aproximou-se do neto e tentou tocá-lo, mas não teve êxito.

— Eu não tenho o dom de vê-los, mas sei e acredito que podem me ver e me ouvir. Quero dizer o quanto são importantes para mim, na minha vida e na vida dos meus primos...

Nora ficou estática, tomada pela emoção. Lembrou-se de Danilo pequeno, colocando-se à frente de Suzana e de Beto, sempre disposto a defendê-los. Tal atitude enchia Afonso de orgulho do neto.

— Vim aqui pedir licença. Pedir a permissão de vocês para seguir o nome que me deram. Sei da importância deste lugar para vocês, e fiquem certos que darei o melhor de mim para preservar e cuidar de tudo da melhor forma.

Danilo observou uma porta se fechar, o que atribuiu ao vento, depois continuou:

— Aceitem a decisão de Deus. Sigam seus destinos, em paz, num caminho de luz. Fiquem certos de que estarão sempre, como foram e como são, presentes nas minhas lembranças e no meu coração.

Afonso, em silêncio e emocionado, soltou a bengala, fez menção de abraçar o neto e, quando olhou para trás, pôde ver uma luz branca muito forte e atraente no canto da sala. Nora aproximou-se de Afonso, que não recusou o seu auxílio e deixou-se conduzir para a luz. Elvira, a filha do casal, estendeu a mão e apoiou os pais para o interior da luz, onde os três desapareceram.

A janela se abriu de repente, clareando a sala, e Danilo ajoelhou-se chorando, pois sentira a presença dos avós, depois o silêncio intenso, uma paz. Minutos depois, quando já estava recomposto, desceu e anunciou à prima que os móveis poderiam ser retirados.

Algum tempo depois, os móveis já estavam sobre o caminhão, destinados à instituição de caridade. E os tratores, que haviam sido interrompidos, recomeçaram os trabalhos.

Felipe conduziu Menininha para assistir à aceitação de Afonso em deixar a Terra.

— Nossa, estou comovida com as palavras do moço.

— Danilo se casará com Regina — comentou Felipe, sorrindo.

— Um bom moço — fez uma pausa e prosseguiu: — Lembro-me de ter ouvido histórias de apegos materiais, mas nunca imaginei que presenciaria algo tão de perto. Que lindo! A filha veio ampará-lo.

— Elvira, filha do casal, veio socorrê-los. A outra filha já reencarnou. Nora teve a oportunidade de seguir ao plano Astral para estudar e se preparar para a sua volta, isso logo que o seu desencarne ocorreu, mas teve autorização para fazer companhia a Afonso. São espíritos muito ligados, seus laços afetivos perduram há séculos. É certo que Nora ainda volte para auxiliá-lo em próxima etapa reencarnatória.

— E pensar que fora meu tio — comentou Menininha, num tom divertido.

— Sim. Foi o encontro que tiveram. Ele fora um padre muito ambicioso depois de mais maduro. Achou justo que o dinheiro dos fiéis servisse para o seu conforto. Não ofereceu ajuda aos necessitados que passavam pela sua porta, com fome, doentes. Voltou como médico com o intuito de dar às pessoas a possibilidade da vida, da cura. Foi um espírito generoso nessa última passagem, contribuiu muito com a humanidade, só que o apego material é muito forte, desde a época que vivera como um padre no interior do Maranhão. Nora foi um espírito amigo que ele conheceu no fim daquela última vida; deu-lhe apoio e tratou do seu corpo doente.

— Por que essa transformação? Por que se tornou tão ambicioso? Parece ter sido tão divertido, leve.

— Afonso teve suas economias de anos roubadas. Nunca soube quem foi, por isso desconfiava de todos ao seu redor. Nunca mais conseguiu confiar em nenhum fiel da paróquia, nem em qualquer outra pessoa que batesse à sua porta. Tratou de juntar os bens que podia. O apego material não é bom para quem desencarna nem para os que ficam. É preciso aceitar a hora de partir. Tudo o que temos em vida nos é emprestado de acordo com as nossas necessidades, e é fato que ficam no plano terreno. O espírito não precisa dos bens materiais adquiridos durante a vida para viver no astral superior.

— Fico tão feliz com tudo o que tenho aprendido por aqui. Tenho me sentido mais forte. Aceito a vontade de Deus de ter deixado Regina. Lembro-me que fiquei revoltada, achava que tinha deixado uma criança indefesa e poderia ter feito muito mais por ela.

Felipe riu.

— Você se diverte com o que eu falo — resmungou Menininha.

— Não. Penso que já está madura para saber o que mais aconteceu naquela última encarnação.

— Sério?! — perguntou Menininha, empolgada. — Então vamos ver agora?

— Precisa tratar essa ansiedade primeiro. Penso que daqui a uns dez anos você já estará menos ansiosa, mais lúcida e preparada — completou num tom divertido.

Caetana ordenou que não falassem mais sobre Regina a partir do dia em que a expulsou do convívio da família. Também não revelou o motivo e desconversava quando lhe perguntavam. Gustavo e Ana, submissos à mãe, não ousaram enfrentá-la, mas Luís não se calou e questionava a esposa sempre que via oportunidade.

"Maldita, essa menina! Foi embora e deixou o meu marido envenenado. Não conto para ele sobre a gravidez de

Regina. Meu Deus, o que fiz para merecer isso? Minha sobrinha grávida do meu marido!"

Prova de que Luís não compactuava das decisões de Caetana foi quando deu parte na polícia do desaparecimento de Regina. O taxista ficou muito nervoso quando soube que os policiais haviam encontrado a moça e Caetana, quando comunicada, tratou de dispensá-la. Ficou transtornado. Teve uma briga feia com a esposa, e ela deduziu que o marido estava apaixonado, mas o seu amor era muito maior e venceria aquela situação.

— Como você é cruel, Caetana. Deixar na rua uma moça sem ninguém, sem amigos, sem família. E se estiver precisando de alguma coisa, se adoecer? É seu sangue!

— Você está muito preocupado com ela.

— E não é para estar? Ela estava desempregada, sem ninguém...

Caetana, como de costume, de humor alterado, começou a rir, disse que iria fazer um chá para acalmá-lo.

A esposa de Luís, tomada pelo ciúme, começou a segui-lo. Quando alguém ligava em sua casa para contratar os serviços do taxista, ela tratava de especular quem era o interessado. Se fosse mulher, ela logo tratava de ser grosseira e dispensava.

Certo dia, Luís saiu mais cedo que de costume. Caetana, cismada, acordou Gustavo e o fez pegar o carro, no intuito de procurar por ele no ponto de táxi. Gustavo, ainda temeroso em dirigir o veículo, recusou, mas Caetana o pegou na marra e jogou-o dentro do veículo. Na sequência, sentou-se ao seu lado, onde começou a guiá-lo.

Gustavo saiu tremendo. O medo ainda o dominava. Tinha pavor de dirigir, mas Caetana não aceitava aquela desfeita.

O jovem seguia pelas ruas em seu ritmo, sem acelerar, o que deixou Caetana muito nervosa, tanto que o fez disparar, principalmente quando viu um carro semelhante ao de Luís na rua.

— Mãe, você sabe quantos carros têm na cidade iguais ao táxi do pai? São táxis, todos muito semelhantes...

Caetana não o ouvia. Estava cega e tinha decidido que pegaria Luís com Regina, pois acreditava que os dois estavam se vendo. Chegou, inclusive, a pensar que seu marido havia alugado uma casa para acomodar Regina. Estava tão certa de suas fantasias, de seus fantasmas, que falava com convicção, a ponto de assustar Gustavo.

— Hoje eu pego os dois juntos. O Luís deve ter saído cedo, desesperado, para ir trocar o gás para ela, para arrumar o chuveiro, trocar uma torneira, ou quem sabe a fechadura do portão, coisa que não faz em casa há muito tempo.

— Do que está falando, mãe?

— Ali, vira naquela rua — ordenou Caetana, cega de ódio. — Acelera isso, menino! Uma tartaruga passou por você agora há pouco, você não deve nem ter visto de tão lerdo que é.

Estava tão obstinada em encontrar o marido com Regina que não percebeu Gustavo tenso, suando. Agitada, Caetana, em meio à velocidade, pegou o volante e virou para o lado esquerdo com a intenção de o filho virar numa rua à esquerda.

— Não! — gritou o rapaz, perdendo o controle do carro.

— Cuidado! — soltou Caetana ao ver um caminhão em sua direção.

No dia seguinte, numa nota de rodapé de um jornal popular, foi possível ler o resumo do acidente:

"Acidente envolvendo um carro, com placa de São Paulo, e um caminhão, com placa de Curitiba, resultou na morte de duas pessoas e deixou uma gravemente ferida na manhã de ontem. De acordo com o Corpo de Bombeiros, o Passat, ocupado por mãe e filho, entrou na contramão e bateu de frente com o caminhão. O motorista do caminhão, cardíaco, como informado pela família, na tentativa de desviar, colidiu com uma mureta do acostamento e morreu na hora."

O jornal com a notícia, dois dias depois, sem ser lido, serviu para enrolar os copos de Regina para a casa nova.

Ela casou-se na semana seguinte com Danilo. Usava um vestido de noiva longo de seda branca e renda.

Capítulo 24

1995. O jornal daquela manhã ensolarada, em uma de suas páginas, dava a seguinte notícia:

"O jovem Danilo Cardim, trinta e dois anos, proprietário da rede de mercados Cardim, inaugurou mais um estabelecimento na zona sul da cidade, sendo esse o sexto da sua ascensão no ramo alimentício. Ao lado da esposa, Regina Cardim, Danilo posou para fotos e rompeu mais uma fita vermelha, abrindo para o público mais uma loja da rede. Com o discurso de um político, o empresário anunciou que terá o melhor preço em comparação à concorrência."

Caetana acomodou-se no beliche e aproveitou a claridade que vinha de fora, através das frestas da janela de madeira quebradas para ler melhor o jornal que roubara da sala da pensão. Dividia o quarto com mais duas senhoras, com quem vivia brigando. Estava farta daquela situação.

Quando leu a notícia, animou-se em mudar sua vida. Leu a notícia mais uma vez, apreciou o rosto de Regina estampado no jornal e, decidida, fez sua mala. Caetana deu baixa na vaga que ocupava havia dois anos naquela pensão e tomou a rua como destino. Esperou cinco minutos até embarcar num ônibus, onde apresentou a identidade e sentou-se no banco da frente, no espaço reservado para idosos, gestantes e portadores de deficiência física.

"Regina vai devolver o que roubou de mim. Fez minha família desmoronar. Não é justo agora ficar bem, rica, bonita, com o título de boa moça", pensou Caetana, indiferente ao cenário que o vidro embaçado do ônibus apresentava.

Há muito tempo ela vinha almejando aquele encontro com a sobrinha. Especulara, através do mercado de Danilo, onde morava, com quem vivia. Não teve dificuldades para obter as informações. Chegou a um mercado, onde estava instalada parte do escritório e, com o auxílio de Vera, obteve as informações que queria. Caetana mostrou algumas fotos antigas e várias histórias fantasiosas que convenceram a moça a dar o endereço e outros detalhes.

— Regina é diretora de uma escola infantil — relatou Vera, recordando-se do dia em que a moça fora expulsa de casa por Caetana. — Só tem um filho.

— Filho do Luís — resmungou Caetana, que se apressou em agradecer e sair, guardando no bolso o endereço de Regina.

Vera ficou olhando a velha sair da loja. Estava feliz em promover o encontro familiar. Sabia o efeito daquilo, pois não eram amigas.

"Vai, dona Caetana, apimentar a vida daquele casal", pensou rindo, deixando clara a sua inveja.

Caetana, agora, certa de estar preparada para aquele reencontro, chegou ao endereço da sobrinha. Apertou a campainha e foi atendida por uma empregada, uniformizada, que tratou de anunciá-la ao patrão como tia de Regina.

A casa era suntuosa. Da rua podia ser vista com seus três andares belíssimos. Havia uma área verde com rosas e uma variedades de plantas.

Caetana estava observando tudo quando foi recebida por Danilo. Simpático, o jovem empresário a fez entrar. Acomodou a velha senhora sorridente e de aparência serena no sofá, e lhe ofereceu suco de laranja, ou outro à sua escolha.

Dez minutos foram o bastante para Caetana envolver Danilo na conversa e revelar ao rapaz como era saudosa da sobrinha, e como a queria bem.

Danilo e Caetana estavam na sala conversando quando o barulho de um carro invadiu a casa. Era Regina com as crianças.

— Regina chegou — anunciou rindo. — Imagino como vai ficar feliz ao revê-la. Seis anos sem se verem? Nossa! — O rapaz parou e ficou pensando por que Regina pouca falava de sua família, depois se concentrou em dispensar a emprega e ele mesmo abriu a porta.

— Meu amor — cumprimentou Regina e beijou-a de leve nos lábios. — Olha que surpresa!

Regina entrou na sala e o sorriso desapareceu ao ver Caetana. A tia estava envelhecida, sem vaidade, cabelos brancos, rosto abatido, mas os mesmos olhares, o mesmo gestual. Caetana levantou-se energicamente e fez o discurso rápido, sem tempo de ouvir a sobrinha:

— Minha sobrinha, querida. Quanta saudade! O tempo nos distanciou, mas encontrei um jeito de a gente se encontrar novamente.

— Tia Caetana?! — surpreendeu-se, ainda sem querer acreditar na mulher instalada na sua sala.

— Eu mesma — abraçou Regina, simulando uma amizade que nunca tiveram — Minha sobrinha, como está linda, bem vestida! Esse cabelo caiu bem em você, o tempo está a seu favor, está ainda mais bela — proferiu essas últimas palavras sinceramente e acrescentou: — Olhe para mim, estou acabada. Depois da morte do Luís...

— Tio Luís morreu? — perguntou tomada pela emoção.

— Bom, vejo que têm muito para conversar — interrompeu Danilo.

— Tudo assunto de família, meu filho, pode ficar — asseverou Caetana, depois se virou para Regina e completou: — Lindo o seu marido. Que casal bonito! E essas crianças? Seus filhos? — perguntou Caetana, vendo as duas crianças entrarem correndo pela sala. Caetana ainda ficou estudando os rostos das crianças, tentando encontrar algo de Luís, já que considerava que o marido havia engravidado a sobrinha, e pensou: "Qual dessas crianças é de Luís?"

Regina ainda estava sob o efeito da notícia da morte do tio. Em choque, foi Danilo quem respondeu à pergunta de Caetana.

— A Sofia é nossa filha — informou Danilo rindo, abraçando a menina. — Nossa herdeira. Este menino é nosso afilhado, Raul, filho de Suzana e Maurício, nossos primos que moram aqui ao lado.

— Então, você é minha sobrinha? — perguntou Caetana sorrindo, tentando ver na menina algo de Luís. — Venha me dar um abraço.

A menina saiu correndo com o primo, como se conhecesse sua essência, rejeitando o abraço da parente. Caetana não ficou desconcertada, tratou logo de emendar outro assunto.

— Linda casa, parabéns!

— Obrigado. O terreno era de meus avós. A casa foi demolida — explicou Danilo.

— E fizeram uma construção moderna — interrompeu Caetana. — Ficou maravilhosa. — Fez uma pausa e virou-se para a sobrinha. — A casa tem quantos quartos?

Regina estava perplexa com aquela visita, ainda tinha na memória as atrocidades que a tia lhe dissera quando a colocou para fora de casa. Poderia facilmente colocá-la para fora, do mesmo modo, mas estava apoiada nos anos de análise e no segmento espírita, do qual fazia parte desde que tomara conhecimento dos livros da mãe de Vera. Vinha exercitando a tolerância, o perdão. Anos antes, havia pedido paz e saúde à sua família, inclusive à Caetana.

Regina entrara fundo nos estudos espirituais e estava certa de que muito dos acontecimentos em sua vida tinha alguma coisa a ver com o passado. Se estava em paz consigo mesma, era porque acreditava nos valores do espírito. Ela respirou fundo:

— Como o tio morreu?

— Faz tempo. Está ótimo, melhor do que eu — respondeu a seu modo, rústico. — Bom, vim pedir um lugar para ficar — abriu um sorriso. — Tenho certeza de que não vai me deixar na rua. Vai me retribuir a estadia que dei quando chegou a São Paulo — virou-se para Danilo e comentou: — Ainda lembro quando chegou à minha casa, logo cedo, tão tímida, já bonita. Disposta, auxiliou nos serviços de casa. Tão caprichosa essa menina! Fez uma ótima escolha, moço.

Regina recordou-se rapidamente do dia em que chegou, como fora recebida, como era o tratamento, e ainda do dia em que, grávida e desempregada, a tia a colocou para fora de casa. Por isso, estava disposta a rejeitá-la. Entretanto, o silêncio de Regina foi extenso o bastante para Danilo oferecer o quarto de hóspedes, deixando Regina sem ação, sem revogar a decisão do marido.

Caetana ficou feliz e abraçou Regina e depois Danilo.

— Ganhei um novo sobrinho. Deus é capaz de saber como estou feliz.

— E a Ana e o Gustavo, tia, como estão?

O rosto da mulher mudou de repente e respondeu secamente:

— Gustavo é advogado, trabalha fora do país. É casado, vem sempre me ver nas férias. Ana vive na Itália. É jornalista. Começou com um estágio e teve sucesso rapidamente.

— Que bom! — admirou-se Danilo.

— Filhos, eles crescem e seguem os seus destinos — fez uma pausa e mudou o tom de voz repentinamente. Mostre-me onde é o meu quarto. Estou tão cansada. A idade é algo terrível — comentou rindo.

Danilo chamou a empregada, que apanhou os poucos pertences de Caetana. As duas, Caetana e a empregada, desapareceram em um dos corredores com destino ao quarto de hóspedes.

O empresário aproximou-se de Regina, que estava pensativa, e observou:

— Está tão distante. Não vou exigir que esteja feliz com a chegada da sua tia, porque imagino como deve ter ficado triste com a notícia da morte do seu tio.

— Estou bem. Obrigada — fixou os olhos no rosto do marido e o enalteceu: — É tão generoso.

— Por que diz isso?

— Por abrigar minha tia aqui. Não tem...

Danilo silenciou seus lábios com um beijo.

— Já lhe disse que a amo?

Os dois riram.

— O que está fazendo em casa a esta hora? Não tem reunião? — perguntou Regina.

— Adiei. Você não sabe. A Suzana me ligou para contar a novidade.

— Qual? — perguntou sorrindo. — Esta casa está cheia de surpresas hoje.

— O Beto — Danilo consultou o relógio. — A essa hora ele já deve estar no Brasil.

— Como, o Beto no Brasil?

— Sim. Iria fazer surpresa. Sabe como a Suzana é. Parece que ligou na casa dele, e a empregada disse que havia viajado para o Brasil... É isso, Beto está vindo da Inglaterra. Suzana já nos convidou para o jantar que fará para recepcioná-los. Beto vem com a esposa. Quem diria que ele um dia constituiria família, hein?

Regina estava distante mais uma vez e também muito preocupada. Não bastasse a tia Caetana hospedada em sua casa, Beto estava retornando. Ambos representavam uma volta ao passado de que ela não tinha saudade.

Capítulo 25

Beto desembarcou no Brasil com o mesmo ar jovial e descontraído que possuía quando fora embora para Inglaterra. Junto com a bagagem, trazia Amanda envolvida em seus braços. O relacionamento de quatro anos trouxera ao rapaz maturidade, outra forma de ver a vida. Tornara-se um empresário na frota de carros de aluguel e, assim, trabalhando, conheceu Amanda.

A jovem Amanda saíra do Brasil para fazer intercâmbio, com o propósito de aperfeiçoar o idioma, e estava hospedada na casa de uma família. Certo dia, quando se viu de folga, foi, em companhia de uma amiga, buscar os serviços de uma locadora de carros. Conheceu Beto na entrega do carro e, no dia seguinte, jantaram juntos. Três semanas depois estavam sob o mesmo teto.

A união resultou na mudança de planos, Amanda participou o casamento aos pais por fotografia. A mãe da moça, por conhecê-la, não estranhou a forma apresentada do casamento. Tratou de emoldurar a foto da filha vestida de noiva ao lado do genro e enfeitou o piano com o porta-retratos.

Viviam muito bem, não fosse a falta de filhos, a dificuldade de engravidar. Aquela situação os entristecia muito.

Fizeram vários tratamentos, e nada. Os exames não acusavam nada de anormal, mas ainda assim os filhos não apareciam. Um médico indicou que fizessem uma viagem, esquecessem um pouco a obrigatoriedade de filhos. Por esse motivo, aliado à saudade de seus familiares, foram para o Brasil.

Beto apressou-se em saborear um café ainda no aeroporto. Amanda fez o mesmo, folheando uma revista, enquanto o marido lia o jornal, onde viu a matéria sobre a inauguração de mais um mercado da rede Cardim. Ficou nitidamente feliz, mostrou, orgulhoso, a matéria para Amanda. Depois, em silêncio, apreciou Regina. Admirou a sua beleza e pensou: "Será que me perdoou? Se soubesse como me arrependo".

Estava preso em seus pensamentos quando Suzana apareceu. Usava um vestido justo, realçando a beleza de seu corpo. Estava muito bonita, mas Beto só a reconheceu pela voz e depois de tirar os óculos escuros.

— Como você chega assim, sem avisar? Meu irmão, venha me dar um abraço. O Danilo duvidou que eu viesse encontrá-los no aeroporto. Sabia o número do voo e do seu gosto por café. Acertei.

— Em cheio — confirmou Beto.

— Se bem o conheço, vai fazer como da última em vez que esteve aqui: hospedar-se em um hotel. Nada disso, nem pense nessa possibilidade, pois ficará em casa.

— Não, eu estava mesmo indo para a sua casa. Vão se cansar da gente. Que saudade! — exultou Beto, ao abraçar a irmã.

— Suzana! — exclamou Amanda quando ganhou o abraço da cunhada.

— Você está muito bem — Suzana elogiou Amanda, enquanto media a outra. — Mais magra. Espero que tenha trazido nas malas a receita.

Os três riram.

— E Maurício, Danilo e o pequeno Raul? Que saudade de todos vocês.

— Meu irmão, estão todos ótimos e ansiosos para recebê-los. O Raul fica mais com a Regina. O Maurício já comentou que o menino vai chamá-la de mãe e me esquecer — Suzana fez uma pausa e riu. — O meu filho adora a prima. Sofia, filha de Danilo e Regina, é uma graça. E Regina sabe como agradar uma criança. Vai para a escolinha infantil e leva os dois com ela. Eles se divertem.

— Regina parece ter nascido para isso, pelo que fala. — concluiu Beto.

Amanda contagiou-se com a alegria de Beto e Suzana, ainda que não conhecesse Regina o suficiente para partilhar do mesmo entusiasmo.

Regina tentou como pôde evitar a aproximação de Beto. Logo que soube da chegada do moço, tratou de ir para a rua. Levou com ela Sofia e Raul. Justificou ao marido dizendo que, com a chegada da tia, tinha que comprar algumas roupas para melhor acomodá-la. Por fim, sem questionar nada, Danilo aceitou as desculpas.

Ela chegou tarde e encontrou Caetana da mesma forma que estava de quando saíra: dormindo. A empregada tratou de levar as crianças para o banho. Suzana ligou para Regina e a intimou para o jantar que estava preparando para Beto e Amanda. Regina tentou se esquivar, mas sem resultado. Por isso, foi se preparar para o encontro, ainda que não o quisesse.

Depois do banho, já vestida, Regina passou pelo corredor de acesso ao quarto de hóspedes, com o intuito de ver a tia, quando a surpreendeu destratando a empregada.

— Não interessa. Quero jantar às dez. Sei que terá um jantar na casa ao lado, a recepção de parentes. Danilo me chamou, mas não vou, não estou disposta. Já que não vou, sirva o jantar às dez, como estou mandando. Ah, e prepare a banheira com sais, dentro de uma hora quero a água numa boa temperatura — fez uma pausa e olhou feio para a mulher à sua frente, depois prosseguiu: — Agora saia da minha frente. Ah! Não se esqueça de providenciar a troca da minha cama. Não gostei do colchão. Depois que voltar do banho, quero minhas roupas de cama passadas. Gosto que faça isso todos os dias.

Regina estava perto da porta e esperou a voz da tia silenciar para entrar. Dispensou com um sorriso a empregada e, quando se viu sozinha com a tia, fechou a porta e advertiu:

— Não gostei do tratamento que deu a ela.

— Eu só estava pedindo...

— Ordenando. Não temos escravos aqui, tia. São pessoas que trabalham, mas têm os seus horários.

— Eu...

— Aliás, o convite do jantar se estende à senhora também — não esperou a tia se manifestar, logo continuou: — Mas pelo que disse não tem interesse em ir. Tudo bem, não é obrigada, só que o jantar nesta casa é até dezenove e trinta, a pedido de Danilo. Não gostaria de vê-la mudando os horários, as rotinas da casa.

— Minha querida, eu só...

— Hóspede, isso que é na minha casa, portanto peço que se comporte como tal. Quanto ao colchão, amanhã eu posso ver o que fazer. Fui clara, tia?

— Sim, desculpe-me se pareci...

— Muito bem, se precisar de alguma coisa me procure. As pessoas que trabalham nesta casa já estão com os seus roteiros acertados. Vou a um jantar agora. Boa noite, tia.

— Você está linda...

Regina já estava longe.

Danilo havia deixado recado para Regina, avisando que já estava na casa de Suzana, por isso a moça saiu com as duas crianças para casa dos primos do marido.

Regina havia mudado com o tempo. Era bela, querida, doce, transparente, e essa transparência justificava a forma de tratar a tia, visto que não conseguia rir com Caetana, ou mesmo demonstrar felicidade em tê-la por perto. Desde sua visita inesperada, dedicara seu tempo livre a orar em silêncio, pedir a Deus que lhe tirasse as lembranças ruins que guardava de Caetana. Não conseguia sorrir para a tia, recordar boas lembranças. Pensou em se apegar em bons momentos e concluiu que eles não existiam.

"São outros tempos. Estamos mudados. Não posso alimentar esse ódio. Sei que está me dando a chance de superar essa dor que tenho carregado por esses anos, e sou grata por isso. Jogue um véu nesse passado que tanto me fez sofrer, não permita que eu o veja com tanta nitidez."

Regina estava radiante, bem vestida, perfumada e tensa também. Rever Beto não era tarefa fácil. Dos anos em que estivera fora, Beto visitou o Brasil apenas uma vez. Regina, na ocasião, ausentou-se assim que soube.

No centro espírita que frequentava, Regina viajou para o Nordeste a fim de auxiliar na distribuição de alimentos. Era um trabalho voluntário que vinha praticando desde o seu casamento com Danilo. E encontrou nessa missão o jeito de não ver Beto. Sofia, pequena ainda, acompanhou a mãe.

Naquele dia, porém, Regina estava no portão de Suzana, querendo fugir daquela situação. O portão automático foi aberto por um segurança e Sofia se soltou das mãos de Regina.

— Mamãe, deixa eu ir. Fiz uma aposta com Raul. Vou chegar primeiro para ver o tio Beto.

— Ele não é o seu tio! — corrigiu-a num tom bravo que logo consertou. — Meu bem, ele é primo do papai.

— O Raul a chama de tia e o papai é primo da mãe dele — manifestou-se num jeito esperto que em outra ocasião faria Regina se desmanchar em risos.

— O pequeno Raul é meu afilhado, por isso me chama assim. Bom, vamos deixar isso de lado. É bom que entre comigo, segurando em minha mão. O que vão pensar da minha mocinha? — perguntou rindo para a filha, que abraçou a mãe.

Regina entrou e foi logo procurar Danilo. Queria a sua companhia, pois com ele se sentia segura. Suzana estava ao telefone, conversando com Maurício. Ao desligar, avisou:

— Maurício vai se atrasar. Parece que a reunião vai ser mais longa do que imaginava — anunciou para os presentes. Poucos amigos, entre eles Danilo, Beto e Amanda. Olhou em direção à porta e deu um grito de surpresa: — Olha quem chegou! Maravilhosa essa mulher. Sempre linda. Estava faltando você.

— E o Danilo? — perguntou Regina, desconcertada.

Beto cumprimentou Regina sem jeito, querendo se estender, mas ficou encabulado e receoso de como a moça pudesse tratá-lo.

— Linda sua filha. Linda menina — elogiou emocionado, de joelho, na altura da menina que estava presa numa das mãos de Regina.

— Tem o seu jeito — observou Danilo, vindo em direção do primo. — Faz cada arte que até parece você. Deve estar no sangue — comentou, rindo.

Regina ficou nitidamente sem jeito e buscou apoio nos braços de Danilo.

Sofia, então, pediu para brincar com o primo e outras crianças que estavam na casa. Regina pensou em não deixar, queria a filha por perto como se dessa forma ninguém pudesse descobrir que Beto era o pai verdadeiro de sua filha. Danilo acabou puxando a menina e a liberou para brincar.

Logo na sequência, Danilo abraçou a esposa e ficou conversando com Beto. Amanda e Suzana logo se juntaram ao grupo. Regina, por alguns minutos, menos tensa, riu e conversou um pouco.

A noite acabou para a moça quando Vera entrou na casa de Suzana. Olhou para Danilo e cumprimentou Vera, mas depois tratou de se afastar do grupo.

— Você não gosta dela, né? — perguntou Suzana. — Já sei, ainda tem mágoa de quando era funcionária dela, de como a tratou mal. O Danilo já me contou — fez uma pausa, notou o gesto afirmativo no rosto de Regina e continuou: — O tempo passou. Hoje a dona é você.

Regina olhou para Vera e notou que estava mais velha; não conseguia vê-la com boas energias. Era uma mulher sombria, de gestos duvidosos. Ela meneou a cabeça e disse: — Suzana, a casa é sua, deve receber quem quer.

— Vera foi sempre muito boa com a gente. Uma amiga. Ela me ajudou muito. Lembra-se daquele período em que o Maurício quis se separar de mim? Então, Vera me deu a dica: se eu engravidasse, poderia reaver o meu marido. Ela estava certa. Maurício ama o filho.

"E você? Ele te ama? É feliz?", pensou Regina, olhando nos olhos de Suzana, mas sem coragem de perguntar.

Maurício entrou logo depois. Cumprimentou todos alegremente, passou por Regina e a beijou no rosto; tinha muita consideração por ela. Maurício sabia que Raul era muito bem tratado por Regina e, assim, compensava a ausência de Suzana, que como mãe era muito distante.

Regina teve a impressão de ter sentido o perfume de Vera na roupa de Maurício, quando ele se aproximou para cumprimentá-la.

"Será que os dois ainda têm um caso? Suzana a recebe tão bem, como se fosse da família", pensou.

Sentiu-se enojada com a possibilidade de haver algo entre Maurício e Vera. Então, foi embora com a desculpa de que estava cansada, dia corrido, com a tia em casa. Despediu--se de todos e saiu acompanhada de Danilo.

— Meu querido, fica mais um pouco. Sei que quer ficar. Eu estou cansada, por isso...

— Estou dividido. Quero ficar com você também — concluiu, rindo.

— Volte para a festa. Suzana e Beto vão adorar. E depois, a Sofia está encantada com a Amanda, viu como as duas se deram bem?

— Vi sim — Danilo ficou sério e levou a mão ao peito.

— O que foi? — Regina perguntou preocupada.

— Nada demais, um desconforto — respondeu rindo.

— Precisa procurar um médico.

— Ei, moça, fique tranquila. Estou bem — Danilo a acalmou, enquanto a beijava. — Ficaria mais um pouco se não fosse a Vera, não é? — perguntou mudando de assunto. Será que fiz certo em mantê-la no mercado?

— Não tive como provar que ela estava envolvida naquela armadilha que me aprontaram. O primo dela morreu, não tivemos como descobrir. Dispensá-la por uma suspeita seria injusto. Ela é uma ótima profissional. Fico tão triste em pensar naquela época.

— Passado. Vamos deixar tudo como está. Para que trazer isso de volta? Eu vi como o rapaz reagiu quando te viu. Gildo fugiu porque reconheceu você. Estava muito assustado, com medo.

Regina abraçou Danilo.

— Obrigada por ter me tirado daquele pesadelo — fez uma pausa. — Agora, vá. Estão esperando por você. Vá curtir seus primos.

— Sinto-me um namorado deixando a namorada no portão.

Regina começou a rir enquanto andava pelos ladrilhos em direção a sua casa.

Ao entrar em casa, acendeu as luzes da sala, sentou--se no sofá e ficou pensativa. Lembrou-se, de repente, do remédio de Sofia e resolveu ligar para Suzana, para passar a instrução. Ao pegar o telefone, Regina pôde ouvir a voz de Caetana na extensão e continuou escutando em silêncio, procurando não ser notada.

— Ana, vou ter que desligar — disse Caetana.

— Mãe, me diga onde está. Fui até a pensão hoje, e soube que a senhora deu baixa na vaga. Não quero que esteja sozinha, passando necessidade, frio — dizia numa voz triste. — Se quiser pode vir morar comigo.

— Naquele quarto e cozinha no quintal da sua sogra? Acordar naquele sofá estreito com os seus filhos pulando em cima de mim? Nem pensar. Aliás, tenho o sono leve, não consigo dormir com barulho. Que lugar asqueroso!

— Que lhe serviu de moradia por muitos anos depois que perdeu a casa com a dívida de jogo.

— Já pedi para não lembrar isso! — repreendeu Caetana. — Vou desligar. Só liguei para dizer que estou bem e melhor que você. Já tinha perdido as esperanças de descansar o meu corpo velho numa cama de casal como a que estou agora. Não se preocupe comigo.

— Anote o telefone. É da casa da minha sogra. Agora não precisa ligar para a vizinha me chamar.

Ana ditou o número, e Caetana mostrou-se indiferente. Despediu-se secamente e desligou o telefone.

Regina, na sala, perplexa com o que ouvira, segurou nas mãos o papel onde tomou nota do número fornecido por sua prima.

A escola de que Regina era dona e diretora ocupava três andares. Era espaçosa, com muito verde e salas muito bem equipadas. Ainda que fosse nova, com poucos anos de funcionamento, era muito bem vista, tinha ótima avaliação e recomendações.

O lugar fora presente de aniversário de Danilo à esposa. O empresário planejou tudo com um ano de antecedência. Regina se formara e cumpria expediente, ainda que a contragosto de Danilo, num colégio público. O rapaz pesquisou e, com o auxílio de Suzana, presenteou a esposa.

Três anos haviam se passado, Regina estava em sua sala, com vista para o pátio, apreciando as crianças correrem de um lado para o outro.

Dormira mal naquela noite, pensando no telefonema de Caetana e Ana que escutara. O pouco que ouviu foi o bastante para perceber que Ana não era jornalista formada que exercia o ofício fora do país, como relatara a tia. Ficou pensativa, vendo o movimento através da janela, mas também olhava para o papel com o telefone de Ana sobre a sua mesa. Temia a verdade da mesma forma que tinha ânsia em saber.

— Ligue. Faça isso — pedia uma voz amiga ao lado de Regina.

Sentindo-se encorajada, ela resolveu telefonar e Ana atendeu. Emocionada, Regina fez um silêncio que fez Ana pensar ser um trote.

— Ana, sou eu, Regina.

Ana sorriu ao ouvir a voz da prima. A conversa foi amistosa. Fizeram relatos rápidos de suas vidas, dos filhos que tiveram, do curto período em que moraram juntas. Regina contou que Caetana estava em sua casa e a questionou sobre o curso de jornalismo, sobre sua viagem para o exterior. Ana respondeu sorrindo:

— Nunca saí de São Paulo. Conheci no colegial um rapaz na porta da escola. Ele trabalhava numa fábrica de produção de lustres. Minha mãe, bem, você a conhece, quase enlouqueceu. Não aceitava de jeito nenhum até que apareci grávida e fui morar com ele. Uma ótima pessoa, que amo muito.

— Sua mãe me disse que você se formara em jornalismo.

— Era o que ela queria, mas não aconteceu — fez uma pausa, voltou com uma voz emocionada: — Não me arrependo. Vivo em uma casa no terreno da minha sogra, tenho dois filhos e sou feliz. Minha mãe chegou a morar com a gente, mas você a conhece, logo tratou de arrumar briga com o meu marido.

— E o Gustavo? Tenho tanta saudade dele. Ela me falou que ele é advogado, casado. Quero muito o contato dele, se puder me passar.

Silêncio.

— Será que a gente poderia se encontrar? — sugeriu Ana.

— Claro — concordou Regina ansiosa, já combinando o local e o horário.

Mais tarde as duas se encontravam. Foi um encontro emocionado. Havia muita afinidade entre as primas. Uma ficou admirada com a outra. Regina bem vestida, elegante, óculos escuros, enquanto Ana, ainda jovem, tornara-se uma mulher aparentemente envelhecida, acima do peso, com cabelos brancos à mostra presos em um rabo de cavalo. Ana usava um vestido justo e curto, não tinha vaidade.

Sentaram-se num restaurante indicado por Regina. Há muito tempo Ana não frequentava um lugar como aquele. Chegou a comentar com a prima.

— É tão bom rever você. Fico até emocionada. É uma família tão pequena. Veja minha filha, Sofia — disse Regina, mostrando a foto da filha que tinha na carteira.

— Linda! — elogiou sinceramente. Não tenho fotos dos meus. São dois. O mais velho se parece o Gustavo. Meu marido não gosta que eu fale isso. Fica bravo. Mas parece, ué! Fazer o quê?

— Seu marido não gosta do Gustavo? Um rapaz tão bom, estudioso.

O silêncio idêntico ao de quando estavam ao telefone voltou a fazer parte da conversa. Regina rompeu a pausa:

— Engraçado, o Gustavo queria medicina, não é? Como a tia conseguiu formá-lo advogado? Lembro-me da influência que ela exercia sobre ele.

— Ele não fez Direito — revelou Ana.

— Não? — perguntou Regina sem entender, enquanto observava Ana procurar algo na bolsa e lhe mostrar, segundos depois, um recorte de jornal.

— O Gustavo morreu.

— Como?! — surpreendeu-se, transtornada com a notícia.

— Eu até trouxe o recorte de jornal para você ver.

Regina rapidamente pegou o papel das mãos da prima e leu emocionada o recorte amarelado pelo tempo. Terminou de ler com lágrimas nos olhos.

— Meu Deus! Não posso acreditar. Gustavo morto.

— Nossa família se acabou com esse acidente. Tão jovem, meu irmão partir assim — desabafou Ana, também chorando. — Nada voltou a ser como antes. As brigas constantes dos meus pais resultaram na separação. Eu engravidei. Minha mãe depositou o dinheiro que obteve com a separação em jogos, bingos, carteados, perdeu tudo, por isso foi morar comigo; quando não deu mais certo, ela pegou o que restou do dinheiro e se acomodou numa pensão. Eu procurava, mesmo com dificuldades, ajudá-la.

— Não chorem. Por favor, estou bem — pediu o espírito de Gustavo ao lado das duas, iluminado e feliz.

Uma paz percorreu o local, fazendo com que as lágrimas cessassem.

— Ela me contou uma história tão diferente: que você era jornalista, seu irmão advogado, casado, vinha nas férias visitá-la.

— Tudo como ela desejava que fosse. Sonhava ver meu irmão e eu formados, nas profissões que ela queria. Vive em um mundo de fantasia, refugiou-se em seu imaginário.

— Lamento muito. Não sabe como estou triste. Triste pelo Gustavo, pelo falecimento do tio Luís. Gostava muito dele.

— Meu pai?! Não, meu pai é vivo.

— Tia Caetana disse que ele tinha morrido.

— Não. Está vivo! Ele está numa casa de repouso. Foi o padre da comunidade quem conseguiu uma vaga. Não tinha como cuidar dele — justificou chorando. — Começou com lapsos de memória, depois esqueceu quem eu era, de repente parou de falar. Eu não tinha condições. Acha que fui uma má filha?

Regina levantou-se e foi abraçar a prima.

— Não, minha querida. Não foi.

— Meu pai não superou a morte de Gustavo. Deprimiu--se e se entregou. As brigas...

— Quero o endereço da casa de repouso.

Prontamente, Ana passou o endereço para a prima. Na despedida, Regina pensou em dar dinheiro para ela, mas percebeu que Ana poderia se sentir humilhada, por isso deu o seu endereço e telefone anotado num guardanapo de papel com o logotipo do restaurante.

Ana, sorridente, como se tivesse uma vida fácil e sem problemas, acomodou o papel na bolsa e se despediu da prima. Em seguida, saiu arrastando as chinelas de dedo, em direção do metrô. Fora esse o último encontro das duas.

— Regina, procure o meu pai, ele ficará feliz em revê-la — pediu Gustavo a Regina sussurrando em seu ouvido.

Regina sentiu um vento suave no rosto e uma sensa-ção de conforto. Atribuiu aquilo ao fato de agora saber toda a verdade. Voltou para o restaurante onde estava com Ana e pediu para usar o telefone. Depois de duas chamadas, Danilo atendeu.

— Meu amor, vou me atrasar um pouco. Vou até Jundiaí. É uma história longa, depois conto tudo.

Regina fez uma segunda ligação, dessa vez para Suzana.

— Você pode ficar com a Sofia esta tarde? Dei folga para a babá porque pensei que poderia ficar com ela em casa. Tinha até prometido um cinema para ela e o Raul, mas...

— Tudo bem. Sem problemas. Será divertido. Amanda vai adorar. Como ela gostou da Sofia!

— Que bom.

— Para onde está indo?

— Para Jundiaí. Uma história de família, depois conto em detalhes.

— Tudo bem. O Maurício também viajou. Foi para Campos do Jordão.

Desfeita a ligação, Regina pegou a estrada tranquila com destino a Jundiaí. Não conseguia pensar em outra coisa a não ser toda a revelação obtida na conversa com Ana.

Chegando à casa de repouso, Regina foi recebida por uma enfermeira que a encaminhou até um banco de cimento em um gramado de frente para um lago. Tudo estava a seu favor, era horário de visitas e pôde ver algumas pessoas visitando os pacientes do lugar.

A enfermeira confirmou duas vezes se realmente queria ver Luís, pois ele não recebia visitas. Regina sentiu um aperto no coração ao confirmar que queria vê-lo, que era sobrinha.

Luís apareceu dez minutos depois, numa cadeira de rodas. A enfermeira era prestativa, explicou sobre a doença dele, como vinha reagindo com o medicamento, como ela deveria se comunicar com ele. Por fim, a anunciou os dez minutos restantes da visita e se afastou. Deixou Regina sentada num banco ao lado da cadeira de rodas.

Emocionada, Regina abraçou, beijou e agradeceu Luís. No entanto, não havia reação do paciente. Ele estava inerte, indiferente. Os braços cruzados sobre as pernas, um olhar triste, opaco, perdido no horizonte. Os cabelos brancos predominavam, usava uma barba despontada e vestia um pijama de aparência encardida.

— Tio, muito obrigada. Pensei que não teria mais essa oportunidade de lhe agradecer, de lhe dizer como foram importantes os seus conselhos. Lembra que perguntava o que eu queria ser? Formei-me professora. Esteve comigo no dia da minha formatura, permanece vivo em meu coração. Lembrei muito do senhor, do Ivo, da minha mãe. Como vocês foram importantes para mim... Sou casada, tio, olha minha filha — mostrou a foto de Sofia. — Não é linda?

A enfermeira apareceu e anunciou o término da visita.

Regina, em lágrimas, abraçou o tio.

— Eu volto, tio — finalizou Regina. A moça virou-se em direção à saída, acompanhada pela enfermeira.

Regina não olhou para trás, por isso não viu as lágrimas descendo do rosto de Luís. E, mesmo que se voltasse para ele e notasse a emoção por ele vivida, não veria Gustavo ao seu lado.

— Pai. Não fica assim. Sei que essa lágrima é de emoção e fico feliz por isso. Regina se tornou uma moça ainda melhor, de bom coração. Largue este mundo. Seu corpo está cansado e, se desejar partir, estou aqui para recebê-lo. Venha comigo e liberte seu espírito para a eternidade — disse Gustavo, emocionado, apoiando as mãos sobre o ombro do pai.

Capítulo 26

Na manhã seguinte, logo cedo, Regina questionou a tia sobre a mentira que contara ao reaparecer. Caetana, com ares de vítima, tratou logo de simular uma dramatização.

— Ana está na Itália, Gustavo é um advogado.

— Chega! — gritou Regina impaciente, enquanto batia sobre a mesa fazendo estremecer as xícaras. — Para! Por favor, não faça isso. Eu já sei de tudo. Já sei onde Ana mora, sei da vida que leva, da morte de Gustavo.

— Mentira.

— Verdade! É verdade — fez uma pausa. — Fui visitar o tio Luís ontem. Está vivo.

"Então já encontrou o pai da sua filha", pensou Caetana com um olhar distante, depois falou numa voz sentida:

— Não suporto a realidade. A vida foi muito cruel comigo.

Regina ficou comovida. Amansou o tom de voz:

— É a vida, tia. Vamos em frente. Não adianta se afogar na fantasia.

— Tem razão — interrompeu Caetana, tentando controlar a voz. Depois explodiu: — Queira Deus que você não saiba o que é ter uma família desfeita. Gustavo era como a estrutura que mantinha a família unida, em pé. O seu desaparecimento fez com que todos saíssem correndo, se escondessem onde fosse mais apropriado.

— Diz isso por Ana ter se casado.

— Ter engravidado e ido morar com aquele marginal no subúrbio. Ela lhe contou isso?

— Que engravidou e foi morar com ele. Quanto a ser marginal, não.

— Sim, cumpriu pena de dois anos por assalto, algo assim. Conseguiu emprego numa loja de lustres e parece que se firmou. Ainda assim foi pouco, não eduquei, não passei noites em claro naquele hospital durante tantos anos para a Ana me retribuir com essa família que tem. Não merecia o golpe da morte estúpida de Gustavo.

Regina fez um gesto para se aproximar de Caetana, que, arredia, se levantou e completou:

— E o Luís foi um fraco, como sempre foi. Só chorava, perdeu o táxi. Nunca soube o que aconteceu ao certo. Apareceu em casa um dia sem o carro e nunca contou o que houve, se foi assaltado, se vendeu — fez uma pausa e abriu um sorriso contrastando com as lágrimas que escorriam pelo rosto: — Bem, a empregada disse que vocês têm um orquidário maravilhoso no quintal. Vou ver — uma oscilação de humor típica dela.

Em seguida, Caetana encerrou o diálogo e desapareceu da sala onde estava.

Regina misturou café com um pouco de leite e saboreou com uma fatia de pão. Foi ao quarto, onde apanhou a bolsa e, ao voltar à sala, encontrou Beto próximo da porta de vidro, ao lado de um vaso coberto por uma folhagem verde. Ficou surpresa ao vê-lo.

— Danilo já saiu. As crianças estão na escola.

— Eu sei. Preciso conversar com você, Regina.

— Desculpe-me, estou atrasada. Acho que a Suzana deve ter comentado com você, eu reencontrei o meu tio. Vou visitá-lo agora. Estou pensando em trazê-lo para morar com a gente.

— Eu soube. Fico feliz por isso — interrompeu Beto. — Você não sabe como me sinto mal em constatar você fugindo de mim, sempre apressada, arisca, pronta para sair de cena.

— Impressão sua, eu tenho uma vida agitada. Administrar uma casa, uma escola e ser mãe não é fácil.

— Sem contar que praticamente é mãe de Raul também. Todos conhecem a falta de dom materno de Suzana — Beto passou as mãos pelos cabelos e foi direto ao ponto: — Estamos só nos dois. Sei que ainda guarda mágoa de mim, pelo que aconteceu com a gente, por ter...

— Sinceramente, não posso conversar.

— Você me perdoa? — perguntou, puxando-a pelo braço no momento em que Regina caminhava em direção à porta.

— Não tem de quê — respondeu, distanciando-se do primo do marido.

— Tem sim, você sabe. Eu não devia ter proposto aquele aborto. Ter proposto que tirasse o nosso filho.

— Pelo amor de Deus, não vamos falar sobre isso. Tantos anos se passaram. E eu não era nenhuma criança, sabia o que estava acontecendo.

— Não se arrepende? Eu fui culpado. Induzi você àquela situação. Fiquei tão emocionado quando vi a Sofia. Uma menina linda, saudável e inteligente. Pensei na burrice que fiz em não ter aceitado o nosso filho. Deus me castigou por isso.

— Como assim? Não, Deus não o castigou por isso.

— Hoje sou um homem casado, amo Amanda, mas não podemos ter filhos. Quando vi Danilo, você e a Sofia, eu senti uma inveja que me deixou envergonhado. Sentimento semelhante ao que senti quando Danilo, emocionado, me ligou, quando eu estava na Inglaterra, para contar do casamento de vocês — fez uma pausa e prosseguiu: — Se não bastasse isso, temo que Danilo venha a saber de tudo. Do nosso envolvimento. Do aborto que obriguei você a fazer.

— Eu temo muito mais que você. Peço a Deus que Danilo nunca venha a sonhar com isso, mas em outros momentos peço que me dê coragem para contar tudo de uma vez. Seria um alívio enorme, mas sei que resultaria no fim do meu casamento. Eu amo demais o Danilo e me sinto uma traidora. Por que você voltou, hein? Para quê? Não percebe que sua presença me faz mal? Eu sinto que vou desmoronar a cada encontro, a cada vez que me dirige a palavra. Quando sinto o seu olhar sobre mim, é como se fosse revelar o que aconteceu entre a gente.

— Você me perdoa? — rogou com lágrimas nos olhos.

— Preciso ouvir isso para me livrar do estigma que carrego por ter feito o que fiz, por não ter dado o apoio de que precisava, a assistência, o amor e o carinho devidos.

— Vamos deixar o passado onde está? Estou bem e desejo o mesmo a você. Como lhe disse, eu estou de saída. Depois, quanto ao aborto, você não me obrigou, já era adulta e fiz por que quis — mentiu Regina. Depois respirou fundo, procurando aliviar a angústia que sentia no momento. — Peço que não volte a esse assunto. Procure esquecer. Faz um favor? Só venha a minha casa quando o Danilo estiver.

Beto se calou, rodou nos calcanhares, apanhou os óculos escuros que estavam presos entre os botões da camisa e os colocou no rosto antes de abrir a porta e sair.

Regina tomou um copo de água, com as mãos frias e trêmulas. Ainda assim, apanhou as chaves do carro e seguiu o seu roteiro: visitar Luís na casa de repouso.

A estrada estava tranquila, diferente do estado emocional de Regina, visivelmente abalada, pensativa, preocupada que Beto soubesse que Sofia era sua filha, que o aborto não acontecera e mais: que Danilo viesse a saber de tudo. Regina ainda ficara penalizada com a culpa carregada por Beto. No entanto, revelar a verdade seria uma bomba, e muitos sairiam feridos.

Antes do previsto Regina chegou ao local. Desde o dia anterior, havia feito planos para melhorar o conforto do tio. Pesquisou sobre a doença, agendou entrevista com três enfermeiras para cuidar dele em sua casa. A moça também consultou Danilo para acolher o tio, e não houve objeção.

Regina desceu do carro e, no porta-malas, apanhou as fraldas, roupas novas e também sacolas de alimentos para a casa. Um funcionário que estava na portaria a ajudou a descarregar o carro.

A enfermeira, a mesma do dia anterior, veio recepcioná-la e a conduziu à administração da casa de repouso.

— O meu tio, como está? Desculpe-me, sei que não é hora da visita, mas estava tão empolgada em vê-lo.

— Desculpe-me, mas o senhor Luís — fez uma pausa, observou o rosto de Regina se transformar, e prosseguiu: — Seu tio veio a óbito no início da manhã.

Regina teve a sensação de que o chão estava se abrindo sob seus pés.

Ainda com o coração aos pedaços, tratou de todo o procedimento do sepultamento de Luís. Foi tudo muito rápido e preparado da melhor forma possível. Por sugestão de Danilo, Luís foi sepultado no túmulo da família Cardim.

Ana não compareceu à cerimônia, justificou que a sogra estava doente, precisando dos seus cuidados e também não tinha com quem deixar os filhos. Caetana, por insistência de Regina, esteve presente, mas não derramou nenhuma lágrima, pois, para ela, Luís já estava morto havia muitos anos. Regina percebeu o quanto o tio fora abandonado pela família.

— Que Deus o tenha! Foi um bom homem, de grandes valores.

— Obrigado, minha prima, por ter prestado esta última homenagem ao meu pai — agradeceu Gustavo bem próximo de Regina, o que fez a moça se lembrar do primo e fazer uma prece para sua alma.

Foi iniciativa de Suzana uma pequena reunião em sua casa.

Regina chegou pontualmente, acompanhada de Caetana. Suzana as recepcionou feliz da vida. Estava tão ansiosa por aquele encontro que incumbiu a babá de cuidar de Sofia e Raul no segundo andar da casa, na sala de jogos.

— Que bom que você pôde vir — disse Suzana, radiante.

— Não tive escolha. Você telefonou para minha secretária e agendou uma reunião — falou rindo, momento que observava Caetana se portar como uma criança mal-educada, dirigindo-se à mesa de doces.

— Sei o quanto é concorrida sua presença — Suzana falou, puxando o braço de Regina, conduzindo-a para o canto.

— Há três dias o seu tio se foi e você está tão calada, quieta. O Danilo deu muita força para acontecer esse evento. Estamos preocupados com você. E mais: está na hora de estreitar a amizade com Amanda. Ela é tão legal e tem muitas coisas em comum com você. Já vejo nós três no shopping — fez uma pausa e observou Regina rindo. — Sei que não gosta, mas sonho com isso. Bem, tem sua tia também, então podem ser as quatro.

— Só você mesmo, Suzana.

Além de Suzana, Amanda, Regina e Caetana, havia ainda três amigas da dona da casa e organizadora do encontro. A princípio, Regina achou divertido, conseguiu esquecer os problemas por uns minutos, no entanto, logo depois que as amigas de Suzana foram embora, quando Amanda foi acompanhá-las até a porta, veio o desconforto. Suzana encostou-se em Regina e começou a falar num tom baixo:

— Regina, estou muito feliz. Sabia que Amanda e Beto virão morar no Brasil? — Regina observou Amanda a pouca distância, rindo com as amigas de Suzana e depois se atentou à continuação da anfitriã: — E pensar que o Beto poderia ter trilhado outro caminho e nunca tê-la conhecido. Fiquei triste no começo, pensando se estava fazendo a coisa certa, mas hoje não tenho dúvida. Fiz o que tinha de ser feito. Amanda era a mulher da vida do meu irmão.

— Nossa, o que você fez para colocar o Beto no caminho de Amanda, lá na Inglaterra? — perguntou Regina, curiosa.

— O Beto engravidou uma moça na época em que ficou no mercado do Danilo. Foi uma funcionária — Suzana estava tão empolgada na narrativa da história que não percebeu Regina perder a cor, nem mesmo notou Caetana do outro lado do cômodo derramando café sobre a toalha.

— O Beto engravidou uma moça?

— Isso. E eu dei um jeito para ele não dar sequência a essa burrice. Dei dinheiro a ele para se livrar do assunto de uma vez por todas. Indiquei ainda um endereço de uma clínica de aborto que eu conhecia — contou sorrindo, como se estivesse exibindo um troféu.

— Você fez isso? — perguntou Regina, sentindo um arrepio.

— Sim, fiz! Era uma funcionária do mercado. Uma pobre coitada que com certeza engravidou do meu irmão para tirar proveito do dinheiro dele, sabia que era bem de grana. A oportunista se deu mal. Fiz o certo.

— Suzana, preciso ir — interrompeu Regina indo em direção à porta, passando feito um tufão por Amanda. Não se lembrou nem de chamar Caetana.

Amanda ficou sem entender e perguntou à cunhada:

— O que houve? Regina passou apressada, cumprimentou-me séria.

— Nossa! Que boca a minha! Acho que dei um fora daqueles grandes. Contei um episódio do passado. Falei de uma moça que trabalhava no mercado de Danilo e esqueci que ela foi funcionária de lá também. Acho que era amiga dela, nem me lembrei do fato. Vou até a casa dela consertar isso.

Regina chegou à sua casa e explodiu em lágrimas. As palavras de Suzana estavam martelando em sua cabeça. Ficou triste em pensar como fora vista na ocasião da gravidez. Suzana entrou no quarto naquele momento, sorridente, já falando, quando notou Regina em lágrimas.

— Minha querida, me desculpe. Eu lembrei que havia trabalhado no mercado, acho que exagerei ao contar o que aconteceu com o Beto. A moça era sua amiga?

— Eu sou a pobre coitada que o seu irmão engravidou, a oportunista que se deu mal — Regina fez uma pausa e olhou nos olhos de Suzana. — O que mais você falou que eu sou?

— O quê? — Suzana tinha dificuldade de continuar, ficou paralisada, sem entender o que estava acontecendo. — O que está dizendo?

— Eu engravidei do Beto. Fui seduzida. Seu irmão se aproveitou de um momento de fragilidade, em que eu estava brigada com Danilo, e me seduziu. Fomos jantar e ele, bem... enfim você pode imaginar o resto.

— O que está dizendo é muito grave. Não posso acreditar.

— Eu é que não posso acreditar que você sugeriu isso ao seu irmão e ainda patrocinou esse aborto. Não passou pela sua cabeça que era sua sobrinha?

— Como?! — perguntou em lágrimas.

— Eu não fiz o aborto — Regina caminhou até o closet e, com auxílio de uma chave, abriu uma gaveta de onde tirou um papel amarelado. — Toma o cheque, é seu. Quando eu vi que era do Maurício assinado por você, nunca, em nenhum momento, eu pensei que você tivesse tido essa ideia. Sabia das dívidas do Beto e pensei que o cheque fosse para quitar suas brincadeiras, suas diversões, suas dívidas com jogos.

Suzana ficou olhando para o cheque, visivelmente transtornada com o que ouvia.

— Então, você não fez o aborto.

— Não. Essa culpa você não leva.

— O que houve?

— Sofia é filha do Beto — Regina revelou isso e ficou aliviada. — Pronto, eu já não estava mais suportando essa mentira. Há anos carrego essa angústia comigo. Cada vez que o nome de Beto era pronunciado eu sentia medo. E vê-lo de volta ao Brasil não tem sido fácil.

— Por isso essa distância do Beto.

— Cada vez que ele inicia uma conversa comigo eu vejo ele me propondo o aborto. Ele foi tão covarde.

— Já pensou no que fez? Danilo acredita ser o pai dessa menina. Ele sabe com quem se casou? Talvez eu não deva retirar o que disse na minha casa.

— Como? — perguntou, surpresa com o comentário.

— Isso mesmo. Tem sido ordinária, mentirosa, falsa com Danilo, teve filho de outro e o convence a ser o pai...

— Suzana, saia da minha casa. É um assunto entre mim e ele. Não diz respeito a você.

— Não vou permitir que engane o Danilo. Meu primo é como um irmão.

— Nós duas sabemos do que você é capaz para não ver um irmão sofrer. Não é mesmo? Sabemos as propostas e saídas que passam pela sua cabeça — fez uma pausa e repetiu: — Saia da minha casa, por favor. E pode deixar que eu mesma contarei para o Danilo.

Logo que Suzana saiu, em silêncio, Regina apanhou a bolsa e apressou-se em deixar o quarto secando as lágrimas. Passou por Caetana, que estava próximo à porta, ouvindo tudo, mas não deu atenção para a tia.

— Meu Deus! Sofia não é filha de Luís. Ela engravidou do primo do marido — pensou Caetana, com ar perplexo.

Regina não se sentia em condições de dirigir, por isso apanhou um táxi e em poucos minutos estava no elevador panorâmico do escritório central do grupo Cardim. O prédio era suntuoso, uma verdadeira cidade, com agências bancárias, refeitórios, serviço de engraxate, costureiras, restaurantes e tudo mais que podia se imaginar para o conforto dos vários funcionários que ali transitavam.

A moça disfarçava o péssimo rosto, marcado e triste, com o auxílio dos óculos escuros. No curto trajeto até o décimo andar, o da presidência, cuja maior sala era ocupada por Danilo, Regina voltou ao passado. Danilo estava radiante pela compra do prédio onde decidira instalar a sede administrativa dos mercados Cardim.

— A moça aceita um café, uma água?

— Aceito um beijo do presidente — brincou Regina ao conhecer a sala de Danilo, alguns anos antes.

— Eu a amo. Já lhe disse isso? — perguntou Danilo.

A ascensorista falou mais uma vez, pacientemente que estavam no décimo andar. Regina agradeceu e saltou em direção à recepção. Uma moça veio recebê-la, sorridente, e duas vezes mais simpática que o normal por se tratar da esposa do chefe.

Regina não precisou nem esperar, pouco depois já estava na sala de Danilo. A sala ampla, bem decorada, revestida de modernidade, já não chamava mais a atenção de Regina como das poucas vezes que estivera por lá.

— Meu amor, fiquei preocupado quando soube que estava subindo. Você nunca veio aqui sem avisar. Não que eu não goste de surpresa. Fico muito feliz em recebê-la aqui.

Regina tirou os óculos escuros e olhou para a porta para se certificar de que estava fechada e falou:

— Precisamos conversar, é algo muito grave. Gostaria que não fôssemos interrompidos.

— Fique tranquila. Minha secretária é muito eficiente e discreta.

— Que bom — interrompeu visivelmente aflita. — Eu não sei por onde começar. Acho que entro na sua sala como uma pessoa amada e já acredito que não sairei da mesma forma.

— Minha querida, você estava chorando? Seus olhos estão...

— Danilo — Regina procurou se controlar.

— Você está me assustando — tirou e colocou a aliança do dedo, demonstrando seu nervosismo. — O que aconteceu?

— Eu preferi falar de uma vez algo que deveria ter dito antes, no início — sentiu vontade de chorar. — Meu Deus, me ajude.

— O que está havendo? — Danilo pegou as mãos de Regina e sentia o quanto estavam frias. — Prefere ir a algum lugar mais tranquilo, onde a gente possa ficar mais à vontade?

— Não! — saiu como um grito, depois, como num sussurro, disparou: — Não vou suportar ter que adiar mais um dia, uma hora, para lhe contar a verdade.

— Que verdade? — perguntou, num tom paciente.

— A Sofia.

— O que tem a nossa filha?

O telefone sobre a mesa de Danilo tocou. Ele, automaticamente apertou o botão. A recepcionista anunciou que era ligação de Suzana. Danilo disse que no momento não poderia atendê-la. Ela tomou coragem em acelerar o assunto. Temia que Suzana falasse primeiro. Queria que Danilo soubesse por ela a história do passado.

— Eu e o Beto... — iniciou Regina quando viu Danilo na sua frente.

Regina falava de forma fragmentada, o que deixava Danilo ansioso e confuso.

— O que tem tudo isso, não estou entendendo? Por que falou de Beto, Sofia...

— Eu tive uma noite com o Beto. Você e eu estávamos brigados, separados, por conta daquele envelope. Não conseguia chegar até você e esperava que me procurasse, o que não aconteceu. O Beto se mostrou amigo, aceitei o convite para sair com ele — Regina procurou não se atentar nas expressões surpresas de Danilo e prosseguiu: — Foi uma única noite, não teve sentimento...

— O que está me contando?

— Eu engravidei.

— Para, não fala mais nada.

— A Sofia não é sua filha.

Daquele momento em diante houve extrema tristeza, lágrimas, verdades, incerteza do futuro e um casamento desfeito.

Danilo procurou manter a calma, respirava fundo, sentia um aperto no peito, uma dor aguda, uma vontade de acordar daquele pesadelo. Olhou para Regina e sentiu raiva, muita raiva. Virou as costas e disse secamente:

— Sofia não vai deixar de ser minha filha — respirou fundo e anunciou com pesar, com dificuldade: — O nosso casamento acabou.

— Danilo, me ouça.

— Acabou! — repetiu num tom elevado. — Passo por lá, na nossa casa, ou melhor, sua casa e pego minhas coisas, ou então peço que alguém faça isso.

— Eu sabia que com a verdade...

— Nossas conversas a partir de agora serão através dos nossos advogados — cortou Danilo ainda de costas, sem olhar para Regina. — Vou pedir que se retire, porque tenho uma reunião daqui a pouco.

— Você não está em condições...

— Nunca estive melhor — replicou calmamente.

Regina ameaçou abraçá-lo, chegou a ficar perto de Danilo, esticou os braços na intenção de senti-lo, mas não teve coragem.

— Até mais, Regina — finalizou ele ainda de costas.

A moça saiu desnorteada, apenas com a certeza de que o amava muito.

Regina entrou em casa planejando o que faria a partir daquele momento. Pensou em desocupar o imóvel, viajar com Sofia. A consciência estava tranquila, contudo o coração estava pesado por conta das duras palavras de Danilo.

O telefone tocou logo que Regina entrou em casa. Era Suzana.

— Estou ligando porque fiquei com receio de você me colocar para fora de novo se eu fosse até sua casa — Suzana observou o silêncio e pediu: — Não desligue, por favor — Suzana ouviu Regina dizer algo, mas prosseguiu: — Me perdoe. Consegue fazer isso? Acho que fui péssima em destratá-la como fiz hoje à tarde, diante da verdade. Fui ainda ridícula da mesma forma quando sugeri ao Beto que fizesse o que fez — Suzana prosseguiu diante do silêncio de Regina: — Vou pedir para não contar nada para o Danilo. Vamos, juntas, ver a melhor forma de revelar a verdade. Posso ajudá-la.

— Tarde demais. Já fiz isso. Vamos nos separar.

— Meu Deus! Como fui tola. Acho que provoquei essa sua precipitação. Eu, em prova da nossa amizade, deveria ter me lembrado da amiga, da excelente esposa que tem sido, da mãe maravilhosa.

— É tarde, Suzana. Em parte você estava certa. Foi um alívio desvendar toda a verdade. Estava sufocada com toda essa história. E eu sabia que a verdade não sustentaria o meu casamento com Danilo. Logo que viesse à tona, como uma avalanche, traria consigo algumas transformações. Não se preocupe, sobreviverei.

No dia seguinte, Regina saiu do banho e teve a surpresa de encontrar Amanda em seu quarto.

— Desculpe-me ter entrado assim, sem deixar que a empregada anunciasse.

— O que houve? Parece aflita.

Amanda foi rápida. Num resumo confuso, contou para Regina o estado em que Suzana deixara a casa naquela manhã. E o motivo era o já conhecido por Regina havia muitos anos, no entanto, só agora Suzana soubera da verdade.

— Suzana descobriu que Maurício tinha uma amante, e mais: a amante tinha nome e endereço conhecidos: Vera.

— Como ela descobriu, Amanda? — perguntou Regina.

— Hoje pela manhã ela me contou. Estava tão nervosa, chorando. Recebeu ontem, no início da noite, um envelope com uma foto de Vera e Maurício se beijando. Lembro como ela ficou com o envelope, só que eu não sabia ainda o que era. Suzana ficou um bom tempo no quarto, só apareceu depois, estava com poucas palavras, bem diferente de como a conhecemos. Alegou que o dia não estava bom e por vários outros motivos, mas não adiantou. Falou que não queria jantar e se trancou no quarto novamente. Ficou arrasada. Discutiu com Maurício no quarto quando ele chegou. Eu e o Beto não ouvimos nada.

— Com certeza fez isso no quarto para manter as aparências, para não assustar vocês, não envolver. Conheço a Suzana.

— Ele ameaçou deixar a casa ainda hoje. Suzana ficou arrasada, chorando com a decisão do Maurício. Eu acordei cedo e a vi nesse estado, quando me contou tudo o que houve e foi para o quarto. Fiquei preocupada e fui atrás. Regina, eu a vi pegando uma arma e colocando na bolsa.

— Meu Deus! — exclamou Regina, já pensando no pior. — Sabe para onde ela foi? Como foi? De táxi, motorista? — perguntou agitada, jogando alguns pertences no interior da bolsa. Usava uma camiseta clara sobre o jeans desbotado.

— Ela mesma foi dirigindo. Comentou que teria uma conversa com a Vera.

— Preciso encontrá-la — concluiu Regina acabando de se vestir. Calçou um tênis e saiu com os cabelos ainda molhados, enquanto Amanda a seguia pela casa.

— Vou chamar o Beto, acho melhor ele ir com você. Ele saiu para uma caminhada — fez uma pausa, estava muito confusa, nervosa. — Eu segui a Suzana até a garagem para tentar impedir sua saída. Ela não estava em condições, mas não consegui, então resolvi avisá-la porque sei que conhece essa Vera melhor do eu, que só a vi uma vez.

— E como a conheço! Fez bem em me avisar.

— Quer que eu avise o Beto? Temo o que pode acontecer.

— Não! — naquele momento agradeceu a Deus Suzana não ter revelado o episódio do dia anterior, considerou melhor assim. — Fique com Beto. Vou dar notícias.

— Quer que eu vá junto? — perguntou preocupada, ansiosa em poder ser útil.

— Não. Agradeço se ficar com as crianças. Não deixe que elas percebam nada. Se puder, leve-as para um passeio. Logo voltarei com a Suzana. Temo que algum empregado tenha percebido e chegue aos ouvidos das crianças.

— Tem razão. Farei isso. Vou cuidar como se fosse a mãe deles.

— Tenho certeza de que fará isso muito bem — afirmou Regina, sorrindo. Em seguida, colocou os óculos escuros e entrou no carro.

Capítulo 27

Beto chegou em casa esgotado, cansado pelo esforço físico. Soube pela empregada que Suzana havia saído, assim como Amanda com as crianças. O rapaz ainda fez uma brincadeira com a empregada e seguiu para o banho. Retornou para a sala meia hora depois e encontrou Danilo a sua espera.

— Danilo! Que boa surpresa — falou Beto ao entrar na sala. — Estava fazendo uma corrida pelas ruas. Como estão diferentes! O progresso chegou por aqui. Que bom! Pensei em chamá-lo para almoçar, conversar um pouco, só nós dois, ainda não tivemos essa oportunidade.

Beto não teve nem tempo de continuar, foi pego de surpresa, com um soco no nariz que o derrubou no chão. Estava tão distraído que nem percebeu a cara fechada de Danilo, a ira do primo fitando o seu rosto.

— O que é isso? — perguntou Beto perplexo com o gesto.

— Queria conversar comigo? Sobre o quê? Iria me contar como fora divertido o romance que tivera com Regina?

"Então é isso", pensou Beto, ele descobrira tudo sobre o passado.

Beto levantou-se com dificuldade e foi em direção de Danilo, na intenção de conversar, justificar-se e levou outro soco.

— Espere, primo.

— Como pôde fazer isso comigo?

— Eu, eu... — Beto estava tonto, sentindo o rosto pesado, mas ainda assim queria ser ouvido pelo primo, que considerava como irmão. — Não nego, ficamos juntos, e isso foi no momento em que estavam brigados, foi naquele intervalo quando Regina e você brigaram.

— Não considerou meus sentimentos, o estado que eu estava quando isso aconteceu? Você sabia do meu amor por ela, o quanto eu a queria, e não respeitou.

— Foi tudo coisa do destino, do acaso, coincidência, ou o nome que quiser dar. Lembro quando me contou tê-la conhecido na rodoviária, mas eu não a conhecia, coincidiu com a sua viagem, quando foi jogar as cinzas do vovô. Regina veio trabalhar no mercado na sua ausência e eu fiquei hipnotizado por ela, não sabia que era a mesma moça que você conhecera e por quem estava apaixonado. Gostamos da mesma mulher, essa é a verdade.

— Gostamos da mesma mulher? — ironizou Danilo, imitando o primo. — Nós dois sabemos o conquistador que era, o que fazia para ter uma mulher em sua cama, e apenas por uma noite. Nunca amou de verdade. Deve ter conquistado a Regina por puro capricho. Não duvido que tenha feito o mesmo com ela. Não fez? Diga a verdade, não fez? — gritou alterado, puxando Beto pelos colarinhos. Depois, trêmulo, Danilo o jogou no chão.

Beto sentiu medo naquele momento, como quando era criança. Ele tinha o primo como um ídolo. Danilo o conhecia muito bem, e isso era o que mais amedrontava Beto.

Beto, com dificuldade, levantou-se e confessou:

— Quando vocês se separaram, bem... eu considerei o momento certo...

— Certo? Para quê? Para me trair, trair minha confiança, minha amizade? — fez uma pausa. — Pois foi isso que fez. Como eu fui estúpido, ter considerado tanto um falso...

— Espera, não faça isso, eu me arrependi — admitiu sincero, em lágrimas. Beto foi em direção a Danilo, que se afastou.

— Não se aproxime.

— Perdoe-me — suplicou Beto.

Danilo estava irado, novamente agrediu o primo e o jogou no sofá. Tinha vontade de matá-lo. Seus olhos estavam cansados, resultado da noite maldormida.

Duas empregadas apareceram na porta, mas Danilo ordenou que saíssem dali.

— Pode me bater, você tem razão de estar assim, mas preciso do seu perdão.

— Nunca! — Danilo se afastou, forçou um sorriso num rosto cansado e lamentou: — O erro foi meu, sempre me coloquei como um escudo entre as suas brigas com o vô Afonso. Eu deveria tê-lo deixado fazer o que sempre quis, quando levantava a cinta para você. Quem sabe assim não teria se tornado um homem de verdade, íntegro, de bom caráter. Penso que não se tornaria esse covarde, medíocre, falso, oportunista.

— Se soubesse como me arrependo — sussurrou Beto com os olhos fechados, enquanto ouvia as mais variadas palavras ditas por Danilo.

— Suzana e eu erramos muito em permitir, sustentar e tolerar suas criancices, suas atitudes de moleque.

Danilo ainda continuou o discurso por alguns minutos, falando, lembrando-se do passado, expondo o tamanho de sua mágoa, e Beto sofria quieto, procurando conter as lágrimas.

— Desculpe-me, você não sabe o peso que é carregar essa história...

— Nunca mais me dirija a palavra, não quero mais ouvi-lo, nunca mais — Danilo seguiu até a porta, olhou pela última vez para Beto e o viu caído, com sangue escorrendo pelos lábios. E completou: — Sofia nunca será sua filha. Não vou permitir isso — Danilo continuou falando, ignorando os comentários de Beto, e finalizou: — Espero nunca mais vê-lo na minha vida.

Os anjos pareciam ter ouvido o pedido e disseram amém.

Vera sentia-se uma mulher vitoriosa. É verdade que sua grande frustração fora não ter conseguido separar Danilo e Regina. Não nutria nem remorso por ter causado a morte do primo, alérgico a insetos. Fora vítima de abelhas e, em razão do calmante que ela lhe dera, não teve como pedir ajuda, morrendo na escuridão de seu quarto. Vera era grata às migalhas oferecidas por Danilo. Ria quando se lembrava que Danilo não tivera prova para acusá-la de assassina do primo e das armações das quais Regina fora vítima.

O empresário, incentivado por Regina, preferiu não demiti-la e a manteve trabalhando no mesmo mercado todos aqueles anos, embora Vera não tivesse tido oportunidade de seguir Danilo quando ele se instalou num prédio elegante e moderno para administrar o grupo Cardim. Recebeu do empresário o cargo de chefe do mercado e só. E lá ela permaneceu, comandando alguns funcionários e se orgulhando em chefiar a primeira loja do grupo Cardim.

É verdade que se sentia digna de ocupar uma sala no último andar do grupo Cardim, ao lado de Danilo, mas estava convencida de que não poderia ter tudo.

Maurício foi um bom amante. Ele a amava demais, a ponto de lhe dar um apartamento grande, suntuoso e decorado a seu gosto no bairro da Vila Mariana. Maurício inclusive cogitou morar com ela, separar-se de Suzana.

Na ocasião, Vera procurou Suzana e, agindo como uma melhor amiga, incentivou-a a engravidar. Suzana assim fez, deixou de lado todos os métodos a que recorria para não ter filhos e engravidou. Maurício desejava muito ser pai, um dos motivos das brigas com Suzana, e Vera sabia, por isso aproveitou-se da paternidade de Maurício para tê-lo apenas como amante. Maurício, feliz com a chegada do filho, adiou a ideia de morar com Vera, e ela adorou.

Os anos foram passando. Um dia, de frente para o espelho, Vera deparou-se com uma mulher envelhecida, com rugas já ressaltadas. A maquiagem já não surtia o efeito milagroso de disfarçá-las. Os olhos estavam caídos, os cabelos brancos eram retocados semanalmente por tinturas, e já não eram volumosos e sedosos como antes; estavam murchos, opacos. As unhas estavam sempre curtas, não tinham força e se quebravam no crescimento. Vera atribuiu tudo à chegada da velhice e consultou especialistas para a realização de cirurgia plástica. Um deles pediu uma série de exames, e Vera descobriu que tinha um aneurisma. O médico, num tom sério, admirou-se pelo fato de ela ainda estar viva.

A partir daquele momento, Vera vivia pensativa, e por vezes era vista falando sozinha. Na verdade, ela conversava com o espírito atormentado de Gildo, mas ninguém o via. Alguns funcionários mais próximos chegaram a incentivá-la a tirar um período de férias, atribuindo o seu estado ao estresse.

Vera procurou tratamento e se viu só. Envelhecera sozinha, sem filhos, sem amor, sem uma história. Resolveu, então, aceitar o convite de Suzana para uma reunião em sua casa em homenagem a Beto e Amanda. Foi quando sentiu o vazio de sua vida. Todos pareciam felizes, acompanhados, crianças correndo pela sala.

Por isso, apegou-se a Maurício e decidiu que o queria a seu lado. Tramou tudo. Convidou-o para uma viagem a Campos do Jordão durante a semana, como aconteceu. Lá, Vera tirou fotos e, quando as revelou, tratou de enviá-las para Suzana.

Suzana chegou ao mercado transtornada. Nem teve tempo de constatar que o local estava como em uma ocasião em que Danilo se ausentara por uns dias. Estava furiosa. Entrou na sala de Vera e foi direta; em lágrimas, jogou as fotos sobre a mesa. Vera, friamente, foi até a janela de vidro do mezanino e fechou as cortinas. Era cínica, debochada, não escondeu o seu envolvimento com Maurício. Acrescentou que o amava e era amada, enquanto ela...

Suzana não suportou, apanhou a arma que tinha em sua bolsa e apontou para Vera. Logo Regina chegou. Deu trabalho, mas a moça conseguiu convencer Suzana a abaixar a arma. Desesperada, ela jogou a arma sobre a cadeira e Regina procurou acalmá-la. Vera, indiferente, foi até a cadeira onde estava a arma e a pegou, deu uns passos para trás e apontou em direção de Regina e Suzana.

— Vera, pelo amor de Deus, larga essa arma — pediu Regina.

— Eu vou fazer o que deveria ter feito há muito tempo — anunciou Vera.

— Não faça isso, estragar sua vida, para quê? — falou calmamente Regina, colocando-se na frente de Suzana, que não continha as lágrimas. — Pense bem, não faça isso.

— Por que não? — perguntou numa voz alterada que assustou Regina. — O que tenho a perder?

— Tem uma vida tão boa. Por que não pensa nisso?

— Que vida? Está no fim — comentou lembrando-se da cara do médico sem esperança para a sua doença. — Vivo com uma faca suspensa na cabeça, a qualquer hora ela cai. Tem ideia do que é isso?

Regina não compreendia o que estava acontecendo. Tentava controlar seu pavor diante da loucura de Vera. Temia pela vida de Suzana, por isso se mantinha na sua frente.

— Saia daqui, Gildo — ordenou Vera, gargalhando.

— Gildo? — perguntou Regina, surpresa.

— Esse otário está aqui. Não deixa de me rondar, não fala nada, fica rindo e me olhando. Se já não estivesse morto, eu atirava agora na cara dele.

— Vera, o que está havendo? — indagou Regina dando um passo à frente.

— Fique onde está, mais um passo e você vai fazer companhia para o Gildo. Esse incompetente! Se eu não o tivesse matado... aliás, eu não, as abelhas, ele teria me entregado de bandeja para você e o Danilo.

Regina sentiu o rosto quente. Sempre imaginara que Vera tivesse feito algo contra Gildo, mas não esperava uma confissão assim tão fria e repentina.

— Vamos conversar, Vera. Abaixe essa arma. Podemos...

— O quê? Vai me entregar para a polícia? — Vera levou a mão até a cabeça, sentiu pesada. — Eu fui má, não tenho salvação — sentenciou, rindo.

— Por ora, não pense nos seus erros. Deus é quem sabe dos corações de seus filhos.

— Regina, não estou bem — balbuciou Suzana, pálida, sentando-se numa cadeira. Regina virou-se para ajudá-la.

— Aproveite agora. Não é o que sempre quis? Regina longe de você, do seu caminho — gritou Gildo, em total desequilíbrio, no ouvido de Vera.

— Regina — chamou Vera.

Ela voltou-se para Vera, com dificuldade, pois tentava amparar Suzana.

Vera sorriu maquiavélica e mirou a arma na direção da moça e, na sequência, disparou três tiros.

— Estamos quites, Regina — anunciou Gildo.

Capítulo 28

De volta à encarnação anterior...

Alguns anos haviam se passado. Caetana ainda nutria ódio porque Regina, sua filha, fora embora com Luís. Gustavo, seu filho e protetor, sempre por perto, disposto a ajudá-la. Era um bom rapaz, não levava em consideração o mau humor e as reclamações da mãe. Sentia-se o único capaz de protegê-la e cumprir o papel de bom filho. Também não tinha com quem contar. A família resumia-se a eles dois, mãe e filho.

Caetana sofria de fortes dores de cabeça, de insônia e, por vezes, acordava no meio da noite e ficava sentada no local onde Ivo fora morto com um tiro. Conversava, ria, mais do que na época que foram casados. De longe, Gustavo presenciava o sofrimento da mãe. Chegou a comentar com o padre Afonso sobre os delírios dela.

— Acordo escutando a voz dela. Quando olho pela janela, ela está lá, sozinha, rindo, falando não sei com quem.

— Sua mãe, meu filho, preferiu se refugiar na fantasia a aceitar a realidade.

Cabia apenas a Gustavo aceitar as circunstâncias da vida. O rapaz envelhecera com todos os acontecimentos, com a morte de Ivo, seu pai, e o assassinato de Maurício, pelas mãos de seu outro irmão, Gildo. Não demorou, Regina fugiu com Luís, o forasteiro. Sua família estava toda despedaçada.

Gustavo não era de reclamar, assumiu a mesma postura do pai, preso num silêncio sem fim. Não era de risos, era contido. E o seu gesto limitado contaminava a todos que o cercavam. Ele continuou com o cultivo de algodão; o solo rejeitava todo e qualquer outro tipo de plantação. Mesmo depois de todos os acontecimentos, Gustavo almejava encontrar Gildo. Sentia que aquilo poderia amenizar a dor de Caetana, por isso fazia perguntas a estranhos quando sabia que vinham de outras cidades, na esperança de ter pistas de Gildo. Vivia preocupado com a fragilidade de Caetana, então temia deixá-la sozinha para correr o mundo em busca do irmão.

Menininha foi embora logo depois que Ivo morreu. Já não conseguia ver sentido na cidade onde o tio era padre. Foi tomada de um vazio e resolveu partir para não mais voltar. Estava tão triste que chegou a comentar com o padre, em confissão, o motivo de seu sofrimento.

— Minha filha, para onde quer que vá, levará a sua história, sua dor.

Menininha partiu dois dias depois para morar com a mãe. Dois anos depois, conheceu Felipe, jovem médico que se encantou com a beleza da moça e propôs casamento. Felipe sempre soube que amava mais do que era amado, porém era feliz com a união. Tiveram filhos, mas Menininha nunca esqueceu Ivo.

O padre Afonso nunca estava só, contava com os devotos e não demorou em hospedar em sua casa o filho de um amigo. O rapaz chegou com as melhores recomendações, entre elas, como ditado em carta pelos amigos do padre, que o rapaz era promissor na carreira de sacerdote. Seu nome era Danilo.

Jovem, bonito e com tantos outros adjetivos, que foram o bastante para aumentar a popularidade das missas, nas quais muitas jovens, até mesmo mulheres casadas, disputavam a primeira fila para ver Danilo mais de perto.

Vera se via em vantagem. Era desimpedida. Tinha sempre ao lado o pai, lembrando-a de seu estado civil, ou seja, viúva.

Já não usava mais vestidos pretos em sinal de luto; pelo contrário, fazia o possível para ser vista como uma mulher livre, na esperança de arrumar um bom partido. No entanto, o preconceito ainda predominava, e ela não conseguiu nenhum pretendente.

— Minha filha, conforme-se, você vai ficar no caritó. Nem para tia vai ficar, pois não tem irmãos. Que triste a sua cruz! — profetizava o pai da viúva, entre uma tosse e um gemido que denunciavam sua frágil saúde. — Tive uma irmã assim, que ficou viúva, sem filhos, morreu sozinha.

Vera não dava ouvido aos comentários do pai. Aproveitava toda e qualquer oportunidade de se expor aos olhares dos homens. A missa, então, era uma dessas oportunidades de ir ao encontro da sorte. Foi então que ficou fascinada por Danilo.

Danilo nada percebia. Era simpático, auxiliava o padre em tudo o que era preciso, e sua falta de vocação para o sacerdócio era notória de longe. O jovem rapaz tinha afeição por moças e não deixava de retribuir um olhar que batia no seu.

Em um domingo de missa, Vera pensou em se aproximar de Danilo ao término da missa. Porém, durante a cerimônia, aconteceu algo que mudou o rumo da celebração. Regina apareceu na cidade.

Luís, na primeira cidade que parou, descobriu que Regina havia perdido o filho. A partir de então começou a tratá-la mal. Regina suportava tudo por amor. Certa vez, acordou sozinha em uma pousada. A dona do local, toda sorridente, informou satisfeita que Luís fora embora havia muitas horas. Aconselhou Regina a seguir o seu rumo, pois a diária estava paga só por mais uma hora.

Sem rumo, Regina perambulou por alguns dias pela cidade, relutando a voltar para sua cidade natal. Sem alternativa, conseguiu carona num pau de arara, voltou para a cidade e chegou justamente no dia da missa. Arrependida, em lágrimas, a moça procurou abrigo na casa de Deus.

A rejeição foi geral. Vera liderou o movimento, já que não nutria afeição nenhuma pela outra, tratou logo de envenenar até mesmo os corações mais bondosos contra ela.

Danilo, que auxiliava o padre na celebração, percebeu o desafeto e o distanciamento das pessoas em relação a Regina. Levantavam-se de seus lugares e deixavam a jovem sozinha em um banco que comportava mais de vinte pessoas.

— O que está havendo? — perguntou Danilo.

Vera, satisfeita, anunciou em alto e bom tom quem era Regina, o que fizera, do que era capaz.

— Não pode julgar uma pessoa dessa forma na casa de Deus — falou Danilo sentido, indo em direção a Regina, apoiando a moça.

O padre Afonso nada fez. Apenas observou Danilo levar Regina, em lágrimas, para fora da igreja e prosseguiu com a missa.

Vera não pôde sair da igreja, pois seu pai não permitiu, mas os seus pensamentos acompanharam Danilo e Regina. Naquele dia, teve a certeza da sua paixão por Danilo. Invejou Regina e imaginou diversas vezes estar no seu lugar.

— Obrigada, moço — agradeceu Regina, já recuperada. Entregou a ele o copo, que segundos antes estava cheio de água.

Danilo sorriu, e Regina ficou fascinada.

Caetana não fora à missa naquele dia, mas soube da volta da filha. Ficou enfurecida. Chegou a pegar a espingarda para encontrar com ela, o que fez Gustavo impedi-la de sair e ainda esconder a arma, com receio de um estrago maior.

A pedido de Danilo, o padre Afonso abrigou Regina em sua casa.

— Padre Afonso, muito obrigada pela estadia.

— Faça por merecer — fez uma pausa, mediu a jovem. — Faço isso pelo finado Ivo, seu pai.

Danilo puxou Regina pelo braço e a levou para o quintal.

— Não se preocupe com os comentários do padre.

— Ele é como o povo dessa cidade, me odeia.

— Eu não te odeio — disse, olhando-a fixamente nos olhos.

— Vai ser padre? — perguntou.

— Não. O sonho, a promessa, ou sei lá o quê, é da minha mãe. Sempre fui muito católico. Gostava de rezar, e mamãe interpretou isso como desejo de ser padre. Então, em razão da amizade do padre Afonso com minha família, fui mandado para cá.

— Para se tornar padre.

— Depois que a conheci, percebi que essa não é minha vocação.

Regina corou. Algo fez seu coração saltar. Lembrou-se de Luís, mas era muito diferente; aquilo era maior, mais forte. Não demorou, Danilo a beijou, e ela retribuiu.

O romance tornou-se público rapidamente. Quando os viu juntos, Vera não pôde acreditar. Ficou furiosa. Enciumada, procurou o padre e especulou a vida do rapaz. Logo descobriu quem era a mãe de Danilo e suas pretensões com relação à carreira do filho.

— A mãe desse menino não vai gostar da novidade.

— Ele não vai contar para a mãe dele o que está se passando? — perguntou ansiosa.

— Não. Cheguei a escrever a carta, está bem ali, só não tive coragem de enviar. Temo me precipitar.

Vera viu onde estava a carta, pediu ao padre um copo de água e, quando se viu sozinha, guardou-a no decote do vestido.

Duas semanas depois, Danilo recebeu uma carta de sua mãe e dinheiro para a sua viagem de volta para casa. No entanto, Danilo estava muito feliz por ter conhecido Regina e planejava casar-se com ela, constituir família. O padre Afonso assustou-se com a evolução do relacionamento, mas não disse nada.

O jovem Danilo fez muito bem a Regina. Fez com que a moça acreditasse na possibilidade de amar novamente, de perdoar, tratar melhor as pessoas, enfim, lições que Regina soube absorver da melhor forma. Inclusive, ela chegou a visitar a mãe no sítio.

O encontro foi o pior possível. Por sorte, Gustavo estava em casa e pediu que a irmã voltasse para a cidade, para a casa do padre. Regina assim procedeu.

Agora a novidade, Danilo teria que voltar para sua cidade, a pedido da mãe. O rapaz bem conhecia a mãe, por isso, propôs voltar à sua cidade com a intenção de convencê-la do seu amor por Regina. Confiante, Danilo partiu na mesma semana em que recebeu a carta. A despedida foi triste e com promessas.

— Ele não volta — desafiou Vera, ao ver Regina chorando.

— Volta, sim, porque nós estamos esperando por ele — afirmou rindo, alisando a barriga. — Estou grávida. Vamos nos casar — anunciou e saiu.

Vera tratou logo de espalhar a notícia.

— Onde já se viu, uma moça grávida, sem o pai — dizia aos outros.

Ao saber do boato que corria envolvendo o seu nome, Regina foi procurar Vera para tirar satisfação.

Vera a recebeu em casa sorridente e a tratou como amiga, desmentindo todo e qualquer boato. Fez um chá e ofereceu a Regina.

Mais tarde, Regina saiu de lá convencida da amizade daquela que um dia fora sua cunhada. À noite, passou mal. Padre Afonso a socorreu, mas ela teve um aborto. Regina imediatamente pensou no chá oferecido por Vera, embora o padre Afonso pedisse a ela para não nutrir aquele sentimento de ódio.

— Vera foi sua amiga. Recebeu-a em casa enquanto tantos outros a rejeitaram. Agora trate de esquecer isso e se recuperar. É até pecado pensar uma coisa feia assim de outra pessoa — advertiu o padre.

Por aqueles dias, Caetana estava ainda mais triste e deprimida. Acordou e preparou o café para Gustavo que, por vê-la bem, considerou de bom grado ir à roça, verificar a lida dos homens na plantação de algodão.

Quando voltou para almoçar, não encontrou a mãe. Percorreu todo o sítio preocupado, e seu desespero aumentou quando viu os calçados de Caetana jogados no terreiro e suas roupas perto do poço. Ao se aproximar do local, pôde vê-la encolhida, seminua, trêmula e cabisbaixa.

— Mãe! Não! Meu Deus, o que houve? — perguntou todo carinhoso, cobrindo-a. Depois, o jovem ergueu Caetana, ainda envolvida em um dos seus braços e a colocou deitada numa cama improvisada na cozinha. Jeitoso, preparou um chá para a mãe, que mais calma pareceu reagir depois do surto.

Desde então, Caetana foi tomada por uma tristeza profunda. Era uma mulher de poucas palavras, sempre ressentida. Quando era chamada para uma conversa, ela se escondia nas supostas dores de cabeça e se recolhia. Foi assim até o fim dos seus dias.

Dias depois, Regina voltou para a casa onde nascera para viver com o irmão e a mãe. Caetana era indiferente à presença da moça, não demonstrava alegria nem ódio. Gustavo não era de remoer o passado. Aceitou a irmã, chorando. O jovem sentia-se culpado pelo ocorrido com a mãe.

— Ela só tinha a mim, minha irmã. Como fui confiar a sorte ao destino? Se eu tivesse ficado em casa, a mãe não teria ficado assim, avessa à vida, confusa. Foi a solidão que a deixou assim.

— Não se martirize — Regina falou friamente.

Os dias e meses passaram, e Danilo não mandava notícias. O padre Afonso chegou a comentar com ela sobre a possibilidade de mudança de planos.

— Ele falou que ia voltar, padre. Sabe do nosso filho.

— Que filho?

— Ele me ama. Caso não volte, eu vou até ele. O senhor tem o endereço dele, então...

— Se ainda tivesse o filho que estava esperando quando Danilo foi embora, poderia ser bem recebida pela mãe dele. Eu a conheço bem, Regina...

O padre Afonso finalizava o assunto mandado a moça rezar, conformar-se com a sorte dada por Deus.

Dia após dia, Regina matutava um jeito de ter notícias de Danilo. Quando chegava alguém diferente, corria para recepcionar, na esperança de que fosse ele. Chegou até mesmo a pensar que ele pudesse enviar alguém para levá-la ao encontro dele. Mas não acontecia.

A moça tornou-se amarga com o passar dos meses. Ajudava o irmão com o plantio na roça, mas sentia um vazio imenso por não ter Danilo nem o filho que esperava.

Num desses dias, andando a cavalo pela propriedade da família, avistou Adalberto, conhecido por todos como Beto, vindo em sua direção. O homem não estava sozinho, vinha com uma criança no colo, esposa e mais três filhos. Ele pedia ajuda, emprego, pois soubera na cidade que Gustavo estava aceitando mão de obra para a roça e estava disposto a trabalhar.

Regina ficou seduzida pela criança que estava nos braços de Beto. A moça saltou do cavalo e, tomada por uma simpatia pouco conhecida, pegou a criança no colo. Naquele momento, lembrou-se das palavras do padre: "Se ainda tivesse o filho que estava esperando quando Danilo foi embora, poderia ser bem recebida pela mãe dele. Eu a conheço bem, Regina".

— Que linda! Adoro criança.

— Tem dois meses — disse o pai, nitidamente feliz.

— Posso segurar?

Regina ficou encantada com a criança em seu colo. Lembrou-se, pelas suas contas, que seria a idade de seu filho, se tivesse nascido.

Pela criança, Regina tratou de trazer Beto e toda sua família para suas terras, oferecendo inclusive emprego. Ela especulou e, diante da dificuldade da família, fez uma proposta.

— Eu quero a criança — nem deu ouvidos aos comentários da esposa de Beto, toda chorosa. Tratou de conduzir o assunto como um negócio, como a compra de bezerros. — Sei da sua necessidade. Dou casa, terra, oportunidade para criar os outros filhos. Pense nisso, oferta melhor não vai ter nas terras por aí... Do contrário, vou pedir que desocupe as terras.

Beto rejeitou o negócio e partiu com a família. Passadas duas semanas, procurou Regina. Estava faminto, assim como a família, e disposto ao negócio. Regina, feliz, apanhou a menina. Como combinado, deu à família de Beto terras, uma casa e uma vaca.

Chorando e procurando não dar atenção ao sofrimento da esposa ao seu lado, desesperada, Beto passou a criança para os braços de Regina. A moça a recebeu sorrindo, sem dar importância à dor do casal.

Regina montou o cavalo, acomodou a criança num balaio à sua frente e partiu para casa. Gustavo soube do feito pela irmã e não se envolveu. Logo, ela anunciou para quem quisesse ouvir que a filha era de Danilo, e o comentário chegou aos ouvidos do padre Afonso, que foi procurá-la.

— Que loucura é essa minha filha?

— Filha de Danilo — declarou categoricamente.

— Não pode ser. Sabemos que você perdeu a criança.

— Não perdi. Olhe ela aqui.

O padre estava transtornado. E naquele momento contou o que sabia de Danilo. Mantinha contato com Suzana, mãe do jovem, e soubera de sua morte. Uma febre o vencera. Regina começou a chorar, gritar, dizendo que o padre estava mentindo.

— Não, minha filha, não estou. Só não queria vê-la sofrer como estou vendo agora. Não imaginava que daria sequência a um pesadelo ainda maior. Aceite a verdade.

— Como a verdade é cruel, padre. Como dói — lamentou, abraçando-se a ele.

Beto viu o padre Afonso nas terras de Regina e foi procurá-lo na paróquia. Não o encontrou na igreja, por isso adentrou a casa, já que a porta estava aberta. Chamou pelo padre, mas não obteve resposta. Ansiava encontrá-lo para se confessar, contar o que se sujeitara a fazer, e como se arrependia por ter negociado a filha, por tê-la trocado por dinheiro.

O rapaz estava com sede e foi até a moringa de barro pegar água, quando deixou um copo cheio cair, molhando o móvel. Rapidamente, olhando para os lados como uma criança assustada, Beto abriu uma das gavetas da cômoda para apanhar um pano e secar. Foi quando viu um baú e o abriu. Suas mãos tremeram ao sentir as moedas lá armazenadas. Lembrou-se de sua família, de seus filhos pedindo comida, das lágrimas da mulher, e por isso não hesitou em roubar as moedas do padre Afonso. Guardou todas no bolso, dentro da camisa, depois acomodou o baú vazio exatamente como estava e saiu correndo.

Suzana, viúva, mãe de Danilo, chegou à cidade na semana seguinte. Era uma mulher arrogante, de poucos amigos, muito amargurada com a morte prematura do filho. Ficou hospedada na casa do padre.

— Soube que o Danilo deixou aqui um amor e um filho.

— Bobagem, coisa da juventude.

— Não, ele já chegou à nossa casa febril. Em seus delírios ele falava de Regina, do filho. Ele a deixou grávida. Não é isso?

— Sim, mas a moça perdeu.

O padre Afonso, diante da insistência de Suzana, não pôde impedir a aproximação dela e Regina. Faceira e ansiosa, Regina veio logo que soube do chamado do padre. Apareceu na frente de Suzana com a menina nos braços. Suzana ficou fascinada.

— Você não me disse que a moça havia abortado? — perguntou Suzana.

— Sim, foi o que aconteceu.

— Quer segurar sua neta? Ela não conheceu o pai, mas faço gosto que tenha contato com a avó — propôs Regina, seduzida pela elegância de Suzana.

Suzana se emocionou ao segurar a menina, considerando ter um pedaço de Danilo nos braços. Padre Afonso fez de tudo para convencê-la da verdade, mas estava diante de duas fantasiosas.

Tanto Regina como Suzana preferiram acreditar que a criança era realmente filha de Danilo, pois era mais confortável para ambas naquela dor que sentiam.

Regina aceitou sem rodeios o convite de Suzana para morar em sua cidade. Tudo pronto e partiram para uma viagem longa, de vários dias na dependência da disposição dos cavalos.

Suzana só demonstrava carinho pela menina, não tinha interesse algum em Regina. Provou isso quando deixou Regina dormindo em uma das cidades pelas quais passaram e seguiu viagem levando somente a suposta neta.

Lá pelo sexto dia da longa viagem, Regina, quando despertou, viu-se sozinha. Sentiu-se num pesadelo igual àquele em que Luís a deixara. A diferença agora era que não tinha dinheiro ou roupas, nem sabia onde estava para poder voltar ou mesmo ir até Suzana. Sem lugar para ficar, tornou-se uma andarilha, sem destino.

No início, muitos se mostravam preocupados, ajudavam com um pouco de dinheiro aqui, um prato de comida ali, mas com o tempo, ao vê-la suja e com as roupas em farrapos, passaram a ignorá-la. Em poucos meses, a moça solitária começou a dar sinais de loucura. Andava sem rumo, em círculos, vez ou outra gritava pelo pai, pela mãe, pelos irmãos, nomes que ninguém sabia de quem eram e, portanto, não dava importância. Sua decadência durou um ano, depois foi picada por uma cobra venenosa e sua morte logo chegou.

Na cidade em que Regina nascera, ninguém mais teve notícias dela. Alguns meses depois da sua partida, Gildo voltou. Gustavo o recebeu com alegria, mas não pôde levá-lo para casa, pois foi detido pelo assassinato de Maurício.

O pai de Vera bem que tentou evitar, mas não obteve êxito, pois ela foi se encontrar com o assassino do marido. Vera chorou muito ao vê-lo. Gritou e bateu, até que alguém a tirou de cima de Gildo.

— Como te odeio! Não sabe como estão sendo os meus anos sem o Maurício.

— Eu não ia atirar. A Regina me deu a arma, falou que não estava carregada.

— Regina?

— Sim, ela me falou que foi o Maurício quem roubou o meu relógio.

— Jamais o Maurício o roubaria.

— Ele não gostou de a mãe ter me dado o relógio. Vocês riram da decisão dela, consideraram um absurdo, já que não vejo, sou cego. A Regina me contou que vocês riam de mim.

Gildo não precisou nem continuar para Vera tirar suas conclusões:

— Víbora! Foi armação da Regina. Lógico!

— Como?!

— Regina estava com ódio do Maurício e usou você. Ela armou tudo. Causou intriga, colocou irmão contra irmão.

— Não posso acreditar — sussurrou Gildo chorando, já convencido de ter sido enganado por Regina. — Ela me paga. Pode ser no fim do mundo, mas ela me paga por isso. Regina deveria ter levado aquele tiro, ela é quem merecia — finalizou quase gritando, quando foi conduzido para a cela. Vera, de longe, pôde ouvir o desespero do cunhado cego, bem envelhecido e judiado. A mulher, muito amargurada, abraçou o próprio corpo e chorou.

Felipe tocou com o dedo no alto, e a imagem de Vera desapareceu. Menininha estava comovida.

— Meu Deus! Quanta coisa! — olhou envergonhada para Felipe e perguntou: — Então fomos casados?

— Sim — confirmou sorrindo. — Quando eu soube da sua volta ao plano espiritual, que iria recebê-la e orientá-la, fiquei muito feliz. Só tivemos um encontro que foi o bastante para me afeiçoar a você.

De repente as lembranças vieram fortes e Menininha lembrou-se de sua vida ao lado de Felipe. Emocionada, abra-çou-o com força. Depois, meio sem jeito, questionou.

— Não seria mais fácil se soubéssemos a dor que causamos aos outros? Vindo para a vida conhecedores disso ou daquilo que provocamos, poderíamos ser melhores, corrigir, procurar não cometer os mesmos erros.

— Vou responder com as sábias palavras do *Evangelho segundo o Espiritismo*, de Allan Kardec, que fala o seguinte sobre o esquecimento do passado: "É em vão que se aponta o esquecimento como um obstáculo ao aproveitamento da experiência das existências anteriores. Se Deus considerou conveniente lançar o véu sobre o passado, é que isso deve ser útil. Com efeito, a lembrança do passado traria inconve-nientes muito graves. Em certos casos, poderia humilhar-nos estranhamente, ou então exaltar o nosso orgulho, e por isso mesmo dificultar o exercício do nosso...".

— Livre-arbítrio — ela completou.

— Isso mesmo! O que você acompanhou por ora foram trechos de sua última encarnação e de alguns espíritos que tiveram e aproveitaram a oportunidade de crescer, tornaram-se melhores e maiores. Muitos desses espíritos já se encontraram outras vezes, em outras ocasiões, outros pela primeira vez. Num passado distante, Regina e Vera já foram irmãs; nessa vida que você acompanhou, foram cunhadas e, recentemente, a exemplo de outras vidas, amaram o mesmo homem.

— Estou ainda paralisada por tanto egoísmo, tanto sentimento ruim.

— Eram outras épocas, outros interesses. Mas os sentimentos são universais, e estão sempre presentes na vida de cada um, cabe a cada um cultivar o que tem de melhor. Regina, atualmente, passou pelo que passou porque seu espírito necessitava dessas experiências. A provação que teve de enfrentar com cada um de seus desafetos em outras vidas já era almejada por seu espírito, a fim de ficar em paz consigo mesma.

— Então foi Beto quem roubou o padre Afonso? Por isso o ranço de Afonso em relação ao neto nessa vida? Lógico! Regina foi muito cruel em tirar a filha dos braços de um pai.

— Talvez justifique o encontro que tiveram nessa última encarnação. Sem sentimento, uma única vez, ela grávida de um homem que não amava — Felipe sorriu.

— O que foi?

— Você, pela primeira vez, viu tudo com outros olhos, não se preocupou em saber como está Regina, se sobreviveu aos tiros que levou de Vera.

— Estou tendo melhor compreensão dos fatos. Sinto que a vida é grandiosa e inteligente.

— A reencarnação é a chave para o progresso do nosso espírito.

Menininha indagou, curiosa:

— Gildo influenciou Vera?

— Sim. Em vida foi um homem sensato, sem lembranças da vida passada. Quando desencarnou, tomou conhecimento de sua vida anterior e alimentou o ódio que um dia sentiu por Regina. Teve a oportunidade de perdoar-lhe, mas preferiu aliar-se a Vera para prejudicá-la. Depois do seu desencarne, Gildo aproximou-se dela. Não aceitou sua morte e percebeu os pensamentos negativos que Vera cultivava e se apegou a eles. Gildo sentiu-se atraído por esse conjunto de sentimentos ruins e, facilmente, influenciou a decisão de Vera, que, por sua vez, tinha nas mãos a chance de perdoar Regina, mas não o fez — Felipe fez uma pausa e prosseguiu: — Regina veio a essa vida em busca de perdão. Talvez não tenha êxito de conquistar nessa vida o perdão de todos a quem um dia ela acreditou ter feito algum mal.

— E Caetana? Ela se matou?

— Não exatamente. Depois de ter matado o marido, ter nutrido sentimentos negativos de ódio, desprezo e indiferença ao próximo, ela passou por anos amargos e de muito sofrimento no Umbral. Depois de muitos anos e de estar preparada, Regina foi autorizada a resgatá-la onde estava. A volta desses dois espíritos foi acertada, assim como com muitos outros envolvidos, para um novo convívio.

— Caetana parece ter vindo com os mesmos sentimentos negativos da vida anterior. Teve tanta leveza em perdoar e admirar, ainda que do seu jeito, quando eu fui sua irmã, enquanto Regina não teve a mesma cordialidade. E agora, depois de tudo, Caetana conseguiu perdoar Regina?

A pergunta ficou no ar.

Capítulo 29

1995. Os três tiros disparados por Vera seguiram o alvo almejado por ela. Um foi de raspão e provocou ferimentos leves; o segundo atingiu no ombro, e o terceiro, a cabeça. Regina foi submetida a uma cirurgia com risco de morte. A munição que atingiu o ombro foi retirada; no entanto, não houve êxito na remoção da bala que se alojou na cabeça.

Depois de dois dias em coma induzido, ela despertou e pôde receber visitas, mas o seu estado exigia cuidados, e os médicos não estavam esperançosos quanto à sua recuperação.

— Minha sobrinha! — exclamou Caetana quando entrou no quarto, chorando, com um vaso de violetas em uma das mãos. — São para você, minha querida. Disseram que eu não poderia entrar com as flores, mas eu insisti.

— Obrigada, tia — agradeceu Regina com voz fraca. Sentia os olhos pesados e se expressava com dificuldade.

— Minha querida, não sei para onde vai quando sair daqui, mas seja para onde for, irei com você. Já até fiz minhas malas. Sei da sua separação e estou do seu lado.

Regina sorriu com dificuldade. A moça ia falar algo, mas Caetana não permitiu que continuasse e, chorando, prosseguiu:

— Você me perdoa, minha filha? Fui muito injusta com você. Eu a tratei muito mal. Se Deus a salvou, foi a oportunidade que me deu para me desculpar. Eu ouvi sua conversa com Suzana, que a Sofia é filha do Beto — Caetana fez uma pausa e observou a sobrinha fechar os olhos por segundos, depois pegou a mão da moça e segurou firme. Pensou em dizer sobre suas suspeitas, de ter um dia acreditado no romance entre Luís e ela, mas ficou envergonhada e não disse nada a respeito. — Meu erro foi acreditar naquela conhecida da Cleusa. Onde já se viu, imaginar tal coisa, você grávida do... — interrompeu de repente. — Deixa pra lá.

— Gosto da senhora, tia.

— Não fale mais nada para eu não me sentir culpada. Como fui estúpida, ter expulsado você de casa grávida, sem emprego.

Regina sorriu. Sentia-se muito cansada. A moça apertou a mão da tia, que compreendeu estar tudo bem entre as duas.

— Tia, como está a Suzana?

— Bem. Ótima! Ela quem merecia os tiros. Onde já se viu fazer isso.

Regina riu, lembrando-se da alteração de humor de Caetana.

— Por favor, peça... — Regina parou, respirou fundo e continuou: — Peça para o Beto e a Amanda virem me ver, preciso conversar com eles.

Minutos depois, Beto estava ao lado da cama de Regina. O rapaz, otimista, procurou expressar palavras de conforto, de recuperação. Regina, em meio a tudo aquilo, interrompeu, estendeu a mão, alcançou a mão de Beto e a segurou firme.

— Cuida da Sofia para mim?

— Regina, não fale assim — pediu Beto. — Vai sair daqui logo, tenho certeza que em breve...

— Em breve posso não estar mais aqui — constatou, forçando um sorriso. — A Sofia é sua filha, Beto. E também será de Amanda. Uma mulher esclarecida, tenho por certo que compreenderá a situação e aceitará Sofia — Regina percebeu uma lágrima escorrendo pelo rosto. — Cuide dela porque...

Beto entendeu a mensagem, era o pai verdadeiro da menina. Já sabia disso no último contato que tivera com Danilo, mas não processara direito a notícia.

No entanto, agora, dito claramente por Regina, já não tinha mais dúvida. Beto chorou muito, sentia-se feliz por saber que era o pai de Sofia, por ela não ter ido adiante com a ideia do aborto que havia proposto, e ao mesmo tempo triste ao ver a situação de Regina.

— Diga a Amanda toda a verdade. Não esconda nada. O amor dela é grande o bastante para perdoar, aceitar e compreender que Sofia é fruto de uma história passada.

— Muito obrigado pela filha que me deu.

Regina sorriu, depois perguntou:

— Gostaria muito de ver Danilo. Será que ele vai me perdoar?

— Não é hora de se preocupar com isso, não acha? Trate de se recuperar, tem muita gente lá fora que a ama e deseja sua volta.

— Onde estão Amanda e Suzana? Ainda não vieram me ver.

— Estão na delegacia. Faz uma semana do ocorrido. Suzana foi depor e Amanda foi acompanhá-la.

Os gritos chamaram a atenção dos funcionários do mercado e, com os disparos, a polícia foi chamada. Vera foi presa em flagrante. Quando algemada, estava em lágrimas, sem compreender o que estava havendo. Entrou na viatura da polícia desesperada, quando uma ambulância chegou para resgatar Regina.

Gildo acompanhou Vera o tempo todo, como se estivesse preso a ela.

Na cadeia, depois de um depoimento quase interminável, Vera foi conduzida para uma cela sozinha, não só por ter curso superior, mas também por não ter outro ocupante no local.

Danilo, logo que soube da ocorrência, mostrou-se visivelmente abalado, teve fortes dores no peito. Temia a repercussão na imprensa, porém não pôde fazer nada para impedir. Os jornais do dia seguinte foram marcados pela notícia da funcionária que atirou na esposa do dono do grupo Cardim. Especulavam várias situações, como adultério, ciúme, inveja...

Maurício, muito abalado, designou advogados de sua empresa para defender Vera. Ficou transtornado por saber da história. Não se importou se era casado com uma das vítimas; sua preocupação resumia-se a Vera, seu grande amor.

Danilo ficou pensativo e não associava a imagem de Vera ao que diziam e lia nos jornais. Ele ainda a via como a funcionária exemplar. Sua preocupação maior estava em Regina. Não conseguia perdoá-la.

Vera pediu para falar com Danilo. O empresário foi resistente, não queria de forma alguma se envolver, mas acabou convencido por Maurício a ir até a delegacia visitá-la.

Encontrou uma mulher envelhecida por conta da falta de maquiagem, ou mesmo da idade. De início, assustou-se com a imagem chorosa.

— Que bom que veio! Vou ser breve, não quero tomar seu tempo.

— Gostaria que fosse breve mesmo, não tenho tempo — interrompeu num tom ríspido.

— Foi tudo culpa minha, Danilo.

— O que está falando?

— Engraçada a vida, o rumo das coisas. Descobri recentemente que tenho pouco tempo de vida e fiquei tão desesperada com essa notícia que tratei de atropelar tudo e todos. Quis um companheiro o quanto antes, sem me importar com a consequência disso. Eu me senti como quando era mais jovem, fazia o que podia para obter o que queria.

— O que está dizendo?

— O envelope que apareceu na bolsa de Regina... fui eu quem colocou lá — revelou, alterada. — Meu primo, Gildo, ajudou. Com a briga de vocês, eu incentivei o Beto a conquistar Regina. Eu me responsabilizo por tudo.

— Você... você fez isso?

— E me arrependo. Não quero ir embora com esse peso. Só de falar, mesmo sabendo que não vai me perdoar, já me sinto mais leve — observou a perplexidade no rosto de Danilo ao absorver a revelação e completou: — Corre, vai conversar com Regina. Ela não teve culpa. Eu armei tudo.

Danilo não esperou Vera completar a frase, saiu correndo.

Vera se jogou no chão chorando. Levantou-se com dificuldade e começou a falar com Gildo.

— Satisfeito? Era isso o que queria de mim?

Um carcereiro apareceu e gritou para o outro:

— Traz o remedinho, vamos colocá-la para dormir. Temos mais uma maluca conversando com o amiguinho imaginário.

Danilo saiu da delegacia desesperado, completamente desnorteado. A princípio, nem conseguiu localizar onde havia deixado o carro. Localizou um orelhão, ligou para a casa de Suzana. A empregada atendeu. Pediu para falar com Beto, mas ele não estava.

— Tudo bem. Diga a ele que precisamos conversar. Que eu gosto... — abriu um sorriso. — Deixa, eu falo pessoalmente.

Entrou no carro ansioso para chegar ao hospital. O que Vera confessara era o bastante para tomar a iniciativa de ver Regina, dizer o quanto a amava e queria.

Cada sinal era uma eternidade para Danilo. Estava muito tenso e, em pensamento, lamentava não ter procurado Regina há mais tempo. Em meio a todo aquele frenesi, numa respiração ofegante, sentiu forte dor no peito, semelhante a que vinha sentindo nos últimos meses. Foi mais forte do que das outras vezes, como uma pressão, uma ardência. Então, encostou o carro no meio-fio. A dor tornou-se ainda mais aguda e fez com que ele levasse a mão ao peito.

Danilo fechou os olhos e, rapidamente, voltou à época da infância. Pôde rever o primeiro encontro com Regina, na rodoviária, depois quando a encontrou na rua, no mercado, a reconciliação no estacionamento, quando a moça afirmou ter sido vítima das armações de Vera e Gildo, a felicidade em abraçar Regina diante da casa do avô. Viu ainda o dia do casamento com a moça, todos sorridentes.

As imagens passaram a ser mais aceleradas, por fim, lembrou-se de Regina grávida e de sua felicidade no dia do nascimento da filha. A dor tornou-se ainda mais intensa, e Danilo caiu sobre o volante, disparando a buzina.

No dia seguinte, o médico foi claro com a família quanto ao estado de Regina. Precisava de muitos cuidados, e uma nova cirurgia para extrair a bala era muito arriscada. Suzana sentia-se culpada e não deixou de chorar na presença do médico, enquanto era amparada por Amanda e Beto.

— Eu não sei onde ainda encontro lágrimas para chorar — comentou Suzana num tom sentido, depois que o médico desapareceu num dos corredores.

— Vamos entrar e ver como está Regina — sugeriu Amanda.

— Acho melhor não dizer nada ainda. Na verdade não sei nem o que pensar...

Amanda abriu a porta e Suzana entrou abraçada com Beto, seu irmão.

Regina festejou ao vê-los, numa voz animada que não concordava com os comentários pessimistas do médico, minutos antes. Em alguns momentos, havia emoção em sua voz, noutros o tom era de otimismo, de que estava bem, disposta, curada e pronta para voltar para casa. Perguntou por Sofia, Raul, preocupada se estavam se alimentando, indo à escola. Por fim, o que as visitas temiam foi perguntado.

— E o Danilo? Não vem me ver? Será que não vai conseguir me perdoar? — estava muito empolgada para observar os rostos tristes, sentidos de Suzana, Amanda e Beto. — Meus queridos, vocês são como irmãos dele, conversem com ele.

— Não temos como fazer isso, Regina, o Danilo...

— Acho melhor você descansar agora — interrompeu Suzana.

Regina percebeu Amanda dizendo qualquer coisa para Suzana, bem baixinho. Apenas pôde notar que era algo com Danilo, e não era boa notícia.

— Vocês querem me dizer alguma coisa?

— Não... Ou melhor... — Beto refletiu por alguns segundos, lembrou-se dos comentários do médico. Temia, com a notícia, piorar o estado de saúde de Regina, mas, ainda assim, tomado por uma coragem que não soube de onde vinha, prosseguiu: — O Danilo não passou bem ontem, ele...

— Vocês têm razão, não estou bem. Preciso dormir, importam-se de me deixar sozinha? — pediu Regina com medo de ouvir o que Beto tinha a dizer, pois naquele momento, ao ver Amanda emocionada e Suzana aos prantos, deduziu que algo grave acontecera a Danilo. Preferiu não saber naquele momento, pois não suportaria a dor.

Os três visitantes silenciaram e, depois de se despedirem, saíram.

Regina fechou os olhos e uma lágrima rolou em seu rosto. Ainda de olhos fechados, a moça percebeu uma claridade e uma mão pousando sobre a sua. Ela abriu os olhos rapidamente e pôde ver Danilo sorrindo.

— Meu amor, eu sabia, tinha certeza de que viria me ver. Você me perdoou? — Regina calou-se, acompanhando o silêncio de Danilo. Ficou, como uma adolescente apaixonada, apreciando o seu rosto, seu sorriso, e declarou com os olhos marejados: — Eu amo você. Já lhe disse isso?

Carinhoso, o espírito de Danilo beijou dois de seus dedos, depois pousou seus lábios suavemente sobre os de Regina e, na sequência, acariciou o rosto dela, falando numa voz emocionada:

— Sempre soube. Deus também é testemunha do meu amor por você. Por isso, não precisa dizer mais nada — abriu um sorriso e completou: — Somos um do outro pela eternidade. Agora vamos, é chegada a nossa hora.

Danilo pousou delicadamente as mãos sobre as de Regina. Uma luz se fez sobre os dois. Regina deixou naquele momento o cárcere da carne, e seu espírito partiu na companhia de seu grande amor.

Epílogo

2010. O céu azul enfeitado com o sol quente anunciava o início do verão. Sofia aproveitou o belo dia para passear com seu filho, seguindo as advertências de Caetana que, zelosa, quis acompanhar a sobrinha naquele passeio com o seu sobrinho-bisneto.

— Esse sol não é bom para a criança. Essa roupa é muito quente, vai sufocar meu menino! — recomendava Caetana, apoiando o corpo numa bengala, enquanto buscava apoio com o outro braço no ombro de Sofia, sua sobrinha-neta.

— Tia, não se preocupe, a pediatra recomendou o sol da manhã — comentou num tom divertido.

— Recomendou? — perguntou, duvidando. — Bem, já lhe disse que precisa sair com essa criança do apartamento. Fica o dia todo trancado, sem ver gente, sol. Precisa brincar com outras crianças, se sujar, subir em árvore. Quando crescer mais um pouco, vai estranhar...

Sofia somente riu da mudança de opinião de Caetana. Gostava da tia mesmo às vezes se comportando como uma criança num corpo frágil que não combinava com os seus setenta anos. Sofia cresceu ouvindo de Beto e Amanda que deveria respeitar Caetana, e cumpriu o que aprendeu.

No dia exato em que Sofia comemorou vinte anos, foi também a festa de seu casamento com Júlio, colega de faculdade. Júlio começou a se interessar por Sofia quando, numa conversa, a moça disse ter dois pais e duas mães. Júlio se divertiu e pediu que ela lhe explicasse.

— É uma longa história. Só adianto que Regina e Danilo foram meus pais e estão muito bem no mundo espiritual.

Na ocasião, Danilo e Regina estavam próximos e emocionados com a filha. Sofia prosseguiu:

— Fui criada pelos outros pais a pedido da minha mãe, antes de desencarnar. Beto e Amanda são os meus outros pais. Tenho mais dois irmãos, filhos de Beto e Amanda. São bem ciumentos meus irmãos, viu? Não sei suas intenções e já adianto que...

— As melhores possíveis — interrompeu Júlio, sorrindo.

Caetana, quando soube do namoro, tratou de ir contra o relacionamento. Ao saber do casamento, ficou ainda mais alterada, mas ninguém deu ouvidos à velhinha.

— Isso mesmo, minha filha — aconselhou Caetana, depois de ver que ninguém se importava com sua opinião. — Case-se mesmo cedo, tenha seus filhos logo. Boa sorte! — finalizou, pegando a mão da sobrinha.

Agora estavam ali, Sofia e Caetana, sentadas no banco do parque, vendo o filho brincar no escorregador.

— Tia Caetana!

— Oi — tornou Caetana assustada, pois estava cochilando.

— Estava dormindo? — perguntou rindo.

— Não, eu não durmo durante o dia. Sofro de uma insônia daquelas. Queria eu dormir assim, a qualquer hora, no momento que for. Seu primo Raul é assim, não pode chegar lá em casa que se apossa da minha cama.

— A senhora oferece. E ele adora os seus cuidados.

— É verdade. É um neto para mim. Quero ir bem bonita ao casamento dele no mês que vem. A Suzana já disse que vai me levar numa loja elegante para escolher o vestido.

— A tia Suzana é tão dinâmica, alegre, uma inspiração para mim. Lembro quando você me contou como ela ficou depois da separação.

— Tempos horríveis. Que fim triste daquela moça, a Vera. Morreu faltando seis meses para a liberdade. O Maurício seguiu tudo como ela pediu: montou, com o dinheiro que a moça deixou, uma creche no interior de São Paulo. Que ela descanse em paz! — fez uma pausa e completou: — Suzana, com tudo isso, superou, e é o que importa. Casou-se novamente e é feliz. Também, com um marido daqueles, quem não ficaria feliz?

Sofia apenas sorriu, depois relatou a conversa que tivera com Amanda no dia anterior.

— Falei com a minha mãe ontem. Ela me contou que o meu pai estava todo feliz porque recebeu uma carta psicografada do meu pai Danilo.

— Bobagem, não acredito nisso. O que dizia a carta?

— Não acredita, por que então quer saber?

— Começou a contar, então fale de uma vez.

— Minha mãe disse que fará cópias e, quando tiver a minha, deixo a senhora ler. Ou melhor, depende do seu comportamento, dona Caetana — alertou, rindo do gesto da idosa ao cruzar os braços sobre os peitos murchos.

Enquanto isso, o pequeno Ivo, filho de Sofia e Júlio, brincava sorridente com uma menina da mesma idade. Foi Caetana quem viu primeiro e chamou a atenção da sobrinha. Levantou-se apoiada na bengala e foi conversar com a babá que cuidava da menina.

— Que linda! Esse é Ivo, meu sobrinho-bisneto — apresentou toda orgulhosa. — Ivo Paulo é o nome dele, parece que gostou da sua princesinha.

— É verdade, deram-se bem. Já são amigos de infância — comentou a babá, rindo.

— Qual o nome dela?

— Essa menininha linda chama-se Nívea.

Caetana emocionou-se. Surpreendeu-se com o nome e ficou conversando com a babá mais alguns minutos. Depois voltou para junto de Sofia e comentou, séria:

— Sabe o nome da amiguinha do Ivo Paulo?

— Hum, qual, tia? — perguntou, fechando o livro que estava lendo.

— Nívea — Caetana fez silêncio, esperou alguma reação de Sofia, mas não teve, por isso continuou: — Nívea era o nome de sua avó, sabia?

— Não era Menininha? Não sei ao certo. A senhora mesmo quase não fala do passado, da sua irmã — comentou, interessada no assunto.

— O passado passou, melhor deixar onde está — Caetana fez uma pausa. — Menininha era o apelido dela. Sempre, desde que nasceu, só a chamávamos de Menininha. Mas o nome dela era Nívea.

— Gosto desse nome — respondeu Sofia.

Caetana apreciou mais uma vez Ivo e Nívea brincando e falou baixinho, sem que a sobrinha pudesse ouvir:

— Deus permita que agora eles consigam viver juntos suas histórias.

Foi então que Caetana pôde ver rapidamente Regina sorrindo, brincando com as crianças. Aquela visão fez com que a velha senhora cutucasse Sofia e lhe relatasse o fato.

— Tia, acho que está caducando. Não vi nada — divertida, a moça continuou: — Acho que é o sol que está fazendo mal para a senhora. Vamos voltar para casa? Engraçado, até agora há pouco você não acreditava em nada disso.

— Não admito que fale assim comigo! — respondeu num tom bravo, logo amansado com os carinhos da sobrinha-neta. — Eu vi, sim, não estou maluca nem caduca, viu? Ela estava bem ali, rindo — apontou —, ao lado das crianças.

— Tudo bem, tia — finalizou Sofia, voltando para a leitura que tinha nas mãos.

Caetana fechou e abriu os olhos, ainda impressionada com a veracidade da cena que havia presenciado momentos antes, e ficou apreciando as crianças brincarem, divertindo-se a valer. Por fim, Caetana acabou cochilando.

O espírito de Regina, depois de beijar cada uma das crianças, levantou-se e foi em direção a Danilo, encostado numa árvore.

— Sofia tornou-se uma linda moça — comentou Danilo, enquanto abraçava Regina. — E as crianças são tão espertas, não?

— São lindas e inteligentes. Vamos acompanhá-los até certa idade, depois teremos que programar a nossa volta ao planeta também.

— É verdade, querida. Vamos ter uma nova chance. E tenha a certeza de que, em uma próxima encarnação, seremos muito felizes!

— Já somos felizes — enfatizou Regina.

Os dois se beijaram, despediram-se das crianças e deram as mãos. Sorridentes, os dois espíritos iluminados alçaram voo rumo à colônia espiritual. Regina e Danilo estavam felizes e sentiam-se em total comunhão com o Universo.

Fim

Vida & Consciência

Romances

ZIBIA GASPARETTO

pelo espírito Lucius

A verdade de cada um - *nova edição*

A vida sabe o que faz

Entre o amor e a guerra

Esmeralda - *nova edição*

Espinhos do tempo

Laços eternos

Nada é por acaso

Ninguém é de ninguém

O advogado de Deus

O amanhã a Deus pertence

O amor venceu

O encontro inesperado

O fio do destino - *nova edição*

O matuto

O morro das ilusões

O poder da escolha

Onde está Teresa?

Pelas portas do coração - *nova edição*

Quando a vida escolhe

Quando chega a hora

Quando é preciso voltar

Se abrindo pra vida

Sem medo de viver

Só o amor consegue

Somos todos inocentes

Tudo tem seu preço

Tudo valeu a pena

Um amor de verdade

Vencendo o passado

MARCELO CEZAR

pelo espírito Marco Aurélio

A última chance
A vida sempre vence – *nova edição*
Ela só queria casar...
Medo de amar – *nova edição*
Nada é como parece
Nunca estamos sós
O amor é para os fortes
O preço da paz
O próximo passo
O que importa é o amor
Para sempre comigo
Só Deus sabe
Treze almas
Um sopro de ternura
Você faz o amanhã

MÔNICA DE CASTRO

pelo espírito Leonel

A atriz – *edição revista e atualizada*
Apesar de tudo...
Até que a vida os separe
Com o amor não se brinca
De frente com a verdade
De todo o meu ser
Desejo - Até onde ele pode te levar? (pelos espíritos Daniela e Leonel)
Gêmeas
Giselle – A amante do Inquisidor – *nova edição*
Greta - *nova edição*
Impulsos do coração
Jurema das matas
Lembranças que o vento traz
O preço de ser diferente
Segredos da alma
Sentindo na própria pele
Só por amor
Uma história de ontem – *nova edição*
Virando o jogo

ANA CRISTINA VARGAS

pelos espíritos José Antônio e Layla

A morte é uma farsa
Em busca de uma nova vida
Em tempos de liberdade
Encontrando a paz
Intensa como o mar
O bispo
Sinfonia da alma
O quarto crescente

ANDRÉ ARIEL FILHO

Surpresas da vida

AMADEU RIBEIRO

O amor nunca diz adeus
A visita da verdade
O amor não tem limites
Juntos na eternidade

FLAVIO LOPES

pelo espírito Emanuel

A vida em duas cores
Uma outra história de amor

LUCIMARA GALLICIA

pelo espírito Moacyr

Sem medo do amanhã
O que faço de mim?

SÉRGIO CHIMATTI

pelo espírito Anele

Apesar de parecer... ele não está só
Lado a lado
Ecos do passado

EDUARDO FRANÇA

A escolha
Enfim, a felicidade
A força do perdão
Vestindo a verdade

EVALDO RIBEIRO

Eu creio em mim

FLORIANO SERRA

Nunca é tarde
O mistério do reencontro

LEONARDO RÁSICA

Luzes do passado
Celeste – no caminho da verdade

ROSE ELIZABETH MELLO

Desafiando o destino
Verdadeiros laços

Conheça livros de
outras categorias em nosso site:
www.vidaeconsciencia.com.br

Uma TV na internet feita especialmente para você, que busca bem-estar e renovação da alma.

www.almaeconscienciatv.com.br

FIQUE POR DENTRO!

 /almaeconscienciatv  @acwebtv

Assista aos programas
AO VIVO ou no
horário que preferir.

VIDA & CONSCIÊNCIA
GRÁFICA

Rua Agostinho Gomes, 2.312 – SP
55 11 3577-3200

grafica@vidaeconsciencia.com.br
www.vidaeconsciencia.com.br